国家社科基金项目成果 经管 文库

Theoretical and Applied Research on the Measurement of
Intellectual Property Products Capital

知识产权产品
资本测度理论与应用研究

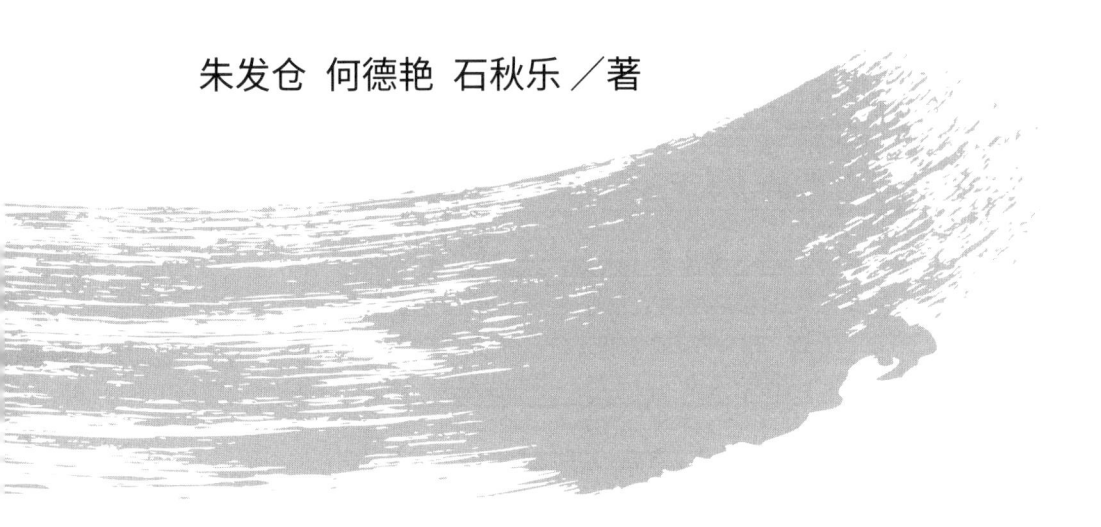

朱发仓 何德艳 石秋乐 ／著

中国财经出版传媒集团
经济科学出版社
Economic Science Press
·北 京·

图书在版编目（CIP）数据

知识产权产品资本测度理论与应用研究／朱发仓，何德艳，石秋乐著． -- 北京：经济科学出版社，2025.9． -- （国家社科基金项目成果经管文库）． -- ISBN 978 - 7 - 5218 - 7139 - 5

Ⅰ．F062.3

中国国家版本馆 CIP 数据核字第 2025ME5280 号

责任编辑：梁含依　胡成洁
责任校对：刘　娅
责任印制：范　艳

知识产权产品资本测度理论与应用研究
ZHISHI CHANQUAN CHANPIN ZIBEN CEDU LILUN YU YINGYONG YANJIU
朱发仓　何德艳　石秋乐　著
经济科学出版社出版、发行　新华书店经销
社址：北京市海淀区阜成路甲 28 号　邮编：100142
经管中心电话：010 - 88191335　发行部电话：010 - 88191522
网址：www.esp.com.cn
电子邮箱：espcxy@126.com
天猫网店：经济科学出版社旗舰店
网址：http://jjkxcbs.tmall.com
北京季蜂印刷有限公司印装
710×1000　16 开　14 印张　260000 字
2025 年 9 月第 1 版　2025 年 9 月第 1 次印刷
ISBN 978 - 7 - 5218 - 7139 - 5　定价：73.00 元
（图书出现印装问题，本社负责调换。电话：010 - 88191545）
（版权所有　侵权必究　打击盗版　举报热线：010 - 88191661
QQ：2242791300　营销中心电话：010 - 88191537
电子邮箱：dbts@esp.com.cn）

国家社科基金项目成果经管文库
出版说明

经济科学出版社自1983年建社以来一直重视集纳国内外优秀学术成果予以出版。诞生于改革开放发轫时期的经济科学出版社，天然地与改革开放脉搏相通，天然地具有密切关注经济领域前沿成果、倾心展示学界翘楚深刻思想的基因。

2018年恰逢改革开放40周年，40年中，我国不仅在经济建设领域取得了举世瞩目的成就，而且在经济学、管理学相关研究领域也有了长足发展。国家社会科学基金项目无疑在引领各学科向纵深研究方面起到重要作用。国家社会科学基金项目自1991年设立以来，不断征集、遴选优秀的前瞻性课题予以资助，经济科学出版社出版了其中经济学科相关的诸多成果，但这些成果过去仅以单行本出版发行，难见系统。为更加体系化地展示经济、管理学界多年来躬耕的成果，在改革开放40周年之际，我们推出"国家社科基金项目成果经管文库"，将组织一批国家社科基金经济类、管理类及其他相关或交叉学科的成果纳入，以期各成果相得益彰，蔚为大观，既有利于学科成果积累传承，又有利于研究者研读查考。

本文库中的图书将陆续与读者见面，欢迎相关领域研究者的成果在此文库中呈现，亦仰赖学界前辈、专家学者大力推荐，并敬请经济学界、管理学界给予我们批评、建议，帮助我们出好这套文库。

经济科学出版社经管编辑中心
2018年12月

本书受国家社会科学基金重大项目"基于'海洋强国'战略的海洋经济统计核算、监测与评价体系创新研究"（项目编号：21&ZD154）、"基于'知识产权强国'战略的高价值专利判别、测度与驱动效应的统计研究"（项目编号：22&ZD162）、浙江省哲社重点项目"新发展格局下推进数据要素市场化的统计测评与政策创新研究"（项目编号：21WZQH09Z）、浙江工商大学"数字+"学科建设项目"数据资产：经济理论、价值核算、市场交易与政策创新"（项目编号：SZJ2022A001）、国家社会科学基金一般项目"知识产权产品资本测度理论及应用研究"（项目编号：18BTJ047）、浙江省登峰学科（浙江工商大学统计学）、浙江工商大学统计数据工程技术与应用协同创新中心以及浙江工商大学现代商贸研究中心资助。

前言
Preface

当今世界正处于数字经济蓬勃发展的阶段,知识、数据与创新已成为推动经济增长和社会转型的核心动力。在这一背景下,知识产权产品(Intellectual Property Products,IPPs)作为知识经济的重要载体,其价值不仅体现在微观企业的竞争力上,更在宏观层面深刻影响着国家产业升级与经济结构的优化。然而,如何科学测度知识产权产品的经济价值,并构建与之相适应的统计核算体系,仍是全球范围内亟待解决的重大课题。本书的撰写正是基于对这一问题的深入思考与实践探索。

自2008年联合国国民账户体系(System of National Accounts,简称SNA2008)将研发(Research and Development,R&D)、软件、数据库等知识产权产品纳入资本核算以来,国际社会在理论研究和实践应用上取得了显著进展。经济合作与发展组织(Organisation for Economic Co – operation and Development,OECD)、欧盟(European Union,EU)等机构通过制定手册、推动改革等措施,为各国提供了宝贵的经验借鉴。然而,知识产权产品的无形性、多样性和复杂性,使核算工作面临诸多挑战。尤其是在中国,尽管《中国国民经济核算体系(2016)》已迈出了重要一步,将R&D等纳入资本核算,但在核算范围、方法的完善以及与其他生产要素的协同整合上,仍有较大的提升空间。

本书立足于中国国情,以国际标准为参照,系统梳理了知识产权产品资本核算的理论框架与实践路径。我们不仅关注R&D、软件等传统知识产权产品的测度方法，还聚焦数据这一新型生产要素，尝试构建数据资产的统计核算体系。通过实证分析，本书模拟了 R&D 和软件资本的役龄 – 效率函数、役龄 – 价格函数及折旧率函数，并首次在统一框架下估算了全国及各地区、各行业的资本存量。此外，本书还从数据价值链的角度探讨了将数据资产纳入国民经济核算的可行路径及其对宏观经济指标的影响。

在理论研究方面，我们吸收了国际前沿成果，并结合中国实际进行了创新性拓展。在实践应用方面，我们与国家统计局、科技主管部门及企业密切合作，力求使研究成果既符合国际规范，又能服务于中国高质量发展的现实需求。特别需要指出的是，本书提出的"推进微观企业按项目独立核算""强化部门协同联动"等建议，旨在为政策制定者、统计工作者和企业管理者提供切实可行的解决方案。

知识产权产品资本核算不仅是一个统计技术问题，更是关乎国家创新战略实施和经济治理能力提升的重要议题。我们希望本书的出版能够推动知识产权产品资本核算研究的进一步发展，为中国乃至全球的数字经济发展贡献绵薄之力。在本书撰写过程中，杨诗淳、李倩倩、乐冠岚参与了书稿的创作工作，在此表示感谢。由于水平有限，书中难免存在不足之处，恳请读者批评指正。

朱发仓　何德艳　石秋乐
2025 年 5 月

目 录
Contents

第一篇 总 论

第一章 知识产权产品资本测度概论 ················· 3
- 第一节 知识产权产品资本测度的历程 ················· 3
- 第二节 对 R&D 资本统计测度的探索 ················· 4
- 第三节 对软件资本统计测度的探索 ················· 5
- 第四节 对数据资产统计测度的探索 ················· 6

第二篇 R&D 资本测度

第二章 R&D 资本平均服务寿命 ················· 13
- 第一节 中国关于 R&D 的研究回顾 ················· 13
- 第二节 R&D 资本服务寿命的概念与国际研究经验 ················· 15
- 第三节 基于有效专利的 R&D 平均服务寿命估计方法 ················· 18

第三章 R&D 资本测度理论框架 ················· 22
- 第一节 R&D 资本化核算的范围和微观数据基础 ················· 22
- 第二节 R&D 资本的两种功能与测度指标体系 ················· 23
- 第三节 R&D 资本测度的技术方法 ················· 26

第四章 数据收集与 R&D 价格指数构建 ················· 32
- 第一节 数据收集与整理 ················· 32
- 第二节 R&D 价格指数的构建 ················· 34

第五章　R&D 资本测度结果分析 ··· 41
第一节　R&D 固定资本形成总额 ··· 41
第二节　R&D 资本存量净额 ·· 44
第三节　R&D 固定资本消耗 ·· 52
第四节　R&D 生产性资本存量与资本服务量指数 ························· 55

第三篇　软件资本测度

第六章　软件相关的文献研究 ··· 64
第一节　国际组织和主要国家对软件测度的研究 ·························· 64
第二节　国内学者对 ICT 资本测度的研究 ··································· 65

第七章　软件的统计范围及其双重功能测度指标体系 ················· 68
第一节　软件的概念 ·· 68
第二节　软件固定资本形成的核算范围 ······································· 69
第三节　软件资本的双重功能 ·· 70

第八章　软件资本的测度方法 ··· 73
第一节　软件资本测度的基础函数模拟 ······································· 73
第二节　购置类软件资本的测度方法 ·· 76
第三节　自产自用类软件资本的测度方法 ···································· 79

第九章　软件资本测度结果分析 ··· 82
第一节　数据来源及软件价格指数 ·· 82
第二节　软件资本存量净额测算结果与分析 ································ 83
第三节　软件资本服务量测算结果与分析 ···································· 86
第四节　软件资本存量动态变化过程及静态结构分析 ··················· 88

第四篇　数据资产统计测度

第十章　数据、数据库和数据资产相关的研究综述 ····················· 91
第一节　数据的概念、特征与分类研究 ······································· 91
第二节　数据产品的概念与分类研究 ·· 96

第三节　数据资产的概念与特征研究 …………………………………… 97
第四节　数据资产测算的方法研究 …………………………………… 100

第十一章　数据的相关概念界定 ………………………………………… 107
第一节　数据基础概论 ………………………………………………… 107
第二节　数据的经济所有权 …………………………………………… 110
第三节　数据价值链 …………………………………………………… 115
第四节　数据生产活动 ………………………………………………… 118
第五节　数据产品 ……………………………………………………… 125
第六节　数据资产的界定 ……………………………………………… 129

第十二章　数据资产测算条件与宏观经济效应 ………………………… 131
第一节　数据资产测算条件 …………………………………………… 131
第二节　数据资产对 GDP 核算的影响 ……………………………… 133

第十三章　数据资产测算的理论架构 …………………………………… 144
第一节　数据资产测算的方法 ………………………………………… 144
第二节　数据资产纳入生产资产核算的影响研究 …………………… 147

第十四章　数据资产测算结果与分析 …………………………………… 150
第一节　基于劳动成本视角的测算 …………………………………… 150
第二节　数据产业与数据价值初判 …………………………………… 162
第三节　行业视角下的数据产品总产出估算 ………………………… 168
第四节　基于行业视角的数据资本存量测算 ………………………… 177

第五篇　研究结论与展望

第十五章　中国知识产权产品资本测算的研究发现与展望 …………… 181
第一节　基本结论 ……………………………………………………… 181
第二节　研究展望 ……………………………………………………… 184
第三节　政策建议 ……………………………………………………… 186

附录 ………………………………………………………………………… 187

参考文献 …………………………………………………………………… 200

第一篇 总论

第一章　知识产权产品资本测度概论

第一节　知识产权产品资本测度的历程

近年来，知识产权产品（Intellectual Property Products，IPPs）在经济活动中的重要性显著提升。随着全球经济结构的变化，各国对全面、一致且可比的知识产权产品数据的需求日益迫切。自从2008年版的国民账户体系（System of National Accounts，简称SNA2008）（秘书处间国民账户工作组，Intersecretariat Working Group on National Accounts，ISWGNA，2008）建议将知识产权产品资本化核算以来，许多国际组织和国家已经开始采用SNA2008的建议开展核算，然而，由于存在一些难以克服的技术障碍，部分国家认为推行这一做法为时尚早。比如，仅美国、英国等国家对软件进行了分类统计核算，仅澳大利亚发布了文学娱乐的统计结果，但尚无国家发布数据库的核算结果。因此，从国际比较的视角来看，将各类别知识产权产品全部进行资本化核算仍然存在许多困难。

知识产权产品区别于其他商品和服务的主要特征在于其具有唯一性（或独特性）、可复制性、非实物磨损性、自产自用性和低复制成本性。这些特征导致在核算固定资本形成总额（Gross Fixed Capital Formation，GFCF）时，难以准确区分其与中间消耗的界限，例如在复制品与复制权的处理、存货是否纳入统计、计价原则的选择等方面均存在挑战。欧盟统计局（Eurostat）和经济合作与发展组织（Organisation for Economic Co-operation and Development，OECD）于2012年成立了土地和其他非金融资产工作组，研究各类非金融资产统计测度问题。在完成土地汇编研究工作后，工作组的任务在2017年下半年被授权转向编制知识产权产品的测度指南，并且主要侧重于三类知识产权产品：研究与开发（Research and Development，R&D）、计算机软件和数据库以及其他知识产权产品。工作组通过梳理各国采用的方法，评估其实践与国际标准建议的相符性，特别是与《知识产权产品资本测度手册》（*Handbook on Deriving*

Capital Measures of Intellectual Property Products，OECD，2010）和 2015 年版《弗拉斯卡蒂手册》(Frascati Manual，OECD，2015）的差距，并深入探讨常见的调查问题，确定了最佳实践方案。

我国在 2016 年版的国民经济核算体系（简称 CSNA2016）（中华人民共和国国家统计局，2016）中首次将 R&D 资本化核算，经过试行和经验总结，逐步调整科技统计调查制度。该制度中的概念完全沿用 2015 年版《弗拉斯卡蒂手册》的建议，首次将人文社科领域的 R&D 包含在内，逐步建立了与国际概念一致的 R&D 统计测度标准。但在软件、数据库及数据资产的统计测度方面，中国与国际标准仍存在一定差距。因此，从国际比较视角出发，系统分析并总结知识产权产品核算的国际经验，对推动中国经济统计体系完善、服务国家高质量发展战略具有重要意义。

第二节　对 R&D 资本统计测度的探索

从 1963 年版《弗拉斯卡蒂手册》首次确立 R&D 统计规范，到 2008 年 SNA2008 正式将 R&D 纳入资本范围进行核算，历时 45 年。部分观点认为这仅是核算方法的调整，却显著低估了 R&D 活动的经济价值及其测度工作的复杂性。

R&D 是一个系统性的探索过程，其最终成果会增加全社会的知识存量。《弗拉斯卡蒂手册》(2015）认为 R&D 活动具有以下几个特点：创新性、创造性、不确定性、系统性、可转让性和可再生性等。从类型上看，R&D 活动可分为基础研究、应用研究和试验发展三大类。不同行业和企业间的研发活动既表现出共性（如知识创新导向），又因行业属性、企业类型等因素表现出差异性。

R&D 的应用场景十分广泛，可以衍生出许多综合性指标。例如，政府在国际比较中使用的 R&D 强度指标，以及学者在实证研究中测算的 R&D 资本存量指标等。

在 R&D 活动中，投入规模和产出效益同等重要。R&D 资本化核算的核心要义在于不仅要关注 R&D 投入（包括内部支出和外部支出），更要重视 R&D 作为固定资本形成的投资属性。然而，不同于购置设备、筑路建桥这样的物质投资活动，R&D 活动的成果是获得新知识，而知识是无形的，常见的发明专利就是很好的例子，但还有相当多的知识并不申请专利，而是表现为企业的技术诀窍和技术秘密。这就为 R&D 产出测度带来了极大的困难。在国民账户体系中，对一项经济活动的完整核算需要同时获取价格和物量数据，二者共同合成价值量指标。农业生产得到的农产品或制造业制造的工业品都是要出售的，都有交易市场，因此交易价格和交易量很容易获得，但 R&D 则不然。大多数企业开展 R&D 活动是为了提升自身的技术水平。如同购置新型生产工具提升生产效率一样，开展 R&D 活动的目的也是通过提高技术水平来降低成本和提升效率。只不过该技术的获得途径是自行开发，而新型生产工具是从外部购得。由于这类以自身最终使用为目的的研发活动不存在交易市场，其交易价格和数量无法直接观测。因此，在核算实践中需采取以下方法：首先，对研发活动的执行部门进行差异化处理；其次，根据研发成果是否进入市场交易进行二次分类；最后，结合行业属性与区域特征，构建多维度的研发产出核算矩阵，建立不同行业、不同类别 R&D 活动的资本测度框架，为测算存量和服务量打下基础。可见，R&D 的统计与核算是一项极具挑战性的工作。

第三节　对软件资本统计测度的探索

2000 年以来，中国软件和信息技术服务业迅速发展。其中，规上企业收入从 2000 年的 238 亿元增长到 2020 年的 81 616 亿元，平均增长率为 33.89%。软件行业的平均从业人数也从 2000 年的 254 070 人增长到 2020 年的 7 047 000 人，平均增长率为 18.07%。[①] 徐丽笑（2016）对中国知识产权产品的产出进行测算，发现中国知识产权产品总体规模呈逐年递增的趋势，其中，新纳入 GDP 核算范围的知识产权产品导致支出法 GDP 年均增长 1.47%，计算机软件产出的估算结果从 2003 年的 836.67 亿元增长到 2013 年的 14 556.94 亿元。可见，软件信息行业的重要性持续提升，这一发展态势与中国对软件信息行业的政策引导密切相关。

近年来，中国出台了许多关于软件和信息技术服务业的专项发展战略。例如 2017 年 1 月，中国工业和信息化部印发《软件和信息技术服务业发展规划（2016～2020 年）》，[②] 回顾了 2011～2015 年中国软件和信息技术服务业在质

---

① 数据来源：中国国家统计局官方网站。
② 工业和信息化部关于印发软件和信息技术服务业发展规划（2016-2020 年）的通知［EB/OL］. 中华人民共和国工业和信息化部，https：//www.ndrc.gov.cn/fggz/fzzlgh/gjjzxgh/201706/t20170622_1196824.html.

量、规模等方面的发展情况，并将"全面提高创新发展能力""积极培育壮大新兴业态""深入推进应用创新和融合发展""进一步提升信息安全保障能力""大力加强产业体系建设""加快提高国际化发展水平"列为"十三五"重点任务和重大工程。2021年11月，中国工业和信息化部进一步印发了《"十四五"软件和信息技术服务业发展规划》。① 在该规划的推动下，软件行业有望持续高速增长，成为蓬勃发展的新兴产业。

作为宏观经济管理的核心工具，国民经济核算通过系统化的方法论，不仅可以揭示经济发展的内在规律，更为解决国民经济结构性矛盾提供了决策依据。葛守中（1998）明确指出，我国现行核算体系主要聚焦于传统经济活动核算，而忽视了环境、社会及科技等关键因素的核算影响。值得注意的是，我国在软件行业核算领域仍存在明显空白，特别是对软件产出、固定资本形成及消耗等关键指标缺乏系统化核算。为突破这一困境，亟须从三个层面着手：明确软件产品的定义与分类标准，建立科学可行的软件资本测度方法，完善配套的指标体系构建。开展软件资本测度研究、构建完整的测度体系具有深远的理论价值与实践意义：其一，将填补国民经济核算体系的空白，通过纳入软件核算更精准地评估科技创新对宏观经济的贡献；其二，有助于提升我国统计数据的国际可比性，推动统计标准与国际接轨；其三，能够有效反映经济结构转型升级的特征，特别是顺应我国近年来强化知识产权产品战略的发展需求。这一研究不仅是对核算理论的完善，更是对新经济形态下统计实践的创新探索。

第四节　对数据资产统计测度的探索

在数字经济蓬勃发展的浪潮中，数据已跃升为信息时代的核心生产要素。其地位堪比农业时代的土地与劳动力，亦如工业革命时期的技术与资本。数据的重要性体现在生产生活的方方面面。首先，数据改变了人们的生活方式，催生出新的社会需求，例如基于消费者个性化数据的定制化生产模式。其次，数据作为新型生产要素参与社会经济运行，推动了新经济形态和新业态的发展，网约车行业的兴起就是典型例证。据全国网约车监管信息交互平台统计，截至2024年10月31日，我国共有362家网约车平台公司取得了网约车平台经营许

---

① 工业和信息化部关于印发"十四五"软件和信息技术服务业发展规划的通知［EB/OL］. 中华人民共和国工业和信息化部，https：//www.gov.cn/zhengce/zhengceku/2021－12/01/content_5655205.htm.

可，环比增加 2 家，各地共发放网约车驾驶员证 748.3 万本、车辆运输证 320.6 万本，环比分别增长 1.4%、2.1%，全国网约车监管信息交互平台当月共收到 10.07 亿份订单，环比上升 1.9%。① 最后，数据已成为多数互联网企业的核心资产和重要财富储备。以百度、阿里巴巴、腾讯等互联网巨头为例，它们依托庞大的数据资源，持续推动着重大项目的研发与创新。

数据的重要价值已引起各国政府的高度重视，许多国家相继制定大数据发展战略，推动大数据产业发展和大数据技术创新，以期通过大数据提升其国际竞争力。2011~2019 年，美国成立大数据高级督导组（Big Data Senior Steering Group，BDSSG），发布了许多政策文件，旨在帮助美国更好地分析和利用数据。2014~2020 年，欧盟为消除数据流通壁垒，促进数据在欧盟各领域的流通，也先后发布了一系列政策文件。2012~2013 年，英国建立了世界上首个开放式数据研究所，以提高英国开发数据的能力。

中共中央、国务院高度重视数据的战略价值，不断出台相关政策支持大数据产业的发展。2015 年 7 月，国务院办公厅发布《关于运用大数据加强对市场主体服务和监管的若干意见》，② 对大数据在市场监管中的作用给予充分肯定。2015 年 8 月，国务院发布《关于印发促进大数据发展行动纲要》，③ 系统地对我国大数据的发展进行部署。2020 年 3 月 30 日，中共中央、国务院印发了《关于构建更加完善的要素市场化配置体制机制的意见》，④ 将数据与传统的土地、技术、劳动力、资本等并列，纳入生产要素范围，明确提出了数据要素市场制度建设的方向和重点改革任务。2020 年 5 月 18 日，中共中央、国务院还发布了《关于新时代加快完善社会主义市场经济体制的意见》，⑤ 提出加快培育发展数据要素市场，建立数据资源清单管理机制，完善数据权属界定、开放共享、交易流通等标准和措施，发挥社会数据资源价值。

政策支持为产业发展创造了有利条件。2016~2018 年大数据产业处于发展初期，其增长主要依靠政策引导和资本驱动。2019 年以来，随着 5G、物联

---

① 全国发放网约车驾驶员证 748 万本 [EB/OL]. 中华人民共和国交通运输部，https://www.mot.gov.cn/jiaotongyaowen/202412/t20241203_4160569.html.
② 国务院办公厅关于运用大数据加强对市场主体服务和监管的若干意见 [EB/OL]. 国务院办公厅，https://www.gov.cn/zhengce/content/2015-07/01/content_9994.htm.
③ 国务院关于印发促进大数据发展行动纲要的通知 [EB/OL]. 国务院，https://www.gov.cn/zhengce/content/2015-09/05/content_10137.htm.
④ 中共中央 国务院关于构建更加完善的要素市场化配置体制机制的意见 [EB/OL]. 国务院，https://www.gov.cn/zhengce/2020-04/09/content_5500622.htm.
⑤ 中共中央 国务院关于新时代加快完善社会主义市场经济体制的意见 [EB/OL]. 国务院，https://www.gov.cn/zhengce/2020-05/18/content_5512696.htm.

网等相关技术日趋成熟，大数据技术持续创新并加速应用普及，形成了市场需求与技术进步的良性循环，推动产业保持高速增长态势。① 在此背景下，各地积极建设数据中心作为技术支撑平台，为数据存储和流通提供基础设施保障。5G技术的推广将带来数据流量的指数级增长，进而催生更多数据中心的建设需求。数据中心的规模化发展不仅能带动相关产业链升级，还将拓展大数据的应用场景，从而进一步提升数据要素的价值空间。

1987年，经济学家罗伯特·索罗（Robert Solow）提出了著名的"生产率悖论"，他指出计算机技术虽然无处不在，却在生产率统计数据中难以体现其贡献。这一现象在数字经济时代同样显著，尽管数据已深度融入生产生活的多个环节，但相关统计核算体系仍滞后于数据经济的发展。从国民经济核算体系的演进来看，1993年版的SNA［简称SNA1993，联合国统计委员会秘书处间国民账户工作组（ISWGNA，1993）］首次引入数据库概念，SNA2008进一步细化核算标准，规定数据库价值仅包含数据库管理系统和数字化成本，而将数据内容本身视为非生产性资产。这种核算方法导致直接购买的数据库在账户中被记为商誉，使得数据作为生产要素的贡献在国民账户中不可见。然而，这并不意味着数据没有价值，其价值主要通过两种途径体现：一是通过数据库销售实现直接收益（此时数据价值被计入商誉），二是通过支撑其他商品和服务的生产（如精准广告）创造间接附加值。值得注意的是，虽然数据对生产的贡献总能被核算体系捕捉，但数据本身的价值只有在发生可观测的市场交易时才会被记录，且实践中往往仅限于大规模交易场景。这种核算方法客观上造成了数据要素在宏观经济统计中的"隐形"现象。

数据资产测算是测算数字经济的关键环节。然而，国际层面的数据资产核算工作进展相对滞后。我国同样面临这一挑战，既缺乏完善的数据资产统计制度，也尚未形成成熟的核算实践框架。这与我国把数据与劳动、资本、土地、知识、技术、管理并列，一并视为生产要素，培育和发展数据要素市场，并提出"由市场评价贡献、按贡献决定报酬"的现实情况不相适应。数据资产本身的概念界定尚不统一、分类标准仍未明确等基础性问题进一步加大了传统统计调查和估值方法的应用难度。在此背景下，数据资产测算工作无论是理论建构还是实践操作均具有显著的开拓性特征。

在大数据时代，数据资产作为一种新型资产类型已获得广泛认可，其推动经济增长和社会转型的核心作用也日益凸显。然而，数据资产核算在国际层面

---

① 资料来源：中国电子信息产业发展研究院官网。

的推进相对滞后，我国尚未建立相应的统计制度或开展系统性核算工作。这一现状与我国将数据与劳动、资本、土地、知识、技术、管理并列为生产要素，积极培育数据要素市场，并倡导"由市场评价贡献、按贡献决定报酬"的发展导向不相适应。究其原因，主要包括以下四个方面：第一，我国现行的国民经济核算体系尚未将数据生产活动纳入生产范畴，也未将具有长期经济价值的数据明确界定为资产；第二，数据资产的会计处理标准尚未统一，企业会计准则和政府会计制度均缺乏具体规范，仅少数企业尝试将部分数据以无形资产形式入账，导致微观层面的核算基础薄弱；第三，数据形态多样、边界模糊，常与软件、数据库等混合存在，难以单独识别和量化，且缺乏专门的统计制度和历史数据积累，无法及时准确地掌握数据资产的基本情况；第四，数据相关投入未被明确归类为资本形成，导致数据资产未被单独统计，而是被合并计入传统固定资产投资范畴。这一现状不仅制约了数据要素市场的发展，也影响了宏观经济决策的精准性。因此，亟须完善国民经济核算体系，解决数据资产是什么、怎么核算、如何衔接到现有国民经济核算体系等问题。

本书系统梳理了国内外数据资产核算的研究进展与现状，基于文献研究和国际经验，重点开展以下工作：一是从生产角度出发，对数据产品、数据资产的概念进行界定；二是借鉴《知识产权产品资本测度手册》（OECD，2010）中的核算经验，探索数据资产总产出、增加值、资本形成等指标的核算方法，分析数据资产被纳入核算后对国民账户体系的影响；三是根据统计局等官方机构发布的数据，结合国外核算经验，从行业角度和劳动成本角度对我国数据资产进行初步核算，反映我国数据资产的规模和发展趋势。

第二篇　R&D 资本测度

自从联合国等5个国际组织在SNA2008中建议将R&D作为资本形成以来，R&D资本核算一直备受各界关注。2010年，OECD发布的《知识产权产品资本测度手册》（OECD，2010）旨在指导各国核算R&D及其他知识产权产品的固定资本形成。截至2015年底，已有39个国家按照SNA2008的建议，实施了研发支出核算方法改革（许宪春和郑学工，2016）。就我国的情况而言，国家统计局一直以来不断探索和改进统计调查制度与核算制度，2017年8月获得国务院批复的CSNA2016集中体现了最新的研究成果。CSNA2016借鉴国际标准，也引入了知识产权资本的概念，将研发作为子项（国家统计局，2016），并于2016年7月初步公布了R&D资本化后GDP的调整结果。总体来看，我国在R&D资本核算领域的实践紧跟国际统计标准改革趋势，体现了国民经济核算体系的科学性与时代性。随着研发活动的持续深化和数据基础的进一步完善，R&D资本化核算将为宏观经济决策提供更加精准的数据支撑。

要进行R&D资本测度，有几个问题需要讨论，包括R&D测算的推导方法、价格指数和服务寿命。其中，R&D资本服务寿命不仅是R&D资本核算的主要内容，也是影响GDP总量的重要参数。因此，本书基于有效发明专利平均持续年限，提出了R&D资本平均服务寿命的估计方法，并在确定R&D平均服务寿命及价格指数后，对R&D资本进行了实际测算。

第二章　R&D 资本平均服务寿命

第一节　中国关于 R&D 的研究回顾

为落实国家创新发展战略和反映创新的经济成效，我国国家统计局借鉴 SNA2008 的做法，在中国国民经济核算体系中将 R&D 作为知识产权资本的构成项，开启了 R&D 资本化核算改革。R&D 资本化核算也是近年来学术界的一个研究热点，除将 R&D 资本化计入 GDP 外，2008 年以前的文献计算 R&D 资本存量时，基本采用 R&D 内部支出作为投入流量指标，2008 年以后的文献基本上考虑了 R&D 资本化核算因素，为我国 R&D 资本测度研究奠定了坚实的理论基础和实践基础。本书检索了 2008 年以来专门研究 R&D 资本存量的文献（不包括以 R&D 为变量的实证研究），如表 2-1 所示。通过梳理这些文献可以发现如下特征。第一，学者们计算 R&D 资本存量时所采用的投入流量指标差异较大，降低了估计结果的可靠性和可比性。已有文献有的采用 R&D 内部支出，如王俊（2009）、杨林涛等（2015a，2015b）、陈宇峰和朱荣军（2016）学者的研究。有的采用 R&D 内部支出扣除劳务费，如刘建翠和郑世林（2016）学者的研究。有的采用 R&D 固定资本形成，如江永宏和孙凤娥（2016）、王华（2017）、孙凤娥和江永宏（2018）、朱发仓等（2019）、朱发仓和杨诗淳（2020）学者的研究。还有的采用 R&D 产出，如王亚菲和王春云（2018a，2018b）、李颖（2019）、陈钰芬和侯睿婕（2019）、徐霭婷等（2019）学者的研究。第二，已有文献基本只从一个方面测度 R&D，没有全面地、充分地分析 R&D 在经济系统中的功能和作用，如席玮和徐军（2014）仅计算了 R&D 资本服务量，缺乏全方位的统一测度。第三，对 R&D 服务寿命和折旧率的设定过于主观，缺乏实证支撑。如多数文献直接设定 R&D 的服务寿命为 10 年、折旧率为 15%，并没有对设定依据进行详细解释。第四，未对 R&D 资本退役模式进行实证探究，缺乏事实证据支撑。如席玮和徐军（2014）、朱发仓等（2019）直接采用正态退役，均未进行实证性分析。第五，采用存在系统性偏差的简化算法：

$$K'_t = I_t + (1-\delta)I_{t-1} + \cdots + (1-\delta)^{t-1}I_{t-(t-1)} + (1-\delta)^t K_0 \quad (2-1)$$

其中，K'_t 为第 t 年的 R&D 资本存量，I_t 为 t 年固定资本形成总额，δ 为折旧率。可发现初始存量 K'_0 及以后年份的固定资本形成都将一直存在于 K'_t 中，只不过 t 越大，所占份额越小，但是在数值上是一直存在的，它暗含了资本服务寿命无限长这一特征，故该方法存在系统性偏误。

表 2 - 1 2008 年以来部分学者对 R&D 资本存量的研究

作者	投入指标	采用公式	寿命	退役模式
王俊（2009）	R&D 内部支出	知识生产函数法	—	未涉及
席玮和徐军（2014）	资本化的 R&D 内部支出	PIM	设定 5 年、8 年和 15 年	正态退役
王孟欣（2011）	R&D 内部支出	式（2-1）的变形	—	未涉及，式（2-1）暗含无限寿命
刘建翠和郑世林（2016）	R&D 内部支出扣除劳务费	式（2-1）	—	
杨林涛等（2015a）	R&D 内部支出	式（2-1）及其变形	—	
杨林涛等（2015b）	R&D 内部支出	式（2-1）及其变形	—	
许宪春和郑学工（2016）	R&D 产出	式（2-1）	设定 10 年	
陈宇峰和朱荣军（2016）	R&D 内部支出	式（2-1）	—	
江永宏和孙凤娥（2016）	R&D 固定资本形成	式（2-1）	设定 10 年	
王华（2017）	固定资本形成	式（2-1）	—	
王亚菲和王春云（2018a）	R&D 产出	式（2-1）	设定 10 年	
王亚菲和王春云（2018b）	R&D 产出	式（2-1）	设定 11 年	
侯睿婕和陈钰芬（2018）	R&D 产出	式（2-1）	设定 10~20 年	
孙凤娥和江永宏（2018）	R&D 固定资本形成	式（2-1）	设定 10 年	
陈钰芬和侯睿婕（2019）	R&D 产出	式（2-1）的变形	—	
李颖（2019）	R&D 产出	式（2-1）	—	
朱发仓（2019）、朱发仓等（2019）	R&D 固定资本形成	PIM	计算得出 5 年、6 年、7 年、8 年	正态退役
徐蔼婷等（2019）	R&D 产出	PIM	设定 10 年	正态退役

资料来源：根据王俊（2009）、席玮和徐军（2014）等学者的文献整理。

本书针对上述不足做出如下改进：首先，分析 R&D 资本的供给来源及 R&D 资本在经济系统中的作用，建立 R&D 资本测度逻辑与全面的测度指标体系；其次，基于有效发明专利死亡数据估计 R&D 平均服务寿命，拟合 R&D 资本退役函数，从技术上建立 R&D 财富资本存量和 R&D 服务量之间的测度逻辑关系；最后，用财富存量表或资产负债表展现 R&D 资本财富存量的动态变化过程和静态结构。

第二节　R&D 资本服务寿命的概念与国际研究经验

现阶段中国研发支出核算方法改革主要涉及三个领域：研发产出核算、研发资本存量总额核算及研发支出计入 GDP 核算。在研发资本存量核算方面，采用几何折旧模式的永续盘存法，但尚未系统评估不同资本服务寿命的影响，且未定期公布研发资本形成总额和资本存量等关键数据。

正如 SNA2008 第 10 章第 104 段所述，"实现 R&D 资本化核算需要重点讨论测算方法、价格指数和服务寿命三个关键问题"。其中，R&D 资本服务寿命不仅是核算的核心内容，更是影响 GDP 总量的重要参数。本书基于有效发明专利平均持续年限，构建 R&D 资本平均服务寿命的估算方法，并系统分析其对资本核算的影响。

一、R&D 资本服务寿命的概念

在资本核算中，资产的服务寿命（或使用寿命）指资产在生产过程中保持使用或准备使用的时间长度，即其为经济所有者产生收益的时间长度。它有三层含义：一是资本服务寿命是经济寿命而不是资本品的物理寿命，这意味着 R&D 即便是物理上不变，其价值及服务能力也可能随时间而改变；二是指经济所有者而不是法律所有者，这就意味着在其服役期内，资产可以具有多于一个的经济所有者；三是 R&D 资本服务寿命是有限的。物质资本可能由于经济过时、磨损或意外损坏而退出生产过程，对 R&D 资本来讲，因其具有的"无形性"，不存在磨损或意外损坏的情况，理论上可具有无限寿命。但研发具有"创造性和破坏性"的特征，新知识可以替代现有知识，替代的速度甚至高于物质资本。随着时间的推移，R&D 产生的知识不断地"后浪推前浪"，最终变成可广泛获得的常识。在此过程中，它对经济所有者的贡献越来越小，直至退出生产过程。

资本服务寿命可分为平均服务寿命与最长服务寿命两类。平均服务寿命指同类型 R&D 资产服务寿命的平均值，最长服务寿命则指 R&D 资产的最长使用年限。在资本核算实践中，通常采用平均服务寿命作为基准参数。当资本退役模式确定后，平均服务寿命将成为影响资本退役函数和资本存量估算的关键因素。

二、国际研究经验

从已有的研究成果来看，专门研究 R&D 资本服务寿命的文献并不多，这些文献所采用的方法可总结为两种：专利对比分析法和直接调查法。

（一）专利对比分析法

专利对比分析法是通过比较专利的出生时间与死亡时间，从而得到专利寿命的方法。D. 克尔（Ker D，2013a，2013 b，2013c）使用英国知识产权局和欧洲专利局 1986~2010 年的专利缴费信息，识别出专利出生时间（申请时间）和死亡时间（停缴年费或专利过期），将死亡年份和申请年份之差作为寿命估计值，并以专利价值为权重求平均寿命。该方法使用专利代表研发，用专利维持年限代表研发资产寿命，其优点在于不需要进行额外的调查，省时省力。但缺点是并非每个 R&D 都会申请专利，D. 克尔也没有说明这些专利能够在多大程度上代表 R&D。此外，随着专利侵犯诉讼费的提高以及知识产权保护意识的增强，很多公司往往会将自动续费作为预防性措施，以应对同行竞争，即使该专利已经不再用于生产也会续缴年费，但这会导致寿命估计值偏高。

（二）直接调查法

基于对以色列、英国、德国和日本等国的试点调查结果，堪培拉工作组向 OECD 建议采用直接调查法测算 R&D 资本服务寿命。该方法通过调查研发活动持续时间、研发成果转化周期（从研发完成到投入生产的时间间隔）以及研发成果的实际应用周期三个维度来估算研发寿命，具体调查内容见表 2-2。试点调查有五个重要发现：其一，部分受访者指出，近年来 R&D 资本服务寿命呈动态变化趋势，特别是在高科技行业呈现缩短态势，这表明需要建立定期（至少每几年一次）的服务寿命数据采集机制；其二，调查数据显示，服务寿命长度与 R&D 项目周期及技术复杂度存在显著相关性；其三，大多数案例表明 R&D 成果的应用滞后期较短，这主要源于企业在研发阶段就同步规划了成果转化路径；其四，受访者对 R&D 成功率有明确认知，其商业计划已包含失败风险考量，并确信成功项目的收益能够覆盖全部研发成本；其五，特定领域的 R&D 服务寿命表现出明显的类型趋同性。此外，德国的调查还发现各行业 R&D 专利占比存在 1.5%~90% 的差异，这一发现表明在利用专利数据推算服务寿命时需谨慎。

表 2-2　　　　　OECD 对 R&D 资本平均服务寿命试点调查

R&D 项目类型	R&D 项目"生命"阶段的详细信息				备注
	阶段	所需信息	所需年限	支出占比	
—	研发	研发的平均时间	—	—	—
	从研发向生产/经营过渡	从研发结束到在生产/经营中开始使用 R&D 资产的平均时间长度	—	—	—
	用于生产/经营	从在生产中开始使用 R&D 资产到停止使用的平均时间长度	—	—	—

资料来源：OECD. Handbook on Deriving Capital Measures of Intellectual Property Products [M]. Paris: OECD Publishing, 2009.

综合来看，直接调查法虽然能够通过采集原始研发数据及时反映技术变革速率的变化，但存在调查成本高、受访者负担重的局限性。OECD 综合评估后建议，在各国普遍缺乏详细 R&D 资本服务寿命数据的现状下，可将 R&D 资本平均服务寿命基准值暂定为 10 年。表 2-3 是部分国家在核算 R&D 时对 R&D 平均服务寿命的设定情况。多数研究沿用无限寿命的几何折旧假设，也有学者如席玮和徐军（2014）对不同类型研发予以区别设定，比如将基础研究、应用研究和试验发展的服务寿命分别设定为 15 年、8 年和 5 年。

表 2-3　　　　　各国 R&D 资本核算设定的平均服务寿命

国家	寿命	国家	寿命	国家	寿命	国家	寿命
澳大利亚	基础研究 13 年，应用研究 11 年，试验发展 9 年	芬兰	各行业不同，7~10 年	芬兰	12 年，化学 15 年	斯洛文尼亚	10 年
加拿大	6.2 年	捷克	8 年	英国	4.6 年	挪威	10 年
丹麦	10 年	比利时	10 年	瑞典	10 年	意大利	10 年
德国	10 年	爱尔兰	10 年	美国	各行业不同	葡萄牙	10 年

资料来源：OECD. Second Task Force on the Capitalization of Research and Development in National Accounts [R]. OECD Working Paper, 2012: 3-14.

第三节 基于有效专利的 R&D 平均服务寿命估计方法

一、基本思路

2015 年，中国国内专利申请量为 2 639 446 件，是 2011 年的 1.75 倍，同期授权专利数为 2011 年的 1.8 倍，R&D 内部支出为 2011 年的 1.63 倍，这说明专利申请量和授权量的发展速度远高于 R&D 内部支出的发展速度。①《2016 年中国专利调查数据报告》显示，中国 80.3% 的研发项目平均产生 1~2 个专利。② 若基于 2015 年 R&D 项目总数（130.45 万项）进行统计，按每个项目产生 2 件专利来算，2015 年预期专利申请量应为 260.91 万件，是实际专利申请量（263.94 万件）的 98.8%。说明近年来中国大多数 R&D 项目都申请了专利，故使用有效专利平均持续年限代替 R&D 平均服务寿命是合理的。

《中华人民共和国专利法（2008）》第四十二条对专利法律保护年限进行了规定，其中发明专利权的期限为二十年，实用新型专利权和外观设计专利权的期限为十年，均自申请之日起计算。专利权人应当自专利授权当年开始缴费以维持专利权，否则专利权会在期限届满前失效，受法律保护的专利为有效专利。专利权人缴费以维持专利权，表明该专利能够为之带来经济利益，且该专利尚处于有效可用阶段。如果专利失效，不再受法律保护，那么意味着该专利已经不能为其所有者或使用者带来经济收益，该专利不再有效可用，从而退出生产过程。因此，专利的有效性能够反映 R&D 知识的有用性，有效专利的状态能够表征 R&D 资本是否还能参与生产，有效专利的持续年限也代表了 R&D 资本的服务寿命。当专利保护期届满后，若所有者没有申请延期，技术内容基本属于公开状态，那么专利权人随之丧失经济利益的独占权。因此，在核算实践中可将法定保护期限视为 R&D 资本的最长服务寿命。

这样，就可以建立有效专利持续年限与 R&D 资本服务寿命之间的对应关系。在申请专利的当年，专利法已经赋予专利权人相应的权利，故在专利申请当年 t，认为相应的 R&D 资本役龄（役龄即资本服务生产活动的时间）为 1 年，R&D 的服务寿命定为 1 年。在 t+1 年，如果该专利处于有效状态，则视为 R&D 资本仍在服役，役龄为 2 年，对应的 R&D 服务寿命为 2 年。在 t+2 年，

---

① 数据来源：中国国家统计局官方网站。
② 数据来源：中国国家知识产权局官方网站。

如果专利处于有效状态，则视为R&D资本仍在状态，役龄为3年，对应的R&D资本服务寿命为3年，以此类推。若到第t+k年，专利失效，则认为该R&D资本不再服役，已退出生产过程，生命结束，R&D资本服务寿命为t+k-1年。

二、R&D资本平均服务寿命估计结果

根据《中国有效专利年度报告2014》①与《2011年中国有效专利报告》②中有关有效专利持续年限的数据（见表2-4），可计算出R&D资本平均服务寿命（见表2-5）。由计算结果可知，高校（或一般政府部门）拥有的R&D资本平均服务寿命低于企业拥有的R&D资本平均服务寿命，可认为"基础研究"获得的知识平均服务寿命低于"应用研究"和"试验发展"获得的知识的平均服务寿命。纵向来看，2010~2014年R&D资本的平均服务寿命在提高。

表2-4　　　　　2010年与2014年有效专利持续年限分布情况

持续年限	2014年专利分布情况（件）							2010年专利分布情况（%）		
	发明专利			实用新型专利		外观专利		发明专利	实用新型	外观专利
	全部	高校	企业	高校	企业	高校	企业			
1	407	107	185	30 508	276 549	3 863	100 952	0	4.5	0.1
2	27 455	8 309	11 826	40 068	439 748	6 647	218 363	4.3	31	37.9
3	98 803	28 448	50 535	19 030	349 574	3 663	101 266	12.4	24.7	29.8
4	121 514	30 821	67 673	8 663	239 705	1 830	66 372	17.9	15.1	14.7
5	111 980	24 281	67 760	2 493	139 706	167	40 111	18.7	9.3	7.4
6	97 227	17 406	62 777	1 195	94 903	47	29 187	15.5	6.4	4.3
7	74 202	10 919	49 960	557	55 801	25	19 648	10.7	4.2	2.9
8	53 752	6 166	38 216	376	34 200	25	13 699	8	2.5	1.6
9	40 400	3 905	29 081	288	24 005	12	9 624	5	1.5	0.8
10	28 946	2 814	20 590	166	15 631	5	6 188	2.9	0.8	0.5

① 中国有效专利年度报告2014 [R/OL]. 国家知识产权局规划发展司，https：//www.cnipa.gov.cn/transfer/pub/old/tjxx/yjcg/201512/P020151231619398115416.pdf.
② 2011年中国有效专利年度报告 [R/OL]. 国家知识产权局规划发展司，https：//www.cnipa.gov.cn/tjxx/zltjjb/201509/P020150911515292002848.pdf.

续表

| 持续年限 | 2014年专利分布情况（件） ||||||| 2010年专利分布情况（%） |||
| | 发明专利 ||| 实用新型专利 || 外观专利 || 发明专利 | 实用新型 | 外观专利 |
	全部	高校	企业	高校	企业	高校	企业			
11	18 412	1 550	13 254					1.6		
12	14 046	884	10 529					1		
13	9 140	484	6 886					0.6		
14	5 063	230	3 744					0.5		
15	2 915	144	2 118	—	—	—	—	0.3	—	—
16	1 657	56	1 155					0.2		
17	1 145	49	791					0.2		
18	740	12	540					0.1		
19	501	14	327					0.1		
20	385	14	274					0		
合计	708 690	136 613	438 221	103 344	1 669 822	16 284	605 410	100	100	100

资料来源：中国国家知识产权局网站。

表2-5　　　　基于2010年和2014年有效专利计算的平均服务寿命　　　　单位：年

| 役龄类型 | 2014年 ||||||| 2010年 |||
| | 发明专利 ||| 实用新型专利 || 外观专利 || 发明专利 | 实用新型 | 外观专利 |
	全部	高校	企业	高校	企业	高校	企业			
算术平均役龄	6.02	4.99	6.35	2.26	3.27	2.28	3.1	5.76	3.57	3.32
中位数役龄	5	5	6	2	3	2	2	5	3	3
众数役龄	4	4	5	2	2	2	2	5	2	3

资料来源：中国国家知识产权局网站。

三种类型专利哪个更能代表R&D资本呢？《中华人民共和国专利法》中界定的发明是指对产品、方法等提出的新的技术方案。实用新型是指对产品的形状、构造等提出的适于实用的新的技术方案。外观设计是指对产品的形状、图案以及色彩与形状、图案的结合所作出的富有美感并适于工业应用的新设计。授予的发明专利和实用新型专利要具有新颖性、创造性和实用性的特点。

新颖性指该发明或实用新型不属于现有技术，也没有任何单位或个人就同样的发明或实用新型在申请日以前向国务院专利行政部门提出过申请，并记载在申请日以后公布的专利申请文件或公告的专利文件中。创造性指与现有技术相比，该发明具有突出的实质性特点和显著的进步。实用性指该发明或实用新型能够制造或使用，并且能够产生积极效果。从三种专利所体现的技术复杂度来看，发明专利的授权难度最大，申请所需要的周期最长，一般在1.5年以上。另外，从科技统计报表制度来看，一个项目是否属于R&D主要根据其成果形式进行判断，要求项目成果形式为：论文或专著；自主研制的新产品原型、样机、样件、样品、配方或新装置；自主开发的新技术、新工艺或新工法；发明专利；基础软件。由此可见，发明专利是判断一个项目是否为R&D的标准之一，故用发明专利代表R&D比实用新型和外观专利更可靠，因此可以根据有效发明专利持续年限计算的平均持续年限来估计R&D资本平均服务寿命。

对2014年计算结果取整数，我们将企业部门R&D资本的平均服务寿命设定为6年，最长寿命设定为专利法规定的法定寿命20年。对于高校（可以代表一般政府部门）的R&D资本，平均服务寿命设定为5年，最长寿命也设定为法定寿命20年。此外，借鉴OCED调查R&D资本的三个阶段和德国的实践经验，分别考虑了1年孕育期和知识应用到生产过程的1年滞后期。接下来将分析4个平均服务寿命（分别是5年、6年、7年和8年）对R&D资本的影响。

第三章　R&D 资本测度理论框架

第一节　R&D 资本化核算的范围和微观数据基础

企业的 R&D 往往源于市场需求，因此与常规的生产经营活动密不可分。在我国研究 R&D 资本化需要分两个层面：哪些 R&D 可以核算为资本、R&D 资本核算需要具备什么样的微观数据基础。

一、R&D 资本核算范畴

R&D 是为了增加知识存量（包括人类、文化和社会知识）和开发现有知识新用途而进行的创造性和系统性工作（OECD，2015），分为基础研究、应用研究和试验发展三种类型，其产出表现为新知识。那么，这三种类型的 R&D 是否都符合国民账户的资产定义呢？国民账户中的资产是一种财富价值储备，代表经济所有者在一定时期内通过持有或使用某实体所产生的一次性或连续性经济利益。该经济利益是指通过一种行为产生的收益或正效用，既包括获得的货物和服务（用于当期或未来的生产、消费或积累），也包括提供服务获得的报酬。而应用研究和试验发展大多数是由企业部门实施的，有明确的目的或目标，能产生经济利益，不难判断它们满足国民账户中资产的条件。OECD（2010）也建议将 R&D 资本核算的边界划在应用研究和试验发展上，基础研究不在资本化核算范围内。此外，从资本来源供给上看，R&D 资本由国内生产和净进口构成，因此全面判断 R&D 的作用与影响，需要全口径的 R&D。故应该按照 OECD（2010）标准的 R&D 固定资本形成，而不是 R&D 产出测度 R&D 资本。

二、企业 R&D 会计独立核算是统计上 R&D 资本化核算的基础

尽管 CSNA2016 已经对 R&D 资本核算方法做出调整并进行了制度规定，但统计数据主要来源于企业会计报表，故企业 R&D 是否独立核算是影响 R&D 统计以及资本核算质量的主要因素。[①] R&D 独立核算是指企业根据会计准则在其财务系统中通过开发支出会计科目，资本化或费用化核算 R&D 项目的每一项支出，这需要较高的会计核算水平和研发组织管理水平。企业对 R&D 内部支出中的日常支出容易做到按项目独立核算，但是对资产性支出，往往并未区分用途，与其他生产设备统一核算为固定资产。而在进行 R&D 统计时，对独立核算的项目，直接摘取相关会计科目数据，对未独立核算的 R&D，归集整理相关数据。未独立核算的 R&D 经费一般核算在生产成本或资产中，在会计科目上无法体现研发属性，这部分费用在统计报表中会同时申报于不同的报表中，用于国民经济核算的不同方面。因此，从会计核算角度将 R&D 数据与其他数据区分核算，提高不同统计报表数据之间的独立性和兼容性，有助于提升国民经济核算数据质量。此外，国家制定了很多促进企业创新的科技政策，最典型的是研发费用税前加计扣除和高新技术企业所得税减免政策。企业为享受这些政策往往会在其财务系统中对每个 R&D 项目的研发费用进行独立核算，且受政策刺激有高估研发费用的倾向。

第二节 R&D 资本的两种功能与测度指标体系

一、R&D 资本在经济系统中的两种功能

在明确了 R&D 资本化核算范围后，本书接着分析 R&D 在国民经济系统中的功能，从而构建 R&D 资本的测度指标体系。图 3-1 是包含生产者、消费者与资本市场的经济系统简图。

R&D 资本的第一种功能是作为投入要素服务于经济运行，即具有服务性功能。假设只有资本市场（资本供给部门、法律所有者）和生产者（资本的

[①] 需要注意的是，统计上的 R&D 资本化核算并不等于企业会计上的 R&D 资本化核算。

经济所有者），且资本的经济所有者和法律所有者是完全分离的。如图3-1所示，在市场条件下，资本服务量（Capital Service）从资本法律所有者部门中流出，进入资本经济所有者部门（生产者），资本租金作为补偿从资本经济所有者（生产者）流向资本法律所有者。资本服务的多寡与分布是影响经济运行的关键要素，也是研究全要素生产率相关问题的重要指标，提供资本服务的是生产性资本存量（Productive Capital Stock），因此R&D生产性资本存量和R&D资本服务量是测度R&D的必要指标。

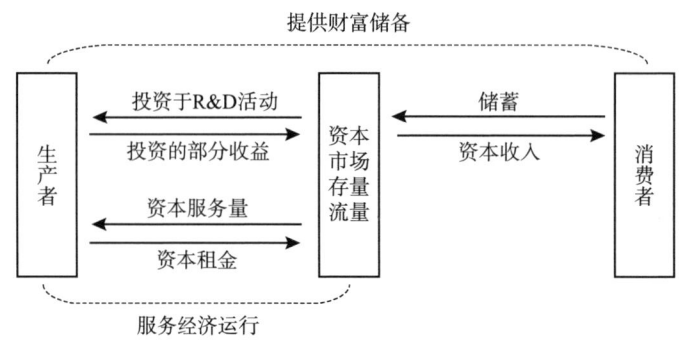

图3-1 R&D在国民经济中的作用

R&D资本的第二种功能是提供财富储备，即具有财富性功能。消费者的储蓄投向资本市场，生产者从资本市场中募集资金以投资R&D活动，产生的收益部分归自己所有，部分以资本报酬的形式支付给资本市场，其中部分流向消费者部门。在此过程中，R&D资本同时为生产者和消费者带来收益，是产生经济利益的财富储备，因此应记录在资产负债表中。SNA2008在第6.253段指出：过去投资中未退役的，且按当前购买者价格重新估价的固定资产存量称为资本存量总额（Gross Capital Stock），[①] 它是将逐年的固定资本形成总额（Gross Fixed Capital Formation）进行累计并扣除退役部分（OECD，2009）。然而，随着役龄的增加和新技术的出现，R&D资本的边际产品逐渐减少，导致边际收益和价值下降。SNA2008将在核算期内因自然退化、正常淘汰或正常事故损坏而导致的生产者拥有和使用的固定资产存量现期价值的下降定义为固定资本消耗（Consumption of Fixed Capital），认为它是收入中的扣除项，旨在说明资本品因用于生产而发生了价值贬值，经济分析文献中常称之为折旧

---

① 英文原文为：The stock of fixed assets surviving from past investment and revalued at the purchasers prices of the current period is described as the gross capital stock。

(depreciation)，折旧也是收入法 GDP 的构成项。资本存量净额（Net Capital Stock）由资本存量总额扣除固定资本消耗得出，资本存量净额比资本存量总额更能反映经济主体的真实财富水平，因此在学术研究中又常被称为财富资本存量（Wealth Capital Stock），而资本存量总额更侧重于供给侧视角。资本存量总额、财富资本存量以及固定资本消耗是资产负债表的登录项，固定资本形成是收入法 GDP 的构成项，因此，R&D 测度指标体系与资本账户和生产账户得以衔接。

二、R&D 资本测度指标体系

除了刻画某一时点上的 R&D 资本存量外，还需要反映一定时期内的变化情况，揭示存量和流量的关系。简单来说，经济系统以期初存量为基础，经过样本期内投资和固定资本消耗，最终得到期末资本存量。这样可建立如表 3-1 所示的 R&D 资本测度逻辑与测度指标体系，主词栏是 R&D 执行部门，[①] 宾词栏是 R&D 财富资本存量表（或资产负债表）和 R&D 生产性资本存量表（或资本服务量表）。R&D 财富资本存量表（或资产负债表）部分描述了 R&D 财富资本存量从期初到期末的动态变化过程，流量变化部分详细说明了使存量变化的流量来源与大小，生产性资本存量（或资本服务量表）说明了服务量的来源以及流量大小，通过表 3-1 可以实现动态过程和静态结构刻画的结合。令 S_i^{tB}、W_i^{tB}、I_i^t、D_i^t、S_i^{tE}、W_i^{tE}、K_i^t 和 U_i^t 分别表示期初资本存量总额、期初财富资本存量、固定资本形成、固定资本消耗、期末资本存量总额、期末财富资本存量、生产性资本存量和资本服务量，i = 1, 2, 3, 4 分别代表企业部门、科研机构、高等院校和海外部门。表 3-1 中的动态过程平衡式为：期初财富资本存量 + 核算期内资产变化量 = 期末财富资本存量，即：

$$W_i^{tB} + I_i^t - D_i^t = W_i^{tE} (i = 1, 2, 3, 4) \qquad (3-1)$$

表 3-1 中静态结构平衡式为：各部门 R&D 资本存量总额之和等于全国 R&D 资本存量总额，各部门 R&D 财富资本存量之和等于全国 R&D 财富资本存量，各部门 R&D 固定资本形成（固定资本消耗、服务量）之和等于全国 R&D 固定资本形成（固定资本消耗、服务量），即：

[①] 根据研究需要，也可以按照地区或行业进行分类。

$$W^{tB} = \sum_{i=1}^{4} W_i^{tB}, \quad I_i^t = \sum_{i=1}^{4} I_i^t, \quad D_i^t = \sum_{i=1}^{4} D_i^t, \quad W^{tE} = \sum_{i=1}^{4} W_i^{tE},$$
$$U^t = \sum_{i=1}^{4} U^t, \quad S^{tB} = \sum_{i=1}^{4} S_i^{tB}, \quad S^{tE} = \sum_{i=1}^{4} S_i^{tE} \tag{3-2}$$

表 3-1　基于两种功能的 R&D 资本测度逻辑及测度指标体系

部门名称	财富性功能 – R&D 财富资本存量表（或资产负债表）							生产性功能 – R&D 生产性资本存量表（或资本服务量表）		动态平衡
^	期初资本存量总额	期初财富资本存量	流量变化			期末财富资本存量	期末资本存量总额	生产性资本存量	资本服务量	^
^	^	^	固定资本形成	持有收益	固定资本消耗	^	^	^	^	^
企业部门	S_1^{tB}	W_1^{tB}	I_1^t	R_1^t	D_1^t	W_1^{tE}	S_1^{tE}	K_1^t	U_1^t	式（3-1）
科研机构	S_2^{tB}	W_2^{tB}	I_2^t	R_2^t	D_2^t	W_2^{tE}	S_2^{tE}	K_2^t	U_2^t	^
高等院校	S_3^{tB}	W_3^{tB}	I_3^t	R_3^t	D_3^t	W_3^{tE}	S_3^{tE}	K_3^t	U_3^t	^
海外部门	S_4^{tB}	W_4^{tB}	I_4^t	R_4^t	D_4^t	W_4^{tE}	S_4^{tE}	K_4^t	U_4^t	^
静态平衡	式（3-2）									^

第三节　R&D 资本测度的技术方法

一、R&D 固定资本形成

借鉴 OECD（2010）建议的供需平衡法：

$$I_{Supply}^t = I_{output}^t + I_{import}^t \tag{3-3}$$

$$I_{use}^t = I_{GFCF}^t + I_{export}^t \tag{3-4}$$

其中，I_{Supply}^t、I_{output}^t、I_{import}^t、I_{use}^t、I_{GFCF}^t、I_{export}^t、分别表示 R&D 供给、R&D 国内生产、进口、使用、固定资本形成、国内单位间净购买和出口。对于 R&D 国内生产，根据总成本法，即：

$$I_{output}^t = I_{in}^t + I_{tps}^t - \sum_a I_t^a + \sum_a COFC_t^a + \sum_a R_t^a \tag{3-5}$$

其中 I_{in}^t 和 I_{tps}^t 为 R&D 经费内部支出和生产税净额，$COFC_t^a$ 为 a 的固定资本消耗，R_t^a 为 a 的收益，I_t^a 为对资产 a 的资产性支出。根据供需平衡 $I_{Supply}^t = I_{use}^t$，就可以得到 R&D 固定资本形成，即：

$$I_{GFCF}^t = I_{output}^t + I_{import}^t - I_{export}^t \tag{3-6}$$

二、R&D 资本退役函数的拟合

R&D 资本平均服务寿命和退役函数是影响 R&D 资本测算的关键因素。与其他文献直接设定 R&D 寿命不同，朱发仓等（2019）采用有效发明专利平均持续年限估计了 R&D 资本平均服务寿命，为确定 R&D 资本服务寿命提供了新思路。在此基础上，本书根据有效专利死亡数据估计 R&D 资本退役模式的分布函数。从知识产权保护角度来看，若一项专利仍能为其经济所有者带来经济利益，专利权人一般会缴纳专利维护费。反之，不缴纳专利费就可以认为该专利已经不能产生经济利益，即退出生产过程。故用有效发明专利死亡时间估计 R&D 资本退役函数是合理的。

假设专利在 t 年申请，在 t+1 年如果该专利没有继续缴纳专利年费，那么专利死亡，专利死亡年限为 2 年，该专利代表的 R&D 资本退役年限为 2 年。以此类推，直到第 t+k 年不再缴纳专利年费，那么表示该专利对于专利权人而言已经不存在经济价值，该专利已经死亡，死亡年限为 t+k+1 年，该专利代表的知识被新知识替代，从而退出生产过程，专利代表的 R&D 资本退役年限为 t+k+1 年。因此，有效专利持续年限包含了 R&D 资本退役信息，可以根据各年限下发明专利死亡数据模拟 R&D 资本的退役函数。

图 3-2 是高等院校、企业部门和我国整体专利的不同役龄下死亡专利数占比图。由图可知，专利死亡数据的分布均右偏，但偏度有差异。使用动差法计算偏度系数，得到高等院校、企业部门和整体专利的偏度系数分别为 1.29、0.75 和 0.87，峰度系数分别为 3.14、1.89 和 2.13。比较三条曲线发现 10 年以上死亡专利总数占比 9.4%，这意味着 90.6% 的专利在 10 年（含 10 年）内死亡，说明尽管该专利死亡分布右偏，但是右部属于"薄尾"，因此用正态分布函数 $F(T) = e^{-(T-\bar{T})^2/2s^2}/s\sqrt{2\pi}$ 近似拟合 R&D 退役函数是合理的。

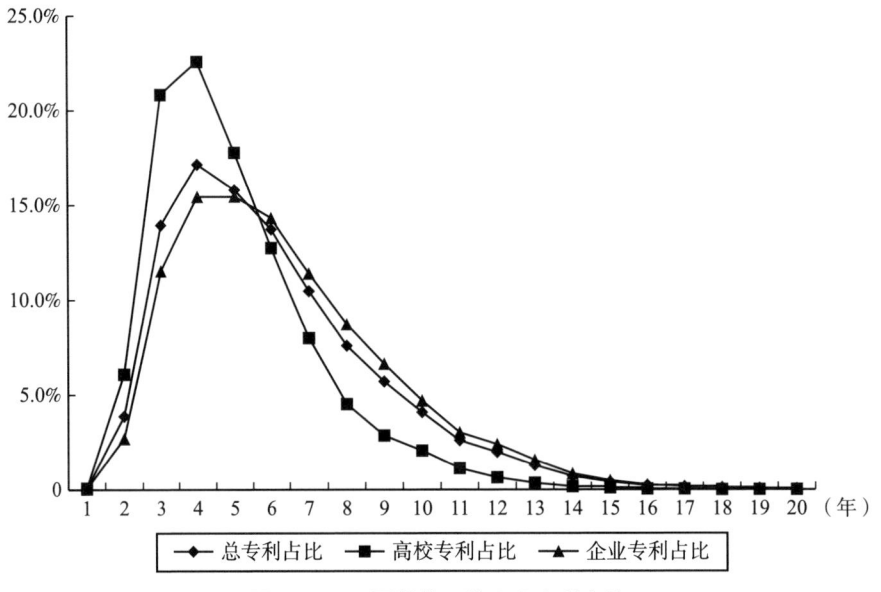

图 3-2　不同役龄下的死亡专利占比

三、R&D 资产组的平均役龄 - 效率函数与平均役龄 - 价格函数

设 R&D 投资发生在 t 年期中，记 n 为 R&D 资产的役龄，那么 n = 2.5 表示 3 年役龄。令 f_n^t 为 t 年役龄为 n 的 R&D 资本单位使用成本，在市场条件下，单位使用成本较高的资本品应具有较高的生产效率，定义不同役龄下单一 R&D 资本的效率函数为：

$$g_n = f_n^t/f_0^t, \quad n = 0.5, 1.5, 2.5, \cdots, T - 0.5 \quad (3-7)$$

式 (3-7) 是理论上的役龄 - 效率函数，现实中经济统计学家们常用几种函数拟合。新资产在服务前期的边际产品应该变化不大或缓慢下降，而双曲函数则描述了此现象，故本书借鉴澳大利亚和英国的做法，单一资本役龄 - 效率函数采用参数为 0.75 的双曲效率衰减模式，函数形式为 $g_n = (T-n)/(T - b \times n)$，其中 T 为 R&D 资本寿命，b 为效率衰减参数。[①] 现实中生产者往往拥有不同役龄的多种类型和数量的资本，不同役龄的资本可相互替代，市场条件下以成本最小化为目标的生产者会使得它们的相对单位成本、服务价格与服务效率相对应。

---

① 其他常用的役龄 - 效率函数有几何函数 [函数形式为 $g_n = (1-\delta)^n$，δ 为效率衰减率] 和线性函数。

当相同类型的 R&D 组合成 R&D 资产组,其中一些 R&D 的技术被新技术替代而不再用于生产过程时,称为 R&D 资本的退役,令 F(T) 为退役函数,则 R&D 资产组的役龄 - 效率函数为:

$$h_n = \sum_{T=n}^{T^{max}} g_n(T)F(T), \quad n = 0, 0.5, 1.5, \cdots, T - 0.5 \quad (3-8)$$

令 tB、tE 表示 t 年期初和期末,P_n^{tB},P_n^{tE} 为 R&D 资产的价格,定义 t 年的资产的役龄 - 价格函数为:

$$\psi_n = P_n^{tB}/P_0^{tE}, \quad n = 0.5, 1.5, 2.5, \cdots, T - 0.5 \quad (3-9)$$

在资本市场均衡条件下,根据资本价值确定理论,一项资产的价值由其未来收益的折现值确定,资产组的平均役龄 - 价格函数与平均役龄 - 效率函数具有以下关系:

$$\psi_n = \frac{P_n^{tB}}{P_0^{tB}} = \frac{h_n + h_{n+1}(1+i)(1+r)^{-1} + \cdots + h_{n+T}(1+i)^{T-1}(1+r)^{1-T}}{1 + h_1(1+i)(1+r)^{-1} + \cdots + h_T(1+i)^{T-1}(1+r)^{1-T}}$$

$$(3-10)$$

其中,i = 15.3%,r = 8% 分别为 R&D 资产的价格平均上涨率和收益率,根据固定资本消耗的含义,折旧率为:$\delta_n = (P_n^{tB} - P_{n+1}^{tB})/P_n^{tB}$,n = 0.5,1.5,2.5,⋯,T - 0.5。

平均服务寿命 $\bar{T}$ 是资本核算的关键参数。据中国有效专利发展报告中企业和高等院校有效发明专利维持年限数据,我们将企业部门 R&D 平均服务寿命设定为 7 年,高等院校设定为 5 年,最长寿命设定为法律寿命 20 年。图 3 - 3 是企业部门和政府部门的平均役龄 - 效率曲线、平均役龄 - 价格曲线和平均役龄 - 折旧率曲线图(图 3 - 3 中 7 表示企业部门,5 表示政府部门)。

根据图 3 - 3 有如下发现。

(1)R&D 资产组平均役龄 - 效率曲线整体呈平滑的"乙"字形,随着役龄的增加,效率逐渐降低,说明 R&D 资产组在服役前期的边际产品的生产效率缓慢下降,后期快速下降。

(2)R&D 资产组生产效率在役龄达到平均服务寿命时已经下降了超过 80%,且在平均服务寿命之后的 2 年内迅速下降至 0。如:当企业部门的 R&D 资产组平均服务寿命为 7 年时,R&D 资产组服役第 7 年(n = 6.5)时效率函数值为 0.182,服役第 9 年时效率函数值降至 0.027;当政府部门的 R&D 资产组平均服务寿命为 5 年时,R&D 资产组服役第 5 年(n = 4.5)的效率函数值为 0.172,服役第 7 年时效率函数值仅为 0.008。这意味着一项 R&D 投资在其服役到平均寿命的 2 年后,对生产性资本存量与服务量的影响已经很小。

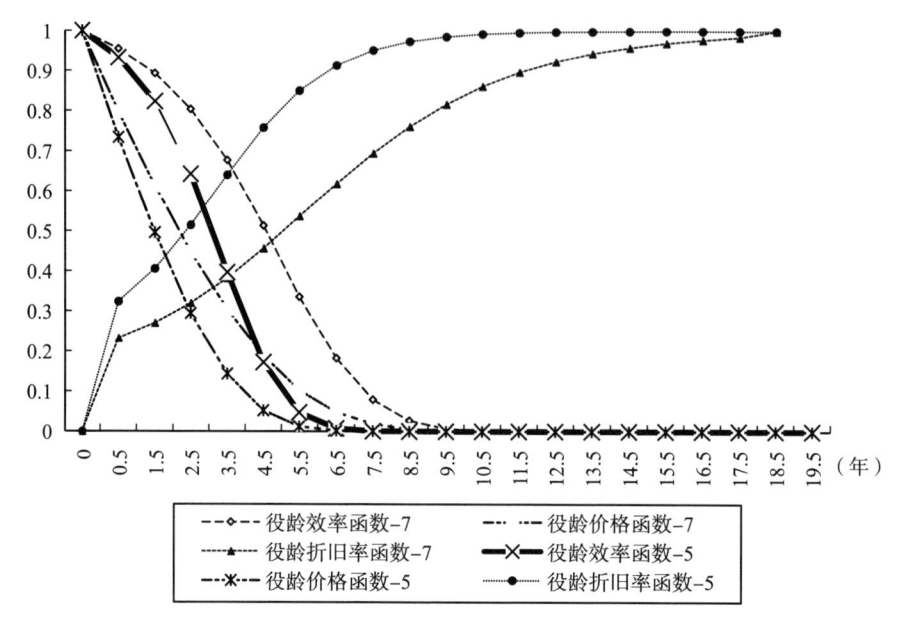

图 3-3 R&D 资产组的平均役龄-效率（价格、折旧率）函数

（3）R&D 资产组平均役龄-价格曲线是一条凸向原点的平滑的"L"型曲线，随着役龄的增加，价格逐渐降低，在最长寿命处降低到 0。

（4）资产组役龄价格在役龄达到平均服务寿命时已经下降 95%。如：当企业部门的 R&D 资产组平均服务寿命为 7 年时，R&D 资产组第 7 年（n = 6.5）的价格函数值为 0.047；当政府部门的 R&D 资产组平均服务寿命为 5 年时，R&D 资产组在服役第 5 年（n = 4.5）的价格函数值为 0.051。这意味着一项 R&D 投资在其服役到平均寿命时，对财富资本存量的影响已经很小。

（5）资产组平均役龄-折旧曲线是一条平滑的倒"L"型曲线，随着役龄的增加，折旧率逐渐逼近和到达 1。本书设定的 R&D 最长寿命为法定 20 年，故在最长寿命处折旧率为 1。

四、R&D 资本存量与资本服务量

R&D 资本存量是指在扣除资本效率递减导致的折旧后，按基准年价格对历年仍具使用价值的 R&D 固定资本形成总额进行重估价后的累计值。将 t 年不变价 R&D 固定资本形成记为 I_t，根据 R&D 资产组平均役龄-价格函数，以基期价格计价的 t 年期初、期末 R&D 财富资本存量为：

$$W^{tB} = \psi_{0.5}I^{t-1} + \psi_{1.5}I^{t-2} + \psi_{2.5}I^{t-3} + \cdots + \psi_{19.5}I^{t-20} \quad (3-11)$$

$$W^{tE} = \psi_{0.5}I^{t} + \psi_{1.5}I^{t-1} + \psi_{2.5}I^{t-2} + \cdots + \psi_{19.5}I^{t-19} \quad (3-12)$$

其中，W^{tB}、W^{tE} 分别表示期初 R&D 资本存量和期末 R&D 资本存量。所以，R&D 资本存量年均余额即为期初与期末的简单平均。从公式上可以看出，20 年前的 R&D 投资已经不计算在当年的资本存量净额中，这也是本算法与式（2-1）的最大区别。由于投资发生在期中，故 t 年投资的一半发生折旧时，以 t 年平均价格计价的 t 年固定资本消耗 D^t 为：

$$D^t = P_0^t\delta_0 I^t/2 + P_{0.5}^t\delta_{0.5}I^{t-1} + P_{1.5}^t\delta_{1.5}I^{t-2} + \cdots + P_{19.5}^t\delta_{19.5}I^{t-20} \quad (3-13)$$

从而可得 R&D 资本存量总额为 $S^{tE} = W^{tE} + D^t = W^{tB} + I^t = S^{t+1,B}$。资本市场均衡时，资本提供的服务等于其使用成本，那么 t 年 R&D 资本服务即使用成本 U^t 是历年各期投资与相应单位使用成本之积的和，即：

$$U^t = f_0^t[I^t/2 + h_{0.5}I^{t-1} + h_{1.5}I^{t-2} + h_{2.5}I^{t-3} + \cdots + h_{19.5}I^{t-20}] = f_0^t K^t \quad (3-14)$$

其中，$K^t = I^t/2 + h_{0.5}I^{t-1} + h_{1.5}I^{t-2} + h_{2.5}I^{t-3} + \cdots + h_{19.5}I^{t-20}$ 表示以基期期中价格计价的生产性资本存量，可以发现，R&D 资本服务物量变化仅与生产性资本存量 K^t 有关。进一步，按照 R&D 类型进行合计，就可以得到全社会 R&D 资本服务量总额：[1]

$$U^t = \sum_{m=1}^{2} f_0^{m,t} K^{m,t} \quad (3-15)$$

其中，m = 1，2 分别表示政府部门和企业部门。如此一来，基于平均役龄 - 效率函数与平均役龄 - 价格函数的关联关系，通过式（3-11）至式（3-15）构建的测度方法，建立了 R&D 财富核算中五个核心指标的完整逻辑框架：资本存量总额、生产性资本存量、财富资本存量、固定资本消耗及资本服务量。

---

[1] 理论上，核算 R&D 资本时应该按照知识所属的技术领域或行业类型进行核算，分别模拟役龄 - 效率函数。但遗憾的是，我国的 R&D 内部支出数据是依据 R&D 经费来源部门分类的，即 R&D 资助部门和 R&D 实施部门，故本书最终按照实施部门进行分类，分为企业部门和政府部门两类，其中政府部门包括高等院校和科研机构。

第四章 数据收集与 R&D 价格指数构建

第一节 数据收集与整理

我国科技统计起步较晚，R&D 数据积累基础较差是 R&D 资本估计面临的一大难题。在科技统计工作早期比较关注科技活动经费，后逐步转向 R&D 经费。因此，在官方统计年鉴中，科技活动经费、技术开发费、R&D 经费三个指标相继出现。下面按照时间的脉络叙述 R&D 相关统计的发展历程。

一、我国 R&D 相关数据的发布演变

1990 年，我国公布了全国 R&D 内部支出和外部支出数据，以及全国及各地区科技活动经费数据。1995 年公布了大中型企业、研究机构和高等院校的情况。1997 年公布了科技活动经费的构成，即细分为劳务费和资本性支出。2000 年公布了各地区 R&D 内部经费支出情况，并开始公布技术市场合同交易情况和技术引进合同成交情况。经过第一次 R&D 资源清查，我国 R&D 概念、调查范围和计算口径逐步与国际接轨。2009 年公布了 R&D 内部支出构成，即劳务费和资本性支出，之后又在资本性支出中细分出仪器设备费。2011 年规模以上统计标准调整，公布了规模以上工业企业的 R&D 情况。

从现有数据覆盖的时间范围来看，最早可追溯至 1990 年。因此，需要估计 1990~1999 年各地区的 R&D 内部支出、1990~2008 年全国 R&D 内部支出构成数据以及各部门和工业主要行业的 R&D 内部支出及其构成数据。

二、缺失数据的估计方法

1. 各地区、各部门和各行业的 R&D 内部支出估计

以各地区科技活动经费占全国科技活动经费之比乘以全国 R&D 内部支出，

估计得到1990~1999年各地区的R&D内部支出。计算公式为：

$$各地区R\&D内部支出 = \frac{地区科技活动经费}{全国科技活动经费} \times 全国R\&D内部支出 \quad (4-1)$$

由于缺乏企业部门、研究机构和高等院校等各部门的科技活动经费，我们采用2009年的各部门R&D内部支出占全国R&D内部支出之比为权重，估计得到1990~2008年各部门R&D内部支出，用同样的方法估计得到企业各行业的R&D内部支出。

2. R&D内部支出构成数据的估计

R&D的产出以及R&D固定资本形成需要用其总成本的思想估计，因此需要估计R&D内部支出中的劳务费、其他日常支出、仪器设备费支出和土地建筑物支出。

对于已经公布了科技活动经费中劳务费和资本性支出数据的年份，用科技活动中劳务费或固定资产购建费占当年科技活动经费之比乘以R&D内部支出估计相应的R&D劳务费或资本性支出。资本性支出的估计公式为：

$$R\&D资本性支出 = \frac{科技活动经费中固定资产购建费}{科技活动经费} \times R\&D内部支出$$

$$(4-2)$$

对于缺乏科技活动经费支出结构数据的年份，用最早有结构数据的2009年的比重乘以R&D内部支出估计相应的劳务费、仪器设备费及土地建筑物支出。用R&D内部支出减去劳务费和资本性支出得到其他日常支出的估计值。

3. R&D生产税净额的估计

各国普遍缺乏对研发生产税的统计以及对研发补贴的调查，我国也不例外。因此将R&D强度作为权重乘以收入法GDP中的生产税净额估计得到R&D生产税净额。

三、R&D的净出口

我国与技术相关的涉外数据收集途径有两个：中国人民银行和商务部。其中，由中国人民银行管理的国家外汇管理局的国际收支统计中与R&D有关的主要体现在交易编码为208010的技术贸易的专利特许权，主要是指专利（包括发明专利、实用新型专利和外观设计专利）的许可使用费；交易编码为211051的工业技术R&D，指为生产新的材料、产品和装置，建立新工艺、系统和服务，以及对已生产和已建立的上述各项进行实质性改进而进行的系统性工作。交易编码为211052的科学R&D，包括自然科学、社会科学和人文科学的研究与发展活动。

中华人民共和国商务部与国家统计局都对技术引进经费进行了统计。根据统计报表制度中的定义，国外技术引进经费支出指企业用于购买境外技术的费用支出，包括产品设计、工艺流程、图纸、配方、专利等技术资料的费用支出，以及购买关键设备、仪器、样机和样件等的费用支出。从统计项目上看，技术引进经费支出由下列内容组成：专利技术的许可和转让、专用技术的许可和转让、技术咨询和技术服务、计算机软件的进口、商标许可、合资生产、合作生产等的支出，以及进口成套设备、关键设备、生产线等的支出和其他方式的技术进口支出。

就数据可获得性而言，国家统计局发布的年鉴中公开了2001年以来的国外技术引进经费支出数据，遗憾的是，我国尚未公开发布R&D出口有关数据。理论上，应该仅包括R&D相关的进口数据，但是考虑到R&D进口统计数据并未按照地区细分，也未按照执行部门或行业细分，因此，若在国家层面仅统计R&D进口数据，在地区、部门和行业层面则难以实现同等统计覆盖。即使采用占比法进行总量估算，仍存在较大误差。基于此，考虑到地区、部门与行业间的协同性，本书对技术引进额不进行细分处理，即假定全部技术引进额均与R&D相关。但是本书会在国家层面分析不同处理方式的差异，以说明R&D进出口对R&D资本总量的影响。

现行工业统计报表体系已将企业技术引进纳入统计范畴。根据报表制度规定，引进国外技术经费支出具体指报告期内企业用于购置境外技术的全部费用，主要包括技术资料的费用支出，如产品设计、工艺流程、图纸、配方、专利等，以及购买关键设备、仪器、样机和样件等的费用支出。

遗憾的是，尚未发现我国对外技术出口，特别是R&D出口的统计资料，考虑到近年来我国以技术进口为主，结合数据的可得性，本书将技术进口作为净出口的近似值。

第二节 R&D价格指数的构建

R&D价格指数是影响R&D资本的重要因素，各国基本采用R&D投入价格指数，但是用投入价格指数去缩减R&D资本，就意味着R&D活动前后生产率不变，未对生产率产生影响，这显然与R&D活动的本质不符，为此本书从投入和产出两个视角探究了R&D价格指数的构建方法。

一、R&D 投入价格指数的构建方法

我国 R&D 经费内部支出按照"全成本口径"核算,包括日常性支出(routine expense)和资产性支出(asset expenditure)两部分,其中日常性支出又分为人员劳务费(labor cost, LC)和其他日常性支出(other routine expense, ORE),资产性支出又分为仪器和设备支出(equipment expenditure, EE)与其他资产性支出。然而,我国现有统计年鉴中,仅有部分支出总额的数据,缺乏价格变化信息,因此,本书构造了部分指标的价格指数。

(一) R&D 人员劳务费价格指数

R&D 人员劳务费价格指数测度的是 R&D 活动人员报酬的变化,是单位 R&D 人员劳务费变化的相对数。在 R&D 人员数量的选择上,经济合作与发展组织编制的《弗拉斯卡蒂手册》(2015)认为从事 R&D 的人员数应该按照 R&D 活动的 1 个全时工作当量统计,也就是说,相对于以人头数计量的 R&D 人员总量,按照劳动工作量计量的 R&D 全时工作当量是 R&D 总量的真正测度。因此,我们用 R&D 内部支出的劳务费除以 R&D 人员全时当量,得到每单位 R&D 全时当量的劳务费,相邻时期之比即为 R&D 人员劳务费价格指数,① 表示为 I_{input}^{LC}:

$$I_{input}^{LC} = \frac{F_{R\&D}(t)/Q(t)}{F_{R\&D}(t-1)/Q(t-1)} \quad (4-3)$$

其中,$F_{R\&D}(t)$ 为 R&D 经费内部支出中的人员劳务费,$Q(t)$ 为 R&D 人员全时当量(单位为人年)。

(二) R&D 其他日常支出价格指数

根据我国现行的科技活动统计报表制度,R&D 内部经费支出中其他日常支出主要包括:R&D 项目实际消耗的原材料、辅助材料、备用配件、外购半成品等产生的费用,水和燃料(包括煤气和电)的使用费,模具、样品、样机购置费,试制产品检验费,以及折旧费用、长期费用摊销、无形资产摊销和其他费用(含设计费、装备调试费等)。

---

① 理论上,应该依据 R&D 活动人员类型进行加权平均,然而,现有科技统计年鉴中虽然有科学家、工程师及其他类型 R&D 人员全时当量数据,但是缺乏上述人员的劳务费数据,因此无法根据人员类别进行汇总。

在其他日常支出的构成中，原材料与燃料支出占据绝对比重。① 正常情况下，原材料与燃料的价格变化对 R&D 其他日常支出价格变化的影响最大。而且，研发项目在实验阶段所使用的原材料种类与其后续实现产业化规模生产时采用的原材料种类基本一致，所以，我们用工业生产者购进价格指数中的原材料、燃料、动力购进价格指数 I_{MFPPPI} 作为 R&D 其他日常支出价格指数的替代指标，记为 I_{input}^{ORE}：

$$I_{input}^{ORE} = I_{MFPPPI} \tag{4-4}$$

（三）R&D 资产性支出价格指数

《弗拉斯卡蒂手册》（2015）建议的 R&D 资产性支出包括土地和建筑物（land and buildings）、设备和机械（plant and machinery）两部分。而我国现行的科技活动统计报表制度中，R&D 资产性支出主要指后者，② 是指购买用于科技活动的仪器设备等的费用支出，包括各类机器设备、试验测量仪器、运输工具、工装器具等购买和制造时实际支付的货币和制造成本。固定资产投资价格指数中的设备、工器具购置（purchase of equipment and instruments，PEI）指把工业企业生产的产品转为固定资产的购置活动，包括建设单位或企事业单位购置或自制的，达到固定资产标准的设备、工具、器具的价值，其中设备指各种生产设备、传导设备、动力设备、运输设备，工具、器具指具有独立用途的各种生产用具、工作工具和仪器。R&D 活动过程使用的设备和机械大体上和上述类别类似，因此，设备、工器具购置指数可以反映 R&D 活动中设备和机械购置费的变化，因此可作为 R&D 经费中资产性支出的替代指标，表示为 I_{input}^{EE}：

$$I_{input}^{EE} = I_{PEII} \tag{4-5}$$

以 R&D 人员劳务费、R&D 活动中其他日常支出费用以及 R&D 资本性支出所占比重为权重，将上述三个指数加权合成，就得到 R&D 投入价格指数 I_{input}，即：

$$I_{input} = \lambda_{LC} I_{input}^{LC} + \lambda_{ORE} I_{input}^{ORE} + \lambda_{EE} I_{input}^{EE} \tag{4-6}$$

其中 λ_{LC}、λ_{ORE}、λ_{EE} 分别为各年劳务费、其他日常支出和资产性支出所占

---

① 根据作者在浙江省开展的企业研发访谈调研结果估算得到，该比重位于 75%～85%，因行业不同而有差异，如医药化工业远高于机械加工制造业。
② 2011 年，规模以上工业企业仪器和设备费支出占资本性支出的 96.4%。另外，近年来我国房地产价格上涨较快，且主要表现在商品用房方面，很难估计其与企业科研用房的相关程度，因此暂不考虑科研建筑物类的价格变化。

比重，该比重随时间推移发生变化，因此，本书构建 R&D 投入价格指数的权重属于可变权重。

二、R&D 产出价格指数的构建方法

根据美国研究与实验发展卫星账户（Research and Development Satellite Account，R&DSA）①中介绍的剩余无形资产价格指数法，将 R&D 市场假设为创新部门和下游企业两部分，创新者将其创新成果出售给下游企业，下游企业因购买创新成果而获得的那部分利润便为创新者 R&D 产出的价格。这样，R&D 的价格可以表示为下游企业实施 R&D 前后技术水平、边际成本、企业折旧等变量的函数。具体实现为总产出减去可变成本、R&D 支出、资本持有费用的余额。同时，考虑到下游企业获得 R&D 产出以及将其运用到生产中获得收益的过程具有滞后性，故对下游企业的剩余无形资产取五年的移动平均以保证得到 R&D 收益的长期趋势。由于一些行业某些年份的人均无形资产可能为负，为了解决这一问题，用 P_t 表示第 t 年 R&D 产出的价格，美国 R&DSA 对 R&D 产出价格指数定义如下：若 P_t，$P_{t-1} > 0$，则价格指数为 P_t/P_{t-1}；若 P_t，$P_{t-1} < 0$ 且 $|P_t| < |P_{t-1}|$，则价格指数为 $2 - P_t/P_{t-1}$；若 P_t，$P_{t-1} < 0$ 且 $|P_t| > |P_{t-1}|$，则价格指数为 P_{t-1}/P_t；若 $P_t \times P_{t-1} < 0$，则价格指数不存在，此时用移动平均法或趋势外推法估计价格指数。

R&D 产出的价值与高技术含量的商品、仪器设备或服务等最终产品融为一体，故直接测度其大小非常困难。一般来讲，相对于其他活动，R&D 活动能为其所有者带来较大的经济利益。美国 R&DSA 将总产出减去可变成本、R&D 支出和资本持有成本后的余额称为剩余无形资产价格，用其变化来测度 R&D 产出价格变化。考虑到我国统计数据的可得性，本书使用行业主营业务收入减去主营业务成本，再减去资本持有成本表示剩余无形资产的价值，再除以本行业 R&D 人员全时当量得到行业人均剩余无形资产价值量，用其变化测度 R&D 产出价格变化。同时，在计算资本持有成本时，由于我国的金融市场尚不成熟，公司债券收益率未必能代表市场收益，因此，我们采用中国人民银行的贷款基准利率的年平均利率估计当期资本利息率。综上，R&D 产出价格指数的估计公式为：

---

① Research and Development Satellite Account [EB/OL]. BEA, https://www.bea.gov/data/special-topics/research-and-development-satellite-account.

$$I_{output} = \frac{P_{R\&D}(t)}{P_{R\&D}(t-1)} = \frac{\overline{\Pi}_{5yr}(t)}{\overline{\Pi}_{5yr}(t-1)} = \frac{\sum_{i=t-4}^{t}\{TR_{yi} - M_{yi} - [(\bar{r}+\delta)] \times P^iK^i\}/Q(i)}{\sum_{i=t-5}^{t-1}\{TR_{yi} - M_{yi} - [(\bar{r}+\delta)] \times P^iK^i\}/Q(i)}$$

(4-7)

其中，TR_{yi}和M_{yi}分别为行业的主营业务收入和主营业务成本，$\bar{r}$为中国人民银行的贷款基准利率的年平均利率，δ为固定资本消耗率，P^iK^i为当期价格计算的资本存量，$Q(i)$为R&D人员全时当量，$\overline{\Pi}_{5yr}(t)$为人均剩余无形资产价值的5年移动平均。

三、构建R&D价格指数所需指标及说明

R&D人员劳务费（$F_{R\&D}(t)$）。用各年的R&D经费内部支出中的人员劳务费来表示；数据缺失时，用R&D经费占科技活动经费内部支出之比乘以科技活动经费内部支出中的劳务费进行估计。

R&D人员全时当量（Q(i)）。数据缺失时，用各行业科技活动人员数占全社会科技活动人员数的比重乘以R&D人员全时当量进行估计，2011年数据由规模以上企业数据推算得到。

其他日常支出指数I_{input}^{ORE}。用工业生产者购进价格指数中的原材料燃料动力购进指数代替。

资产性支出指数I_{input}^{EE}。用固定资产投资价格指数中的设备工器具购置价格指数代替。

主营业务收入（TR_{yi}）。数据缺失时，用销售收入作为替代指标。

主营业务成本（M_{yi}）。数据缺失时，用销售成本作为替代指标。

当期价格表示的是固定资本存量（P^iK^i）。以固定资产净值的年平均余额表示。

中国人民银行的贷款基准利率的年平均利率（$\bar{r}$）。$\bar{r} = \sum r_i w_i$，其中，r_i为一年中国人民银行所实施的第i种短期贷款（六个月至一年）基准利率，w_i为第i种短期贷款期限。

四、R&D投入价格指数的测算结果

我国R&D投入价格指数的估计结果见表4-1。从结果来看，R&D投入价格指数平稳上升。本书遵循OECD建议，均使用R&D投入价格指数将现价数

据转换为以 1990 年为基期的不变价数据（特殊说明除外）。

表 4-1　　　　　　　　中国 R&D 投入价格指数

年份	人员劳务费价格指数	原材料燃料购进价格指数	工器具设备购置价格指数	建筑安装工程价格指数	R&D 投入缩减价格指数
1990	100	100	100	100	100
1991	112.60	109.10	106.10	109.70	109.15
1992	118.50	121.10	116.07	128.13	119.74
1993	124.80	163.61	138.48	168.23	150.20
1994	135.40	193.38	151.63	185.73	171.72
1995	164.78	222.97	161.18	194.46	195.73
1996	136.40	231.67	163.76	204.38	195.57
1997	141.31	234.68	160.65	210.30	198.27
1998	137.40	224.82	156.63	211.36	190.76
1999	145.92	217.40	152.72	211.99	187.48
2000	138.40	228.49	148.75	217.08	187.32
2001	154.20	228.03	144.29	220.12	189.19
2002	139.40	222.79	139.96	222.32	183.65
2003	156.69	233.48	135.80	231.70	192.67
2004	140.40	260.10	135.03	250.79	199.63
2005	164.41	281.69	134.22	255.31	219.04
2006	141.40	298.59	135.16	258.62	221.41
2007	171.80	311.73	135.43	271.81	234.69
2008	142.40	344.46	136.17	306.96	245.30
2009	162.62	317.25	132.90	295.60	254.63
2010	143.40	347.64	133.25	310.18	269.98
2011	181.88	379.27	134.69	338.59	298.12
2012	144.40	372.28	133.21	344.07	284.08
2013	189.45	364.80	131.87	345.14	289.88

续表

年份	人员劳务费价格指数	原材料燃料购进价格指数	工器具设备购置价格指数	建筑安装工程价格指数	R&D投入缩减价格指数
2014	145.40	356.77	131.48	347.21	272.53
2015	157.86	366.77	141.68	358.51	261.73
2016	174.05	374.87	143.78	367.81	259.90
2017	187.62	382.07	147.48	375.51	277.74
2018	203.83	387.97	150.08	379.11	286.30
2019	216.86	393.37	148.98	384.61	286.16
2020	236.19	396.27	141.88	388.51	278.91

第五章 R&D 资本测度结果分析

第一节 R&D 固定资本形成总额

本书采用供需平衡法估计 R&D 固定资本形成总额。产品的使用通常包括最终消费、中间消耗、出口、固定资本形成和存货变化。在 R&D 资本的使用中，最终消费主要指住户的 R&D 资本消费，但由于其实际使用量极少且缺乏统计数据，国际惯例通常忽略此项。同样，由于数据不足，R&D 资本的中间消耗在国际核算中也普遍被忽略。鉴于 R&D 实施过程中促进了社会知识存量的增加，因此国际上在 R&D 资本发生时就将其记为资本形成，不再记录为存货项目，因此不存在存货变化。

一、全国 R&D 固定资本形成总额情况分析

由图 5-1 可知，2001~2020 年我国当年价格 R&D 固定资本形成总额逐年上升。计算结果表明，2020 年我国 R&D 固定资本形成总额为 25 680.29 亿元，自 2001 年以来年均增长 17.36%。

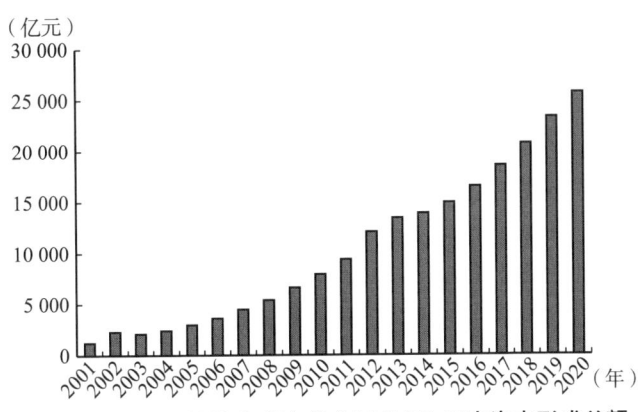

图 5-1　2001~2020 年当年价全国 R&D 固定资本形成总额

二、各执行部门R&D固定资本形成总额情况分析

本节将技术进口部门划分为三类，一是研究机构部门，二是高校部门，三是企业部门，四是海外部门。通过估算，得到四类部门的R&D固定资本形成总额（见图5-2），由图5-2可知，企业部门所占比例极高，超过80%，而研究机构的占比约为10%，高等院校以及海外部门的占比则在10%以下。

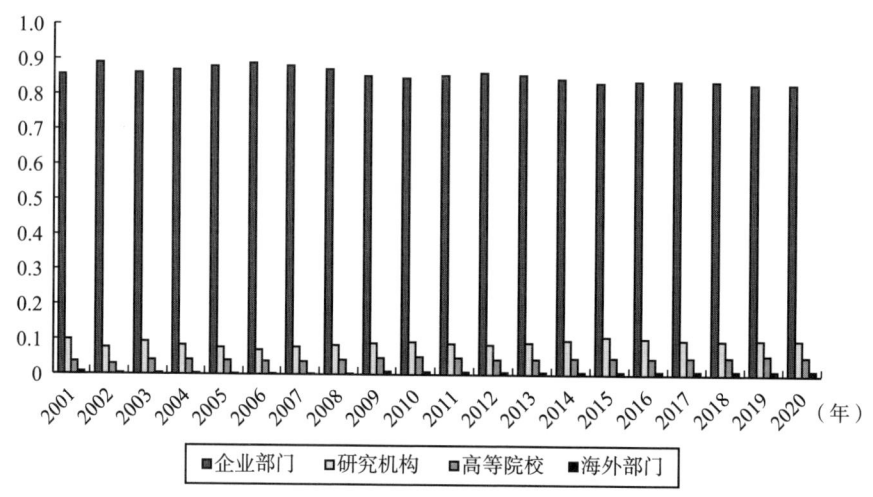

图5-2 各执行部门的R&D固定资本形成总额占比

三、工业各细分行业R&D固定资本形成总额情况分析

表5-1展示了规模以上工业各细分行业的R&D固定资本形成总额情况。结果显示，2020年，规模以上工业的R&D固定资本形成总额累计达到1.53万亿元。从各行业占比来看，前10位分别是：计算机、通信和其他电子设备制造业（19.09%），电气机械和器材制造业（10.26%），汽车制造业（8.93%），通用设备制造业（6.40%），专用设备制造业（6.33%），黑色金属冶炼和压延加工业（5.23%），化学原料和化学制品制造业（5.22%），医药制造业（5.14%），金属制品业（3.68%），非金属矿物制品业（3.36%）。

第五章 R&D 资本测度结果分析

表 5-1　　规模以上工业各细分行业 R&D 固定资本形成总额

行业	2016 年	2017 年	2018 年	2019 年	2020 年
规上工业总计（万亿元）	1.09	1.20	1.29	1.40	1.53
计算机、通信和其他电子设备制造业（%）	16.55	16.67	17.60	17.52	19.09
电气机械和器材制造业（%）	10.07	10.34	10.19	10.06	10.26
汽车制造业（%）	9.58	9.69	10.13	9.23	8.93
通用设备制造业（%）	6.08	5.80	5.68	5.89	6.40
专用设备制造业（%）	5.27	5.30	5.60	5.56	6.33
黑色金属冶炼和压延加工业（%）	4.91	5.32	5.46	6.34	5.23
化学原料和化学制品制造业（%）	7.68	7.60	6.95	6.61	5.22
医药制造业（%）	4.46	4.45	4.48	4.36	5.14
金属制品业（%）	2.98	2.86	3.01	3.34	3.68
非金属矿物制品业（%）	2.95	3.02	3.21	3.72	3.36
铁路、船舶、航空航天和其他运输设备制造业（%）	4.20	3.57	3.09	3.07	3.18
橡胶和塑料制品业（%）	2.55	2.56	2.46	2.56	2.91
有色金属冶炼和压延加工业（%）	3.72	3.84	3.42	3.43	2.74
仪器仪表制造业（%）	1.70	1.75	1.72	1.64	1.92
农副食品加工业（%）	2.28	2.29	2.02	1.88	1.81
纺织业（%）	2.01	1.94	1.97	1.90	1.51
石油、煤炭及其他燃料加工业（%）	1.09	1.22	1.12	1.32	1.24
食品制造业（%）	1.40	1.23	1.24	1.12	1.03
电力、热力生产和供应业（%）	0.75	0.71	0.75	0.81	0.99
造纸和纸制品业（%）	1.12	1.20	1.30	1.13	0.89
化学纤维制造业（%）	0.77	0.88	0.87	0.89	0.87
煤炭开采和洗选业（%）	1.21	1.24	1.13	0.78	0.79
纺织服装、服饰业（%）	0.98	0.92	0.79	0.76	0.69
文教、工美、体育和娱乐用品制造业（%）	0.84	0.84	0.86	0.85	0.66

续表

行业	2016年	2017年	2018年	2019年	2020年
印刷和记录媒介复制业（％）	0.43	0.45	0.51	0.57	0.61
家具制造业（％）	0.39	0.46	0.52	0.53	0.59
皮革、毛皮、羽毛及其制品和制鞋业（％）	0.54	0.54	0.46	0.58	0.59
酒、饮料和精制茶制造业（％）	0.92	0.83	0.79	0.77	0.59
石油和天然气开采业（％）	0.58	0.48	0.69	0.67	0.52
木材加工和木、竹、藤、棕、草制品业（％）	0.48	0.50	0.42	0.45	0.44
其他制造业（％）	0.26	0.27	0.30	0.28	0.31
烟草制品业（％）	0.20	0.16	0.21	0.22	0.18
燃气生产和供应业（％）	0.07	0.09	0.11	0.12	0.15
有色金属矿采选业（％）	0.25	0.26	0.24	0.16	0.15
非金属矿采选业（％）	0.10	0.10	0.11	0.13	0.13
金属制品、机械和设备修理业（％）	0.16	0.12	0.10	0.12	0.12
黑色金属矿采选业（％）	0.09	0.06	0.09	0.10	0.12
水的生产和供应业（％）	0.07	0.08	0.08	0.10	0.11

第二节 R&D资本存量净额

根据役龄–价格曲线，可计算R&D资本存量净额的期初余额和期末余额，然后使用简单算术平均法计算年均余额。令 W^{tB}，W^{tE} 分别为以参考年价格（基期价格）计量的时期t的期初、期末净资本存量（或者资本财富），根据役龄–价格函数的定义，那么：

$$W^{tB} = \psi_{0.5}I^{t-1} + \psi_{1.5}I^{t-2} + \cdots + \psi_{T-0.5}I^{t-T}, \quad W^{tE} = \psi_{0.5}I^{t} + \psi_{1.5}I^{t-1} + \cdots + \psi_{T-0.5}I^{t-T+1}$$

(5 – 1)

取年初与年末的简单算术平均值 $W^t = 0.5(W^{tB} + W^{tE})$，作为以参考年价格计量的时期t的R&D平均净存量，转换为当年价格，即以时期t的期初价格计量的净存量为 $P_0^{tB}W^{tB}$，以期末价格计量的净存量为 $P_0^{tE}W^{tE}$。

一、部门平均服务寿命相同时的 R&D 资本存量净额

本书涉及多种效率衰减参数设定，双曲衰减模式包含 0.1、0.3、0.5、0.7、0.9 五个参数值，几何衰减模式则涵盖 0.1、0.15、0.2、0.25、0.3、0.35 六个参数值。因此，在后续分析中，主要选取 0.9 和 0.15 作为代表性参数展开研究，所有测算均基于不变价格计算。

图 5-3 是 R&D 资本存量净额，计算过程是首先计算各执行部门的存量余额，然后加总得到全社会 R&D 资本存量净额。图中仅给出了正态退役模式和 Winfrey S2 退役模式下的结果。从图 5-3 中可发现，历年来 1990 年不变价资本存量净额位于"正态退役 - 线性效率衰减 - 5 年平均服务寿命"（简称"正态 - 线性 - 5 年"）与"正态退役 - 双曲衰减 - 8 年平均服务寿命"（简称"正态 - 双曲 - 8 年"）两条曲线之间。2020 年 R&D 资本存量净额最小值为"正态 - 线性 - 5 年"时，R&D 资本存量余额为 12 990.02 亿元；最大值为"正态 - 双曲 - 8 年"时，R&D 资本存量余额为 35 313.35 亿元，两者绝对额超过 20 000 亿元。由此可见，正确判断和使用 R&D 资本的退役模式、效率衰减模式和平均服务寿命是至关重要的。通过数据对比，可以得出以下三点结论。

（1）在退役模式和平均服务寿命相同的情况下，三种效率衰减模式对应的研发资本存量净额大小排序如下：双曲衰减模式最高，几何衰减模式次之，线性衰减模式最低。例如，2020 年，在 Winfrey S2 退役模式下，且平均服务寿命设定为 8 年时，双曲、几何、线性三种衰减模式对应的结果分别为 29 735.75 亿元、25 474.09 亿元和 23 466.44 亿元。

（2）在退役模式和效率衰减模式保持一致的情况下，平均服务寿命的延长会导致平均 R&D 资本存量净额的增加。例如，以 2020 年为例，在 Winfrey S2 退役模式和双曲效率衰减条件下，当平均服务寿命设定为 8 年时，研发资本存量净额均值为 29 735.75 亿元，这一数值显著高于平均服务寿命为 5 年时的结果（20 454.31 亿元）。

（3）在效率衰减模式和平均服务寿命相同的情况下，不同退役模式对应的 R&D 资本存量净额大小排序为：正态模式最高，Winfrey S2 模式次之，Winfrey S3 模式垫底。例如，以 2020 年为例，正态模式的 R&D 平均资本存量净额为 35 313.35 亿元，高于 Winfrey S2 模式的 29 735.75 亿元，Winfrey S2 模式的对应结果又高于 Winfrey S3 模式。

（亿元）

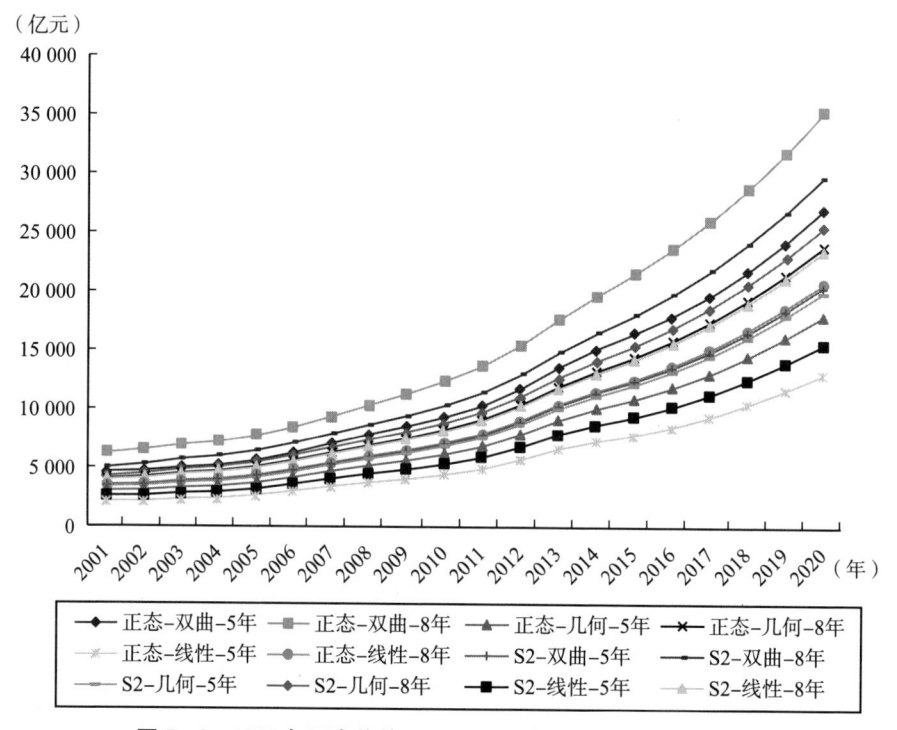

图 5-3　1990 年不变价的 2001~2020 年 R&D 资本存量净额

二、部门差异化服务寿命下的 R&D 资本存量净额

在计算 R&D 资本存量净额时，为了提高准确性，本书对不同主体的 R&D 平均服务寿命进行了差异化设定：将政府部门性质的研究机构和高等院校的 R&D 平均服务寿命设定为 5 年，而企业和海外部门的 R&D 平均服务寿命则设定为 8 年。

图 5-4 是正态退役、Winfrey S2 和 Winfrey S3 退役模式下的双曲效率衰减参数 b=0.9、几何效率衰减 δ=0.15 和线性效率衰减对应的不变价 R&D 资本存量净额。从图 5-4 中可发现在同一效率衰减模式下，S2 与 S3 退役模式的资本存量净额比较接近，但 S2 的资本存量净额大于同时期 S3 的资本存量净额，两者均小于正态退役模式的资本存量净额。如观察双曲效率衰减，2020年三条曲线对应的 R&D 资本存量净额分别是 28 355.62 亿元、27 829.48 亿元和 35 392.40 亿元。

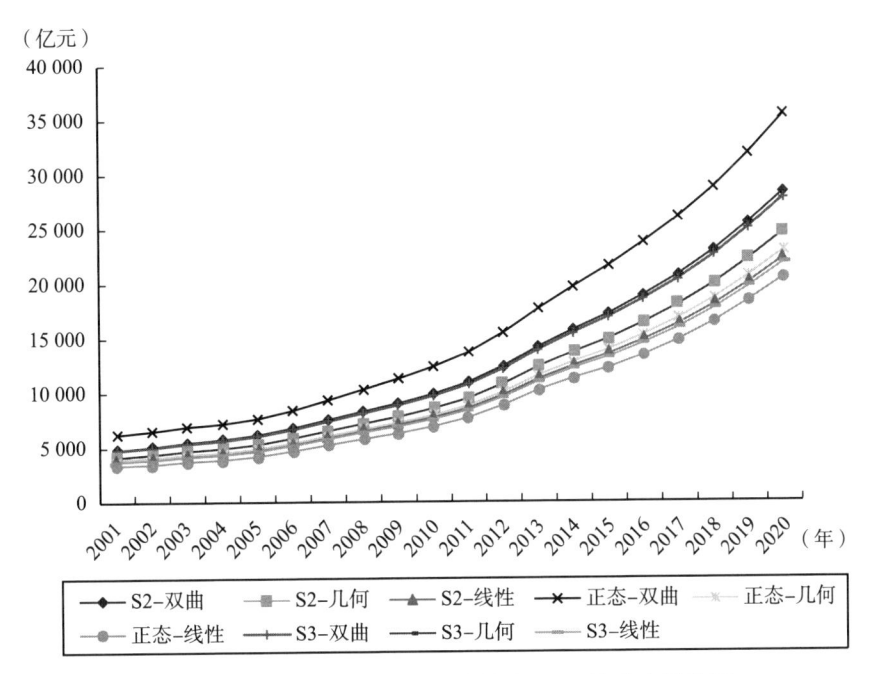

图 5-4　不同服务寿命组合的全社会 R&D 资本存量净额

三、规模以上工业各细分行业的 R&D 资本测度

本书计算了各行业 R&D 资本的平均服务寿命，以便更精细地测算各行业的 R&D 资本。国际专利分类（International Patent Classification，IPC）将专利分成 A-H 共 8 个大类，其中 A 类为人类生活必需品类别，包括农业、食品烟草、个人或家用物品、保健、救生和娱乐；B 类为作业和运输类，包括分离混合、成型、印刷、交通运输、微观结构技术、超微技术；C 类为化学冶金类，包括纯化学、应用化学、冶金黑色合金和有色合金；D 类为纺织造纸类，包括纺织品及工具、其他柔性材料、造纸；E 类为固定建筑物类，包括建筑、土层或岩石的钻进、采矿；F 类为机械工程、照明、加热、武器和爆破类，包括发动机或泵、一般工程、照明、加热、武器、爆破；G 类为物量类，包括仪器、核子学；H 类为电学类，包括基本电气元件、发电和应用电学、电子电路及控制、无线电及通信技术。IPC 的分类标志是按照技术应用领域进行分类的，此领域与中国的国民经济行业分类不一致。本书采用近似相符性的原则，即根据 A-H 各类别与工业各行业大类的大致相符性，建立了两个分类的对应表，并计算了 1999~2017 年 A-H 各类别有效专利持续年限，结果见表 5-2。估计相应行业的 R&D 资本

平均服务寿命时,考虑了 R&D 孕育期和应用滞后期。规模以上工业各细分行业 R&D 资本存量净额和固定资本消耗的估计结果见表 5-3 和表 5-4。

表 5-2　　　　　1999~2017 年 IPC 大类有效专利持续年限　　　　单位:件

持续年限(年)	A	B	C	D	E	F	G	H
1	41	20	27	2	6	10	37	17
2	20 885	13 526	20 125	1 463	3 832	6 527	14 620	11 764
3	23 454	18 189	26 434	2 212	4 530	9 245	20 256	19 091
4	21 287	16 764	29 056	2 398	3 929	8 652	21 188	21 105
5	14 400	12 776	21 043	1 868	2 987	6 521	17 167	18 596
6	8 711	8 930	12 590	1 434	2 129	4 824	12 321	15 346
7	6 325	6 933	9 015	1 102	1 608	3 848	10 095	12 959
8	4 754	5 646	7 133	830	1 112	3 096	8 276	10 500
9	3 348	4 116	4 992	570	776	2 286	6 413	7 907
10	2 430	2 936	3 746	416	474	1 636	4 520	5 617
11	1 918	2 187	3 153	361	363	1 113	3 363	4 164
12	1 552	1 759	2 512	265	286	922	2 589	3 583
13	1 503	1 553	2 125	216	217	735	2 230	3 248
14	1 196	1 466	1 974	186	194	692	2 059	3 072
15	703	1 524	1 766	188	156	689	1 143	1 966
16	337	1 114	1 002	157	90	380	281	668
17	189	343	448	53	26	100	66	219
18	123	82	210	14	27	34	40	98
19	55	32	47	5	10	28	21	18
20	0	0	0	0	0	0	0	1

表 5-3　　规模以上工业各细分行业 1990 年不变价 R&D 资本存量净额　　单位:亿元

行业	IPC 分类	平均持续年限(年)	2001 年	2005 年	2010 年	2012 年	2014 年	2015 年
煤炭采选业	E		22.90	40.04	105.65	154.75	199.91	231.53
石油和天然气开采业	E		31.54	26.07	66.83	82.75	113.31	130.55
黑色金属矿采选业	E	5.03	0.49	0.78	2.40	3.13	3.81	4.24
有色金属矿采选业	E		1.75	3.50	7.62	10.50	14.36	16.49
非金属矿采选业	E		0.94	2.49	3.64	4.68	5.10	5.45

续表

行业	IPC分类	平均持续年限（年）	2001年	2005年	2010年	2012年	2014年	2015年
食品加工业	A	4.92	15.09	23.06	47.06	68.12	95.01	109.10
食品制造业	A		13.38	19.08	50.43	62.63	83.90	94.58
饮料制造业	A		71.22	47.55	72.13	76.39	88.84	98.04
烟草加工业	A		57.22	29.17	34.75	31.09	41.38	45.64
纺织业	D	5.81	95.23	91.29	127.82	148.77	183.39	203.13
服装及其他纤维制品制造业	D		11.79	16.17	82.74	66.27	60.31	57.97
皮革毛皮羽绒及其制品业	D		5.47	5.91	14.22	17.15	21.51	23.90
木材加工及竹藤棕草制品业	D		2.80	5.34	11.16	14.56	22.34	25.76
家具制造业	D		1.63	2.65	18.02	15.99	16.98	17.90
造纸及纸制品业	D		50.89	54.31	53.39	80.25	100.80	110.98
印刷业和记录媒介的复制	B	5.61	19.42	13.14	36.01	33.65	32.01	31.93
文教体育用品制造业	B		2.11	3.61	10.25	14.23	21.71	25.28
石油加工及炼焦业	C	5.39	71.15	43.05	40.66	59.90	83.68	91.45
化学原料及化学制品制造业	C		136.96	151.75	268.50	435.33	619.99	685.88
医药制造业	C		30.06	54.07	106.86	151.71	240.30	281.83
化学纤维制造业	C		50.09	52.47	40.93	74.01	93.69	100.66
橡胶制品业	C		13.16	19.24	38.66	57.50	83.17	93.90
塑料制品业	C		26.85	51.11	41.59	55.51	86.63	102.17
非金属矿物制品业	C		43.20	43.70	67.65	100.03	152.48	176.52
黑色金属冶炼及压延加工业	C		248.87	253.67	371.80	516.27	696.73	764.25
有色金属冶炼及压延加工业	C		38.51	69.13	128.90	205.86	260.46	281.34
金属制品业	C		20.28	28.46	57.36	87.71	128.27	144.65

续表

行业	IPC分类	平均持续年限（年）	2001年	2005年	2010年	2012年	2014年	2015年
通用机械制造业	F	5.6	94.50	128.23	270.36	387.80	614.25	709.99
专用设备制造业	F		47.69	95.50	232.50	351.83	530.16	609.11
交通运输设备制造业	B	5.61	175.44	321.77	598.80	943.23	1 534.85	1 773.49
电气机械及器材制造业	H	6.23	184.86	213.11	405.15	622.07	883.83	1 002.70
电子及通信设备制造业	H		244.38	479.30	720.97	918.85	1 344.98	1 556.28
仪器仪表及文化办公用机械制造业	G	5.72	15.60	34.28	111.42	240.12	226.86	226.63
其他制造业	G		10.16	7.64	15.48	31.87	35.01	37.29
电力蒸汽热水的生产和供应业	A	4.92	26.32	18.99	28.36	34.93	53.62	63.79
煤气生产和供应业	A		1.05	0.83	2.16	5.77	3.99	3.32
自来水的生产和供应业	A		4.27	1.11	1.16	1.42	2.28	2.74

表5-4　规模以上工业各细分行业1990年不变价R&D固定资本消耗　　单位：亿元

行业	IPC分类	平均持续年限（年）	2001年	2005年	2010年	2013年	2014年	2015年
煤炭采选业	E	5.03	7.16	14.01	35.85	60.97	68.30	81.69
石油和天然气开采业	E		11.57	9.78	23.07	34.09	39.28	45.04
黑色金属矿采选业	E		0.15	0.27	0.77	1.19	1.34	1.49
有色金属矿采选业	E		0.64	1.13	2.44	4.24	4.93	5.69
非金属矿采选业	E		0.31	0.94	1.21	1.67	1.81	1.94
食品加工业	A	4.92	5.43	8.28	16.18	27.85	32.41	37.37
食品制造业	A		4.69	6.62	16.38	25.55	29.05	32.77
饮料制造业	A		23.52	18.97	22.36	28.88	32.05	34.89
烟草加工业	A		23.47	11.67	11.39	13.14	14.73	15.69
纺织业	D	5.81	29.56	28.39	36.77	49.76	55.36	61.53
服装及其他纤维制品制造业	D		3.92	4.64	18.92	19.87	19.92	19.62

续表

行业	IPC分类	平均持续年限（年）	2001年	2005年	2010年	2013年	2014年	2015年
皮革毛皮羽绒及其制品业	D	5.81	2.13	1.85	3.94	5.76	6.47	7.22
木材加工及竹藤棕草制品业	D		0.81	1.52	3.14	5.56	6.50	7.51
家具制造业	D		0.45	0.80	4.20	5.07	5.41	5.73
造纸及纸制品业	D		12.83	17.41	17.83	26.83	29.95	32.82
印刷业和记录媒介的复制	B	5.61	5.83	4.57	9.28	10.50	10.45	10.54
文教体育用品制造业	B		0.61	1.08	2.88	5.33	6.32	7.37
石油加工及炼焦业	C	5.39	24.16	17.76	15.30	24.88	28.00	31.21
化学原料及化学制品制造业	C		46.08	54.77	95.43	180.57	207.07	233.52
医药制造业	C		9.71	18.71	36.08	67.36	80.61	95.17
化学纤维制造业	C		16.93	19.14	15.99	28.17	31.45	35.05
橡胶制品业	C		4.73	6.89	13.62	24.36	27.82	32.18
塑料制品业	C		8.81	16.74	15.50	24.32	29.29	34.34
非金属矿物制品业	C		14.73	16.07	23.27	43.20	51.21	59.78
黑色金属冶炼及压延加工业	C		81.85	95.27	137.76	211.03	236.45	262.39
有色金属冶炼及压延加工业	C		13.82	23.89	47.68	79.31	88.56	97.70
金属制品业	C		7.45	10.19	19.87	37.14	42.90	49.35
通用机械制造业	F	5.6	27.88	39.95	79.79	148.98	177.13	204.93
专用设备制造业	F		14.13	28.47	67.99	129.55	152.94	177.12
交通运输设备制造业	B	5.61	50.18	95.46	188.42	366.04	436.64	509.74
电气机械及器材制造业	H	6.23	51.16	67.86	122.79	220.20	256.26	293.81
电子及通信设备制造业	H		68.27	142.16	221.92	342.27	395.53	456.81
仪器仪表及文化办公用机械制造业	G	5.72	4.85	10.00	36.62	63.81	67.29	70.84
其他制造业	G		2.44	2.54	4.81	9.27	10.25	11.29
电力蒸汽热水的生产和供应业	A	4.92	9.85	7.35	9.75	15.30	18.38	21.54
煤气生产和供应业	A		0.34	0.31	0.95	1.52	1.45	1.36
自来水的生产和供应业	A		1.72	0.54	0.39	0.64	0.78	0.92

从测算结果来看,规模以上工业的 1990 年不变价资本存量净额从 2001 年的 1 887.26 亿元上升到 2015 年的 9 940.47 亿元,各细分行业的 R&D 资本存量净额均呈上升趋势,但行业间的绝对差额较大。以 2015 年为例,超过 1 000 亿元的行业有 3 个,分别为交通运输设备制造业、电子及通信设备制造业和电器机械及器材制造业,R&D 资本存量净额合计占全部规模以上工业 R&D 资本存量净额的 43.6%。600 亿~1 000 亿元的行业有 4 个,分别是专用设备制造业、化学原料及化学品制造业、通用机械制造业和黑色金属冶炼及压延加工业,R&D 资本存量净额合计占全部规模以上工业 R&D 资本存量净额的 27.9%。100 亿~300 亿元的行业有 12 个,R&D 资本存量净额合计占全部规模以上工业 R&D 资本存量净额的 21.1%。

1990 年不变价的规模以上工业 R&D 固定资本消耗从 2001 年的 592.19 亿元增长到 2015 年的 3 087.94 亿元,总体上各细分行业均逐年增加,但行业间差异较大。以 2015 年为例,超过 100 亿元的行业有 7 个,分别为交通运输设备制造业、电子及通信设备制造业、电气机械及器材制造业、黑色金属冶炼及压延加工业、化学原料及化学制品制造业、通用机械制造业和专用设备制造业,R&D 固定资本消耗合计 2 138.31 亿元,占全部规模以上工业企业 R&D 固定资本消耗的 69.2%。10 亿~100 亿元的行业有 21 个,固定资本消耗合计占规模以上工业 R&D 固定资本消耗的 29.5%。

第三节 R&D 固定资本消耗

一个役龄为 n 的资产,其各年消耗总额可表示为单位消耗价值乘以对应役龄的投入:

$$D_n^t = d_n^t I^{t-\pi-0.5} = P_n^{tB} \delta_n (1 + i_{(tB)}/2) I^{t-\pi-0.5}, \quad n = 0.5, 1.5, 2.5, \cdots, T-0.5 \quad (5-2)$$

时期 t 的固定资本消耗假设为当年投资的一半,那么时期 t 的消耗总额应该是以时期 t 的平均价格计量的,等于各役龄的折旧率乘以旧投资数量后的和,即:

$$D^t = P_0^t \delta_0 I^t / 2 + \delta_{0.5} P_{0.5}^t I^{t-1} + \cdots + \delta_{T-0.5} P_{T-0.5}^t I^{t-T} \quad (5-3)$$

由役龄 - 价格函数的定义,式 (5-3) 可写成:

$$D^t = P_0^t [\delta_0 I^t / 2 + \delta_{0.5} \psi_{0.5} I^{t-1} + \delta_{1.5} \psi_{1.5} I^{t-2} + \cdots \delta_{T-0.5} \psi_{T-0.5} I^{t-T}] \quad (5-4)$$

一、部门平均服务寿命相同时的 R&D 固定资本消耗

依据式 (5-4) 计算得到 1990 年不变价的 R&D 固定资本消耗, 如图 5-5 所示, 最大固定资本消耗对应 "正态-线性-5 年曲线", 最小固定资本消耗对应 "正态-双曲-8 年曲线"。以 2020 年为例, "正态-双曲-8 年" 对应固定资本消耗为 6 965.91 亿元, "正态-线性-5 年" 对应的固定资本消耗为 9 462.17 亿元, 相差 2 496.26 亿元。

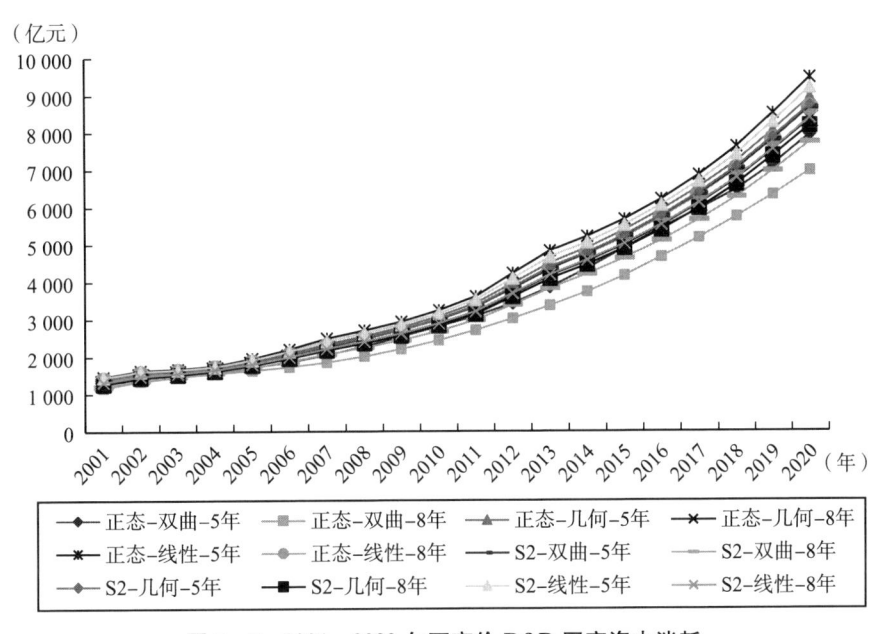

图 5-5　2001~2020 年不变价 R&D 固定资本消耗

通过数据对比分析, 可得出以下结论。

(1) 在退役模式和平均服务寿命一致的情况下, 三种效率衰减模式对应的 R&D 固定资本消耗量大小排序为: 线性衰减最高, 几何衰减次之, 双曲衰减最低。以 2020 年为例, Winfrey S2 退役模式下, 且平均服务寿命设定为 8 年时, 不变价 R&D 固定资本消耗量的结果分别为: 线性衰减模式下为 8 370.08 亿元, 几何衰减模式下为 8 166.85 亿元, 双曲衰减模式下为 7 726.37 亿元。

(2) 在退役模式和效率衰减模式相同的情况下, R&D 资本消耗量会随平均服务寿命的延长而降低。例如, 2020 年, 采用 Winfrey S2 退役模式且在双曲效率递减的条件下, 当平均服务寿命设定为 8 年时, R&D 固定资本消耗为 7 726.37

亿元，这一数值明显低于平均服务寿命为5年时的结果（8 661.38 亿元）。

（3）在效率衰减模式和平均服务寿命相同的情况下，不同退役模式对应的 R&D 固定资本消耗量的大小排序为：Winfrey S3 模式 > Winfrey S2 模式 > 正态模式。例如在2020年，不变价的 R&D 固定资本消耗量分别为：7 782.80 亿元（Winfrey S3 模式）、7 726.37 亿元（Winfrey S2 模式）和 6 965.91 亿元（正态模式）。

二、政府部门服务寿命为5年，企业及海外部门服务寿命为8年时的 R&D 固定资本消耗

参考计算得到的平均服务寿命结果，对不同主体的 R&D 资本平均服务寿命进行如下设定：研究机构和高等院校（具有政府行政部门性质）的 R&D 资本平均服务寿命定为5年，企业和海外部门的 R&D 资本平均服务寿命定为8年。进而计算得到全社会的 R&D 固定资本消耗量，如图5-6所示。由图5-6可知，9类 R&D 固定资本消耗的数值排序恰好与上一节所述9类研发资本存量净额的排序相反。

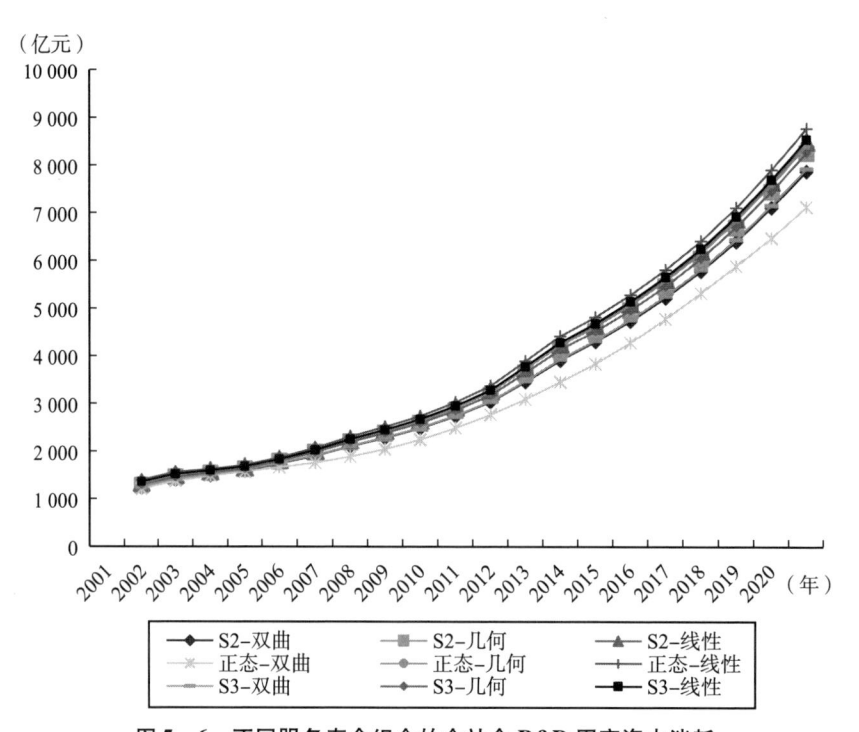

图 5-6　不同服务寿命组合的全社会 R&D 固定资本消耗

第四节　R&D 生产性资本存量与资本服务量指数

在经济分析中，特别是在测度全要素生产率时，需要将总使用成本分解为价格和物量两个部分。时期 t 总使用成本是各期投资乘以 t 期相应役龄的单位使用成本之和：

$$U^t = f_0^t I^t/2 + f_{0.5}^t I^{t-1} + f_{1.5}^t I^{t-2} + f_{2.5}^t I^{t-3} + \cdots + f_{T-0.5}^t I^{t-T} \tag{5-5}$$

若将役龄 - 效率函数定义为 $h_n = f_n^t/f_0^t$，则：

$$U^t = f_0^t [I^t/2 + h_{0.5}^t I^{t-1} + h_{1.5}^t I^{t-2} + h_{2.5}^t I^{t-3} + \cdots + h_{T-0.5}^t I^{t-T}] = f_0^t K^t \tag{5-6}$$

其中 $K^t = I^t/2 + h_{0.5}^t I^{t-1} + h_{1.5}^t I^{t-2} + h_{2.5}^t I^{t-3} + \cdots + h_{T-0.5}^t I^{t-T}$ 称为以基期期中价格计量的生产性资本存量。式（5-6）提供了将资本服务价值量变化分解为价格变化和物量变化的途径，对于单一资产而言，在役龄 - 效率函数的时间不变假设和不同年份之间具有替代性的假设下，物量变化仅体现在生产性资本存量的变化上。对于资产组而言，需要按照资产类型进行汇总。按照不同资产类型进行合计，就得到全社会 R&D 资本使用成本总额，也就是资本服务总额：

$$U^t = \sum_{k=1}^{N} f_0^{k,t} K^{k,t} \tag{5-7}$$

如果以参考年价格的资本服务单位成本乘以生产性资本存量，再按照资本类型汇总，就得到不变价的资本服务总额：

$$V^t = \sum_{k=1}^{N} f_0^{k,t_0} K^{k,t} \tag{5-8}$$

理论上应该根据 R&D 的类型分别计算其生产性资本存量，然后使用成本份额加权计算得到资本服务指数。然而，我国尚未公开基础研究、应用研究和试验发展内部支出的细分构成数据，导致无法准确测算其固定资本形成总额，进而难以估算生产性资本存量。为此，本书采用按照执行部门分类的方法，先计算企业部门、研究机构、高等院校和海外部门的 R&D 生产性资本存量，然后再计算资本服务量。在计算生产性资本存量时，资本收益率借鉴美国 R&D 卫星账户的计算结果，折旧率根据役龄 - 价格函数估计得到。

一、R&D 生产性资本存量

图 5-7 是测算得到的全社会生产性资本存量。从图中可知 S2-双曲-8 年曲线对应的生产性资本存量最高，正态-线性-5 年曲线对应的生产性资本存量最低。从 2020 年的结果来看，在"Winfrey S2 退役模式-双曲效率衰减-8 年平均服务寿命"的组合下，得到最大值 53 992.41 亿元，在"正态退役模式-线性效率衰减-5 年平均服务寿命"的组合下，得到最小值 22 848.00 亿元。

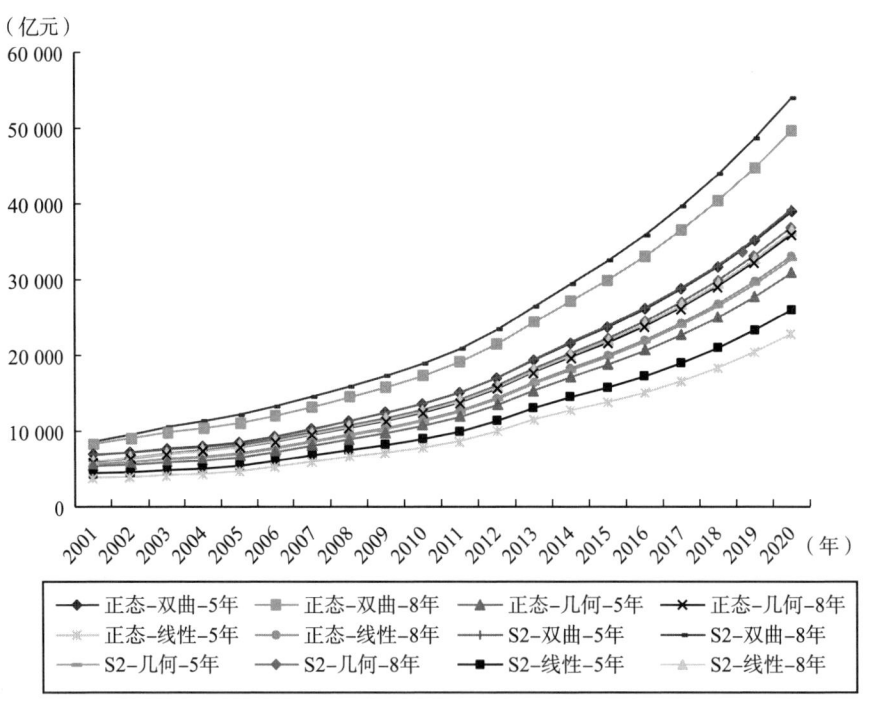

图 5-7　2001~2020 年不变价 R&D 生产性资本存量

比较结果有如下发现。

（1）在退役模式和平均服务寿命一致的情况下，三种效率衰减模式对应的 R&D 生产性资本存量结果显示双曲衰减模式下的生产性资本存量数值最大，几何衰减模式次之，线性衰减模式最低。以 Winfrey S2 退役模式为例，当平均服务寿命为 8 年时，2020 年的不变价 R&D 生产性资本存量分别为 53 992.41

亿元、36 909.66 亿元和 36 278.44 亿元。

（2）在退役模式和效率衰减模式保持一致的前提下，R&D 生产性资本存量会随着平均服务寿命的增加而显著增长。以 2020 年为例，在采用 Winfrey 退役模式和双曲效率衰减的条件下，当平均服务寿命设为 8 年时，研发生产性资本存量达到 53 992.41 亿元，这一数值远高于平均服务寿命为 5 年时的结果（39 248.28 亿元）。

（3）在效率衰减模式和平均服务寿命相同的情况下，R&D 资本消耗量测算结果因采用不同退役模式而有所差异，其中 Winfrey S3 模式对应的 R&D 资本消耗量最高，其次是 Winfrey S2 模式，最后是正态模式。例如，2020 年采用双曲衰减模式，并设定平均寿命为 8 年时，得到的结果是 Winfrey S3（54 476.16 亿元）＞ Winfrey S2（53 992.41 亿元）＞ 正态（49 647.68 亿元）。

二、R&D 资本服务量指数

以企业部门、研究机构、高等院校和海外部门的资本使用成本所占份额为权重对生产性资本存量指数加权，就可以得到 R&D 资本的资本服务量指数，主要包括拉氏资本服务量指数、派氏资本服务量指数和费希尔资本服务量指数。附录中的表 1 和表 2 分别是 2001~2010 年和 2011~2020 年正态退役模式下的资本服务量指数，由于数据量较大，我们仅讨论了平均寿命为 5 年和 8 年、双曲效率衰减模式参数为 $b = 0.9$、几何效率参数为 $\delta = 0.15$ 的情况。

三、5 年与 8 年平均服务寿命组合的全社会资本服务量指数

将 5 年平均寿命的研究机构和高等院校与 8 年平均服务寿命的企业和海外部门进行组合，得到全社会的 R&D 资本服务量指数，并分别计算拉氏指数、派氏指数和费希尔指数。

计算结果表明，合成的 R&D 服务量指数与 1990 年不变价 GDP 环比指数变化趋势吻合，图 5-8 是 S2 退役模式下的双曲衰减、几何衰减和线性衰减的 R&D 资本服务量指数与 1990 年不变价 GDP 环比指数的对比图，从图形变化趋势可看出总体上四条曲线的变化趋势非常吻合，说明组合的全社会 R&D 服务量指数能较好地解释 GDP 的变化。

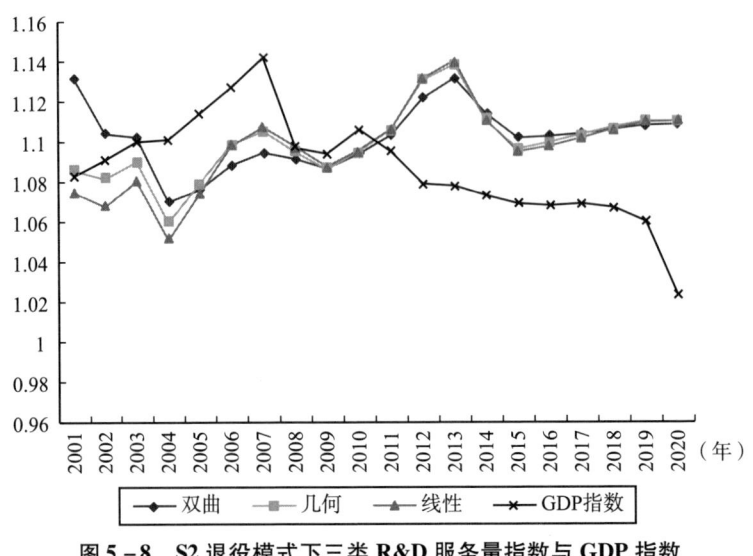

图 5-8　S2 退役模式下三类 R&D 服务量指数与 GDP 指数

四、5 年与 7 年平均服务寿命组合的全社会资本服务量指数

当企业部门的 R&D 平均服务寿命设定为 7 年，高等院校（代表一般政府部门）的 R&D 平均服务寿命设定为 5 年，最长寿命设定为法律寿命 20 年时，借鉴澳大利亚和荷兰的做法，役龄-效率函数采用参数为 0.75 的双曲效率衰减模式，退役模式采用正态函数生成的钟形退役模式。据此，本书分别计算了费希尔链式指数、GDP 定基指数和 R&D 资本贡献率，如图 5-9 所示。将费希尔链式指数和 GDP 定基指数进行对比，发现两者发展趋势一致。从 R&D 固定资本形成对经济增长的贡献率曲线可看出，[①] R&D 固定资本形成贡献率总体呈波动上升趋势，且从 2010 年起，该贡献率均超过以往各期，这充分说明，通过研发促进经济转型升级的政策已初见成效，R&D 的引擎作用日益凸显，创新驱动发展战略的正确性得到验证。

进一步，计算 2001~2020 年环比的费希尔指数与 GDP 指数，结果如图 5-10 所示。由图可知，2008~2010 年，两个指数的变化情况极为接近，这一阶段成为一个关键转折点，将 R&D 资本服务指数的变化划分为两个明显不同的阶段。在转折点之前，费希尔指数低于 GDP 指数，而在转折点之后，

---

① R&D 固定资本形成贡献率是指 R&D 固定资本形成增量与 GDP 增量之比。2009 年，中国政府为应对国际金融危机推出的 4 万亿元经济刺激计划中，R&D 相关投资大幅增加，使得当年 R&D 固定资本形成的贡献率显著提升。

费希尔指数则高于 GDP 指数。这一变化趋势反映出社会对 R&D 的重视程度逐渐提升，R&D 资本服务的投入增速已从滞后于经济增长转变为领先于经济增长，凸显了创新驱动发展的加速趋势。

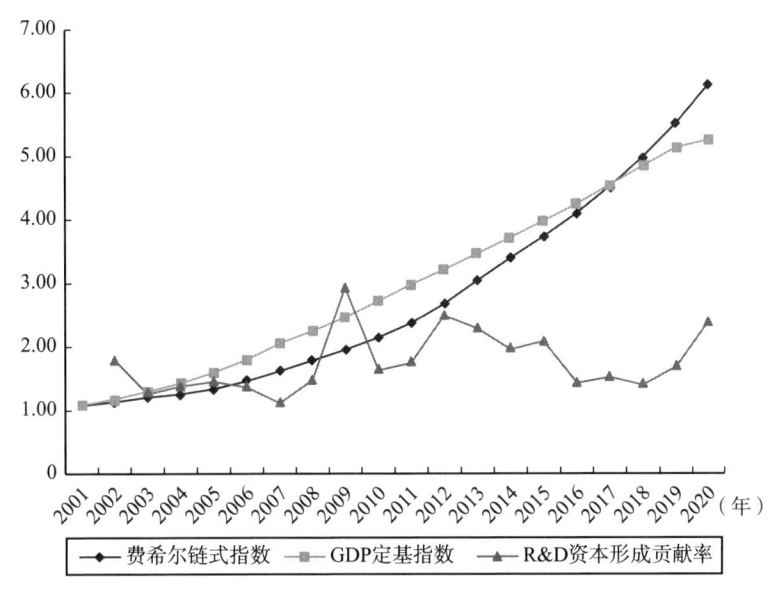

图 5 - 9　费希尔链式指数、GDP 定基指数与 R&D 资本形成贡献率

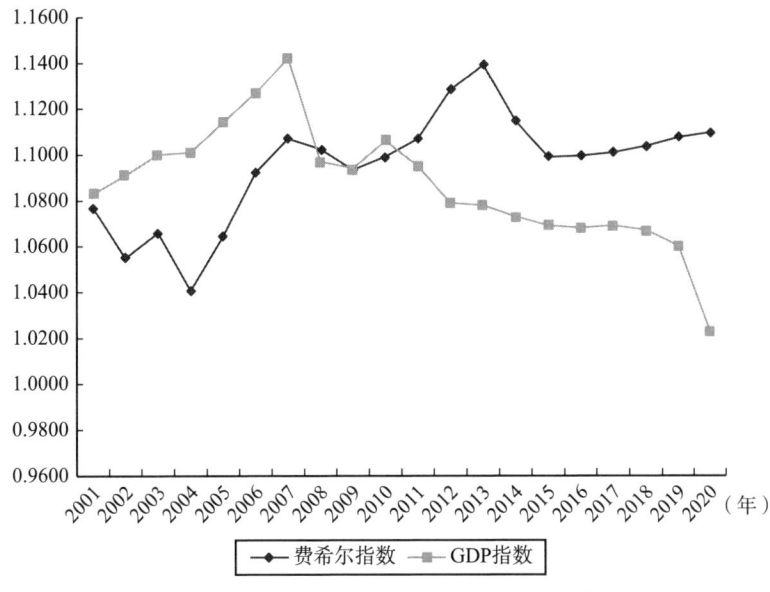

图 5 - 10　环比的费希尔指数与 GDP 指数

第三篇　软件资本测度

自我国《软件产品管理办法》①颁布以来，软件正式成为独立的产品门类，我国对软件和信息技术服务业（以下简称软件业）的重视程度也逐渐提高。我国软件产业的发展历程在国家五年规划的持续引导下呈现出清晰的战略演进路径："九五"计划首次提出开发符合国际标准的基础软件和应用软件，为软件产业发展奠定了基础；"十五"至"十二五"时期，我国软件业重点发展大型应用软件及高端软件，推动技术升级与产业规模化；"十三五"规划进一步聚焦核心支撑软件，着力突破高端工业软件和大型管理软件技术难题，强化关键领域的自主可控能力；"十四五"时期则旨在加快补齐基础软件短板，形成基础能力与核心技术协同发展的新格局。经过这一递进式发展，软件业已成为关乎中国经济社会发展全局的基础性、战略性、先导性产业。全国软件业从业人数由2011年的344万人增加到2021年的809万人，②平均增长率为8.93%，软件业务收入也从2011年的18 849亿元增长至2021年的95 502亿元，③平均增长率为17.62%。

近十几年来，全球软件市场规模也呈快速扩张态势。联合国贸易和发展会议（United Nations Conference on Trade and Development, UNCTAD）发布的数据显示，2020年全球软件服务出口总额为4 201.08亿美元，比2010年增加了2 771.14亿美元，④年均增速达11.38%。2021年，美国按当年价格计算的软件业生产总值达7 220.27亿美元，⑤较2010年翻了一番。欧美发达国家认为，掌握

---

① 软件产品管理办法［EB/OL］. 中华人民共和国信息产业部，https://www.gov.cn/gongbao/content/2001/content_60970.htm.
② 2021年软件和信息技术服务业统计公报［R/OL］. 工业和信息化部网站，https://www.gov.cn/xinwen/2022-01/28/content_5670905.htm.
③ 数据来源：国家统计局网站。
④ 数据来源：UNCTAD数据库。网址：https://unctadstat.unctad.org/wds/TableViewer/tableView.aspx?ReportId=244215.
⑤ 数据来源：美国经济分析局网站。网址：https://www.bea.gov/data/special-topics/digital-economy.

最先进的核心软件是持续掌控全球产业布局主导权的必要条件（孙家广，2019）。为准确反映软件在经济发展中的作用，SNA2008 建议将软件分为套装软件、定制软件和自产自用软件，并作为资本形成纳入国民账户（SNA2008，第 15.149 段）。据此，许多国家对软件进行了分类统计核算，如美国经济分析局公布的 2021 年软件投资总额达 5 124 亿美元（其中打包软件为 2 458 亿美元，客户定制的软件为 1 883 亿美元，自产自用类软件为 782 亿美元），[①] 英国国家统计局估算其 2022 年购置类软件和自产自用类软件的固定资本形成总额分别为 145 亿英镑和 302 亿英镑。[②] 在许多经合组织国家，软件固定资本形成总额占 GDP 的比重已经超过了 1%。

借鉴国际经验，CSNA2016 也将计算机软件作为知识产权产品的子项进行资产核算，但实践中仅考虑了购置的软件，企业自产自用的软件未被纳入资产核算范围（许宪春和常子豪，2020）。需要说明的是，软件资本形成仅是测度软件资本的开始。从经济学上看，软件除了服务于社会生产活动外，还是收入的来源，即具备国民经济意义下财富储备的特征。鉴于此，本书试图将软件分为购买和自产自用两类，分别估算其资本流量和存量。本书的边际贡献在于：一是构建了从流量到存量、涵盖资本运动全过程的软件资本测度体系，以全面反映软件提供财富储备和服务经济运行的双重价值；二是解决了传统估算方法隐含资本使用寿命无限长的问题，充分考虑软件资本的服役寿命等因素，模拟了平均役龄－价格函数、双曲线模式下的役龄－效率函数及正态退役函数；三是估算并分析了 1996～2018 年我国软件的固定资本消耗、资本存量净额、生产性资本存量、资本服务量及资本服务量指数及其勾稽关系。

[①] 数据来源：美国经济分析局网站，https://apps.bea.gov/iTable/? reqid = 19&step = 3&isuri = 1&nipa_table_list = 331&categories = survey.

[②] 数据来源：英国国家统计局网站，http://www.ons.gov.uk/ons/rel/bus-invcst/business-investment/index.html.

第六章 软件相关的文献研究

第一节 国际组织和主要国家对软件测度的研究

在国民经济核算体系的发展过程中，计算机软件的价值逐渐得到认可。SNA1993 首次将计算机软件归类为无形固定资产，纳入核算范围。而 2008 年更新的 SNA 版本则进一步明确将计算机软件和数据库统一作为知识产权产品，并列入固定资产类别。为了规范相关核算方法，OECD 在 2010 年专门发布了《知识产权产品资本测度手册》，为软件等知识产权产品的资本形成核算提供了具体的指导原则（OECD，2010）。

从软件的核算方法和范围看，SNA2008 建议将计算机软件的固定资本形成分为初始的开发、随后软件的升级，以及那些属于资产的软件复制品的购买（SNA2008，第 10.110 段）。OECD 也建议将软件分为购置类软件复制品的使用许可证、从软件开发企业购买定制软件和自产自用软件原件三种形式进行独立核算（OECD，2010）。但实际操作起来比较困难，各国软件核算的内容和方式存在一定差异。例如，瑞典的官方估计中包括购买投资和自产自用投资，对购买投资的估计来自企业年度信息技术支出调查，对自产自用投资的估计主要采用宏观成本总和法。英国国家统计局于 2015 年开始对软件和数据库进行合并核算，将其分为购买的和自产自用的软件和数据库，核算方法与瑞典类似。丹麦统计局官方测算的软件和数据库固定资本形成总额也包含自产自用类软件，无论是市场活动还是非市场活动，其估计值都根据国际标准职业分类（International Standard Classification of Occupations，ISCO）中代码 251 和代码 252 对应职业的工资和薪金计算得到（Danmarks Statistik，2016）。加拿大统计局（Statistics Canada，2019b）使用宏观职业方法估计所有资本形成活动（包括最终出售的资产），以其国家职业分类中相关职业的就业和工资数据为基础，利用时间使用系数和非劳动力成本对其进行调整，从而获得估计值。[1]

此外，在软件资本的役龄-效率函数选取上，D. 特里温（Trewin D, 2015）、M. J. 哈珀（Harper M J, 1982）、M. 马斯等（Mas M et al., 2000）和 P. 施赖尔等（Schreyer P et al., 2003）等都运用双曲线衰减模式估算资本服务量。采用双曲线衰减模式意味着新资产的使用效率在前期下降幅度不大，而在后期下降较为明显，这与软件资产使用效率下降的特征相符。在模拟软件资本的平均役龄-效率函数时，还需考虑退役模式。常见的退役模式有四种：直接退役、线性退役、延长线性退役和钟型退役，钟型退役模式又包含温弗里曲线[2]、威布尔曲线[3]和对数正态曲线。其中，钟型退役比较符合软件资产退役的特点，即软件在使用一段时间后先以较小的退役率缓慢退出，在资产的平均服役年限处退役率达到最大后，再慢慢减小直至完全退出生产。基于此，大部分国家也都选取钟型退役模式展开研究，差异在于生成函数不同，如英国选用正态函数，荷兰采用威布尔曲线函数，芬兰采用斜态威布尔函数，丹麦采用温弗里曲线函数。

第二节 国内学者对ICT资本测度的研究

自SNA2008公布后，国内学者开始对知识产权产品的相关概念、核算范围、分类和测度方法进行探索和研究，但鲜有文献对软件资本进行单独统计和测度，主要将其包含在信息与通信技术（Information and Communications Technology, ICT）资本中。国内的研究如左晖和艾丹祥（2021）使用2项硬件（计算机和通信设备）和5项软件（电信、广播电视及卫星传输服务、互联网和相关服务、软件服务和信息技术服务）测算ICT固定资本，孙琳琳等（2012）、杨晓维和何昉（2015）以及董景荣和苏美文（2022）等学者也

---

[1] 类似地，英国、德国和瑞典等国家也考虑了利用时间使用系数进行调整。

[2] 温弗里曲线的概率密度分布表达式为：$y_x = y_0 \times (1 - x^2/a^2)^m$，其中 y_x 代表资产退役的边际概率；y_0 代表其众数频率曲线的纵坐标；a 和 m 分别为区间 7~10 和 0.7~40 的参数，这两个参数的数值决定了退役函数的峰度和偏度。

[3] 威布尔曲线的概率密度分布表达式为：$f(x; \lambda, k) = \frac{k}{\lambda} \times \left(\frac{x}{\lambda}\right)^{k-1} \times e^{-(x/\lambda)^k}$，其中 x 为资产的使用年限；$\lambda$ 和 k 分别决定退役函数的峰度和偏度，根据荷兰统计局调查结果显示，λ 的范围一般为 0.015~0.033，k 通常被认作资产被丢弃的风险。

采用了类似的方法。本书总结了 2008 年以来主要期刊对 ICT 资本的测度方法，具体内容如表 6-1 所示。国内学者主要采用永续盘存法（Perpetual Inventory Method，PIM）及其变形公式测度 ICT 资本存量（刘志迎等，2008；徐翔和赵墨非，2020；徐伟呈等，2022），并以 ICT 固定资本投资额作为投入指标，差别在于折旧率取值的不同。随着研究的不断深入，相关学者如蔡跃洲和张钧南（2015）、郭美晨和杜传忠（2019）、董景荣和苏美文（2022）等在永续盘存法的基础上考虑了时间效率因素，即考虑 ICT 资本的退役模式。

$$K_t = (1-\delta) K_{t-1} + I_t \qquad (6-1)$$

式（6-1）为永续盘存法的基础公式，其中 K_t 和 K_{t-1} 分别表示第 t 年和第 t-1 年的 ICT 资本存量，I_t 为第 t 年的实际投资，δ 为折旧率。但式（6-1）在测算资本存量总额时存在两个缺陷。一是 δ 本质上是资本重置率而非折旧率。OECD（2010）指出，资本存量总额是对历史资本形成以参考年份新资本价格重新估价后的累计值，不包括已经退出生产过程（即退役）的资本。而资本退役份额通常由资本的使用寿命决定，①若要维持原有生产能力不变就必须进行相应数量的资本重置补偿，故严格意义上 δ 为资本重置率。但重置是对生产力的维持或恢复，而折旧是一种价值补偿，属于资本收入的一部分，当资本相对使用效率服从几何衰减模式时，重置率和折旧率才会相等②（任若恩和刘晓生，1997；肖红叶和郝枫，2005）。此外，δ 的大小及确定方法对结果也会产生显著影响（曹跃群等，2012；朱发仓和苏为华，2016）。二是式（6-1）隐含资本使用寿命无限长的假设。将其展开可得：$K_t = I_t + (1-\delta) I_{t-1} + \cdots + (1-\delta)^{t-1} I_{t-(t-1)} + (1-\delta)^t K_0$。初始存量 K_0 以及初始年份以后的固定资本形成将一直存在于当期存量总额 K_t 中，只不过时期 t 距离初始年份越长，K_0 和早期固定资本形成在 K_t 中的份额越小，但仍客观存在。此类情况符合蔡晓陈（2009）提出的"无限几何模式"，因此式（6-1）是有偏的。本书旨在改进软件资本测度的技术方法，并充分分析软件资本的概念与分类。在此基础上，阐述软件资本的财富储备与服务供给功能，最终构建一个包含流量和存量的软件资本测度体系。

---

① 例如，某类资本的使用寿命为 10 年，那么每年大约有 10% 的资本存量会因老化、淘汰或技术过时而退出生产活动。

② 在企业会计核算中，对结转的固定资本按照使用年限，采用年限平均法或加速折旧法对固定资本原值进行折旧，δ 为折旧率。此外，蔡晓陈（2009）指出尚没有任何理论和实证研究要求重置率与折旧率必须保持一致。

第六章　软件相关的文献研究

表 6-1　2008 年以来国内部分学者对 ICT 资本存量测度的研究

作者及年份	投入指标	公式	折旧率（％）	退役模式	役龄函数
刘志迎等（2008）	ICT 行业的基本建设投资和更新改造投资数额	PIM	10	—	—
孙琳琳等（2012）	ICT 投资总量（包括计算机、软件和通信设备）	PIM	计算机（25.4）通信设备（11.5）软件（31.5）	—	—
詹宇波等（2014）	ICT 固定资产投资额	PIM	15	—	—
程名望和张家平（2019）	ICT 服务业资本投资额	PIM	17.78	—	—
徐翔和赵墨非（2020）	ICT 资本	PIM	20	—	—
徐伟呈等（2022）	信息通信业固定资产投资额	PIM	12.1	—	—
孙川（2013）	ICT 投资额	PIM 及变形	31.5	正态退役	双曲线型时间 - 效率函数
蔡跃洲和张钧南（2015）蔡跃洲和牛新星（2021）	ICT 软件和 ICT 硬件的固定资本形成	PIM 的变形	几何折旧	对数正态	双曲线年限 - 效率函数
杨晓维和何昉（2015）	ICT 资本形成额	PIM 的变形	硬件（31）软件（55）通信设备（11）	对数正态	双曲型年龄 - 效率函数
郭美晨和杜传忠（2019）	ICT 资本投入	PIM 的变形	几何折旧	对数正态	双曲线型年限效率函数
左晖和艾丹祥（2021）	ICT 固定资本形成	PIM 的变形	硬件（31.19）软件（31.5）	—	双曲线时间效率函数
董景荣和苏美文（2022）	ICT 制造业和 ICT 服务业的固定资本形成	PIM 的变形	硬件（31.5）软件（36.9）	钟型退役	双曲线函数

注：表中文献所指 ICT 包含硬软件和通信设备等，但未对各类别进行单独统计测算。
资料来源：根据刘志迎等（2008）、孙琳琳等（2012）的文献整理。

第七章 软件的统计范围及其双重功能测度指标体系

第一节 软件的概念

作为一种新兴资本形式，软件的分类及核算范围会因学科视角的差异而有所不同。从经济学角度看，软件是一种商品，同时具备交换价值和使用价值。从会计学角度看，计算机软件属于无形资产，由特定企业生产并具有经济收益潜力。软件须具备可辨识性，能够从企业账目中剥离出来，单独或与其他资产负债一起进行转移、许可授权或买卖。从法学角度看，中国于 2001 年修订的《计算机软件保护条例》[①]将软件定义为"计算机程序及其有关文档"。软件产权具有私人性、不确定性和边界模糊性等经济特征，部分软件的交易（如软件算法等）难以确定其权属，故在界定软件的概念时需要考虑其权属问题。SNA2008 对计算机软件定义如下：软件包括计算机程序、程序描述和上述系统与应用软件的配套材料。可以看出，这一定义借鉴了会计学对无形资产的界定方法。本书以此定义为基础，尝试建立计算机软件产品的资本测度体系。

此外，SNA2008 还建议将软件的原件及其拷贝视作不同产品进行核算（SNA2008，第 A3.63 段）。软件的生产过程包括两个阶段：软件原件的生产以及软件复制品的生产和使用。当软件复制品作为其他销售产品（如办公设备、其他设备或其他软件等）的组成部分时，则形成捆绑式软件或嵌入式软件。因此，在经济统计意义下可将软件分为三大类：软件原件、软件复制品以及捆绑或嵌入式软件。[②] 软件原件可以通过自给性生产（称为自产自用软件原件）或

---

① 计算机软件保护条例 [EB/OL]. 最高人民法院知识产权法庭, https://ipc.court.gov.cn/zh-cn/news/view-407.html.

② 在软件资本测度过程中，理解软件的分类有助于判断某项支出是否应归为固定资本形成总额。例如，软件允许再生产复制品，且该复制品自身的特征也可能满足记录为资产的条件。此外，将软件复制品作为出售的其他产品的部分或全部时，又会出现嵌入式软件。所以，在考虑如何记录这些交易时，有必要区分软件原件、软件复制品以及嵌入式软件。

购买（称为购置类软件原件）得到。软件复制品是指软件原件的再生产产品，包括给予使用者使用许可或复制许可。获得使用许可的企业可以将软件以套装软件、软件包的形式在市场上进行交易，获得复制许可的企业则可以进一步生产软件复制品进行二次销售。捆绑或嵌入式软件通常分为两类：一是从软件生产企业处购买软件原件或复制品，将其组合打包后销售给其他企业；二是获得软件的复制许可后将软件的复制品嵌入到其他产品中进行打包销售。

第二节 软件固定资本形成的核算范围

软件等知识产权产品虽不存在磨损或其他形式的物理退化，但是它们可以被改进或升级，如对软件进行定期维护和修理（OECD，2010）。SNA2008建议对这些改进或升级进行区分处理：日常性和定期性的维护修理应记为中间消耗；重大修理（即不受资产状况决定且能延长使用寿命或提升性能的维护）则应资本化为固定资本形成。

然而，一般的维护和修理与视作资本形成的改良之间的界限并不明显（SNA2008，第10.45段）。对软件的常规维护，如系统检查等不会改变软件的特征，明显应视为中间消耗。而对软件系统的修理，包括修改配置或改变项目代码，不包括部分更新以及不再起作用部分的修复，这种对软件的修复是否应记录为固定资本需视情况而定。例如，为适应数据输入格式的变化而经常对软件进行修改，这种情况基本记录为中间消耗；为解决Y2K问题[①]而进行的软件升级（包括改用四位数而非两位数代码记录年份）旨在延长软件的预期使用寿命，应记录为固定资本形成。因此，本书遵循OECD（2010）的建议，将大量的、有计划的改善记录为固定资本形成，而次要的、无计划的改进记录为中间消耗。

英国国家统计局将软件和数据库分为购置类和自产自用类，分别对其进行核算。借鉴这一做法，本书对购置类软件的固定资本形成和自产自用类软件的固定资本形成进行单独核算。基于现有统计资料，结合SNA2008和CSNA2016对计算机软件资本核算方法提出的建议，采用供给法（或称商品流量法）核

[①] Y2K问题（Year 2000 Problem）指在某些使用了计算机程序的智能系统中（包括计算机系统、自动控制芯片等），因某些年份仅使用两位十进制数表示，当系统进行（或涉及）跨世纪日期处理运算时会导致出现错误的结果，进而引发各种系统功能紊乱甚至崩溃。简单地说，Y2K问题实际上是一种编程设计缺陷，而非病毒。

算购置类软件的固定资本形成，采用基于投入成本的宏观估计方法核算自产自用类软件的固定资本形成。购置类软件是以出售为目的而研发的计算机软件产品，可以较为容易地获得其价值，因此可以直接利用市场价值核算购置类软件的固定资本形成。为方便获取相对准确的数据，同时避免重复计算，购置类软件的产出按研发软件企业出售软件的总收入进行核算。自产自用类软件的生产通常需要经历可行性分析、功能分析、细节分析、编程、测试、存档、培训、维护八个阶段。基于软件开发流程和使用特征，自产自用类软件的固定资本形成应包括以下费用：（1）工作人员薪酬；（2）功能分析、细节分析、编程、测试、存档阶段产生的所有内部间接费用；（3）上述阶段的所有支出（不包括任何资产支出）。自产自用类软件产品较难获得"市场价格"，为此，SNA2008 建议采用成本法核算自产自用类软件的固定资本形成。

第三节 软件资本的双重功能

在数字经济背景下，软件逐步渗透至社会生产的多个环节。从国民经济运行过程来看，软件同其他资本一样，同时具备财富性功能（即能够提供财富储备）和生产性功能（即能够作为投入要素服务于经济运行）。如图 7-1 上半部分所示，生产者将从资本市场中筹集的资金投入软件相关活动，所产生的收益一部分归自己所有，一部分以资本报酬的形式流入资本市场，而资本市场又有部分资本收入流入消费者部门，消费者也会将储蓄投入资本市场。此过程中，软件同时为生产者和消费者带来了收益，是国民经济学意义下产生经济利益的财富储备，应被记录在资产负债表中。如图 7-1 下半部分所示，软件被视作生产要素，资本市场投资的软件是生产者从事生产活动的必要生产要素，生产要素服务量从资本市场（软件的法定所有者）流出，进入到生产者部门（软件的经济所有者）。作为补偿，软件资本租金从资本的经济所有者（生产者部门）流向资本的法定所有者（资本市场），两者交换的是软件资本服务量和软件资本租金。① 此过程中，软件服务供给功能是经济体系得以有效运转的必要条件。

---

① 假设只有资本市场（资本供给部门、法律所有者）和生产者（资本的经济所有者），且资本的经济所有者和法律所有者完全分离。

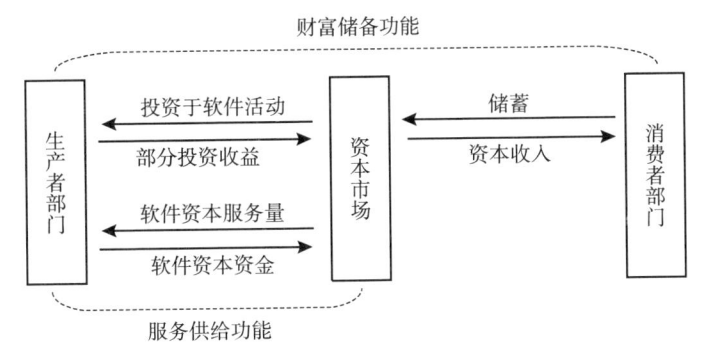

第七章 软件的统计范围及其双重功能测度指标体系

图 7-1 软件资本在国民经济中的作用示意

资本存量总额是经济体拥有的历年固定资本形成并幸存下来、可投入社会再生产过程并能带来经济利益的全部有形资本和无形资本的总和（曾五一和赵昱焜，2019）。因此，本书计入资本存量总额的软件资产仅包含仍在使用的部分，已退役的软件资产不计入，具体核算方法为：历年固定资本形成总额累计额扣除退役部分（OECD，2010）。随着软件资本使用年限的延长以及新技术的不断涌现，边际产出会逐渐减少，边际收益和价值也随之降低。固定资本消耗是指在核算期内因自然退化、正常淘汰或正常事故损坏而导致生产者拥有和使用的固定资产存量现期价值的下降，应将其视作收入的扣除项（SNA2008，第10.25段）。资本品因用于生产而发生的价值贬值，在经济分析文献中常被称为折旧，折旧是收入法 GDP 的构成项。资本存量净额通过从资本存量总额中扣除固定资本消耗获得，由于它更能体现所有者实际拥有的财富量，因此被称为财富性资本存量。相比之下，资本存量总额则更倾向于表征生产端的资本积累状况。资本存量总额、资本存量净额和固定资本消耗是资产负债表中的重要记录项目，而固定资本形成则是支出法核算 GDP 的一个组成部分。因此，本书所构建的软件资本测度体系就与资本账户及生产账户建立了联系。

除时点变化的软件存量外，时期变化情况也能反映流量和存量的内在联系。期初资本存量经过投资累加和固定资本消耗后，得到期末资本存量。如表 7-1 所示，本书构建的测度体系可同步分析动态积累过程与静态结构特征。令 W^{tB}、I^t、D^t 和 W^{tE} 分别表示期初资本存量总额、当期新增固定资本形成、当期固定资本消耗和期末资本存量总额，则软件资本的动态过程平衡式可表示为：

$$W^{tB}_{ij} + I^t_{ij} - D^t_{ij} = W^{tE}_{ij} (i = A, B; j = 1, 2, \cdots, 30) \quad (7-1)$$

其中，$i = A, B$ 分别表示购置类软件和自产自用类软件，$j = 1, 2, \cdots,$ 30 代表中国 30 个省份（不包含港澳台和西藏）。表 7-1 的静态结构平衡式为：两类软件的资本存量总额（资本存量净额、固定资本形成、持有损益、固定资本消耗、生产性资本存量、资本服务量）之和等于软件总的资本存量总额（资本存量净额、固定资本形成、持有损益、固定资本消耗、生产性资本存量、资本服务量）。同时，全国各指标的数值也等于各地区相应指标的数值之和。即：

$$S_j^{tB} = S_{Aj}^{tB} + S_{Bj}^{tB}, \quad W_j^{tB} = W_{Aj}^{tB} + W_{Bj}^{tB}, \quad I_j^t = I_{Aj}^t + I_{Bj}^t, \quad R_j^t = R_{Aj}^t + R_{Bj}^t, \quad D_j^t = D_{Aj}^t + D_{Bj}^t,$$
$$W_j^{tE} = W_{Aj}^{tE} + W_{Bj}^{tE}, \quad S_j^{tE} = S_{Aj}^{tE} + S_{Bj}^{tE}, \quad K_j^t = K_{Aj}^t + K_{Bj}^t, \quad U_j^t = U_{Aj}^t + U_{Bj}^t$$

(7-2)

其中，S^{tB}、S^{tE} 分别表示期初和期末资本存量总额，R^t、K^t 和 U^t 分别为持有损益、生产性资本存量和资本服务量。

表 7-1　　　　　软件资本的双重功能及其统计测度指标体系

资本类型	地区类型	期初资本存量总额	期初资本存量净额	固定资本形成	持有损益	固定资本消耗	期末资本存量净额	期末资本存量总额	生产性资本存量	资本服务量	动态平衡
购置类软件	北京市	S_{A1}^{tB}	W_{A1}^{tB}	I_{A1}^t	R_{A1}^t	D_{A1}^t	W_{A1}^{tE}	S_{A1}^{tE}	K_{A1}^t	U_{A1}^t	
	天津市	S_{A2}^{tB}	W_{A2}^{tB}	I_{A2}^t	R_{A2}^t	D_{A2}^t	W_{A2}^{tE}	S_{A2}^{tE}	K_{A2}^t	U_{A2}^t	
	…	…	…	…	…	…	…	…	…	…	
	吉林省	S_{A30}^{tB}	W_{A30}^{tB}	I_{A30}^t	R_{A30}^t	D_{A30}^t	W_{A30}^{tE}	S_{A30}^{tE}	K_{A30}^t	U_{A30}^t	
	小计	S_A^{tB}	W_A^{tB}	I_A^t	R_A^t	D_A^t	W_A^{tE}	S_A^{tE}	K_A^t	U_A^t	
自产自用类软件	北京市	S_{B1}^{tB}	W_{B1}^{tB}	I_{B1}^t	R_{B1}^t	D_{B1}^t	W_{B1}^{tE}	S_{B1}^{tE}	K_{B1}^t	U_{B1}^t	
	天津市	S_{B2}^{tB}	W_{B2}^{tB}	I_{B2}^t	R_{B2}^t	D_{B2}^t	W_{B2}^{tE}	S_{B2}^{tE}	K_{B2}^t	U_{B2}^t	
	…	…	…	…	…	…	…	…	…	…	式 (7-1)
	吉林省	S_{B30}^{tB}	W_{B30}^{tB}	I_{B30}^t	R_{B30}^t	D_{B30}^t	W_{B30}^{tE}	S_{B30}^{tE}	K_{B30}^t	U_{B30}^t	
	小计	S_B^{tB}	W_B^{tB}	I_B^t	R_B^t	D_B^t	W_B^{tE}	S_B^{tE}	K_B^t	U_B^t	
软件合计	北京市	S_1^{tB}	W_1^{tB}	I_1^t	R_1^t	D_1^t	W_1^{tE}	S_1^{tE}	K_1^t	U_1^t	
	天津市	S_2^{tB}	W_2^{tB}	I_2^t	R_2^t	D_2^t	W_2^{tE}	S_2^{tE}	K_2^t	U_2^t	
	…	…	…	…	…	…	…	…	…	…	
	吉林省	S_{30}^{tB}	W_{30}^{tB}	I_{30}^t	R_{30}^t	D_{30}^t	W_{30}^{tE}	S_{30}^{tE}	K_{30}^t	U_{30}^t	
	小计	S^{tB}	W^{tB}	I^t	R^t	D^t	W^{tE}	S^{tE}	K^t	U^t	
静态平衡					式 (7-2)						

第八章 软件资本的测度方法

第一节 软件资本测度的基础函数模拟

一、软件资本的平均役龄－效率函数

在市场经济条件下，资本品的单位使用成本与生产效率呈正相关关系。假设软件投资发生在第 t 年年中，f_n^t 为软件资本单位使用成本，n 表示软件的役龄，n＝1.5 表示软件已使用 2 年，则不同役龄下单一软件资本效率函数的理论公式可表示为：$g_n = f_n^t/f_0^t$（n＝0.5，1.5，…，T－0.5），其中 T 表示软件的最长服役年限。软件寿命的特征是：在正式投入使用前几乎全新，前期使用效率下降缓慢，在服役达到平均寿命后，软件效用需维修才能得以维持。国际上如澳大利亚、英国等均采用双曲线模式反映这一特征。双曲线模式的变化规律是前期下降速度慢，后期下降速度快，可以精准反映软件资本生产效率随役龄变化的特征。因此，本书采用双曲效率曲线模拟单一资本役龄－效率函数，函数形式为：

$$g_n = \frac{T-n}{T-b \times n} \quad (8-1)$$

其中，b 为效率衰减参数，设定为 0.75。本书借鉴美国劳工统计局（Bureau of Labor Statistics，BLS）的做法，采用正态分布退役模式[1]估算软件资本的平均役龄－效率函数。在此基础上，拟合得到软件资产组的平均役龄－效率函数：

---

[1] 退役分布函数公式为：$F(T) = \dfrac{e^{-(t-T)^2/2S^2}}{S\sqrt{2\pi}}$。其中，S 为标准差，一般设定为 S＝T/4。

$$h_n = \sum_{T=n}^{T_{max}} g_n(T) F(T), \quad n = 0.5, 1.5, \cdots, T - 0.5 \qquad (8-2)$$

其中，T 代表软件资产的最长服役年限，$g_n(T)$ 和 $F(T)$ 分别代表单一的役龄-效率函数和退役函数。

二、软件资本的平均役龄-价格函数

在给定贴现率和租金收入形式的前提下，软件资产组有且仅有一种价值变化形式，这种变化形式可被描述为该资产的役龄-价格函数，代表软件资产组的价格随时间衰减的变化规律。资本价值理论认为，在资本市场均衡条件下资产价值与其未来收益的折现值有关。令 tB、tE 表示 t 年期初和期末，P_n^{tB}、P_n^{tE} 分别为软件资产期初和期末的价格，则软件资产组的平均役龄-价格函数与平均役龄-效率函数具有如下关系：

$$\psi_n = \frac{P_n^{tB}}{P_0^{tB}} = \frac{h_n + h_{n+1}(1+i)(1+r)^{-1} + \cdots + h_{n+T}(1+i)^{T-1}(1+r)^{1-T}}{1 + h_1(1+i)(1+r)^{-1} + \cdots + h_T(1+i)^{T-1}(1+r)^{1-T}}$$

$$(8-3)$$

其中，i 和 r 分别为软件资产的平均价格上涨率和贴现率。结合固定资本消耗的概念，软件资本的平均役龄-折旧率函数（δ_n）可表示为：

$$\delta_n = (P_n^{tB} - P_{n+1}^{tB})/P_n^{tB} = 1 - \psi_{n+1}/\psi_n \qquad (8-4)$$

三、基础函数的模拟值

我国尚未针对不同软件类别的服务寿命开展具体调查，本书估算过程中所使用的役龄-效率函数和退役函数都借鉴了澳大利亚统计局[1]的做法：假定自产自用类软件的平均服务寿命为 6 年，购置类软件的平均服务寿命为 4 年。[2] 由此，分别得到两类软件资产的平均役龄-效率函数、平均役龄-价格函数和平均役龄-折旧率函数，具体数值如表 8-1 所示。

---

[1] 尽管美国编制了完整的软件价格指数，但美国在计算平均-役龄价格函数时采用了几何折旧模式，且没有考虑软件的退役函数。综合考虑后，本书决定采用澳大利亚统计局对这两类软件平均服务寿命的估算值，近似衡量中国同类软件的服务寿命。

[2] 这里的服务寿命指资产的平均服役年限，最长服役年限是平均服役年限的两倍。

表8-1 两类软件的役龄-价格、役龄-效率和役龄-折旧率函数值

役龄（年）	购买类-效率	购买类-价格	自产自用类-效率	自产自用类-价格	购买类-折旧率	自产自用类-折旧率
0	1	1	1	1	0	0
0.5	0.910075	0.731363	0.946143	0.826870	0.268637	0.173130
1.5	0.740017	0.460896	0.866763	0.646198	0.539104	0.353802
2.5	0.450988	0.221569	0.744435	0.464955	0.778431	0.535045
3.5	0.160412	0.067326	0.568477	0.296613	0.932674	0.703387
4.5	0.026819	0.010709	0.360875	0.159951	0.989291	0.840049
5.5	0.001850	0.000803	0.178054	0.069337	0.999197	0.930663
6.5	0.000049	0.000028	0.064540	0.023153	0.999972	0.976847
7.5	0	0	0.016477	0.005795	1	0.994205
8.5	—	—	0.002876	0.001065	—	0.998935
9.5	—	—	0.000336	0.000144	—	0.999856
10.5	—	—	0.000026	0.000014	—	0.999986
11.5	—	—	0	0	—	1

如图8-1所示，两类软件资产平均役龄-效率函数的衰减速度均呈先快后慢的趋势，且衰减速度在平均服役年限附近达到最大值。两类软件资产的效率在达到平均役龄时都已衰减80%，自产自用类软件资产在达到平均服役年限时其效率已衰减88%。同平均役龄-效率函数类似，平均役龄-价格函数在资产投入生产前期下降速度明显更快，在资产达到平均服役年限时，两类软件资产的平均役龄-价格函数值的衰减程度也远大于效率函数。例如，购置类软件在第4年时的平均役龄-价格函数值为0.297，自产自用类软件的平均役龄-价格函数值在第6年时仅为0.069，均低于相同时间点的役龄-效率函数值。而平均役龄-折旧率函数与平均役龄-效率函数、平均役龄-价格函数的变化趋势恰恰相反，其函数值由初始的0逐渐增长至最长服役年限时的1，呈倒"L"型趋势，且平均服役年限越小，函数初始增长速度越快。

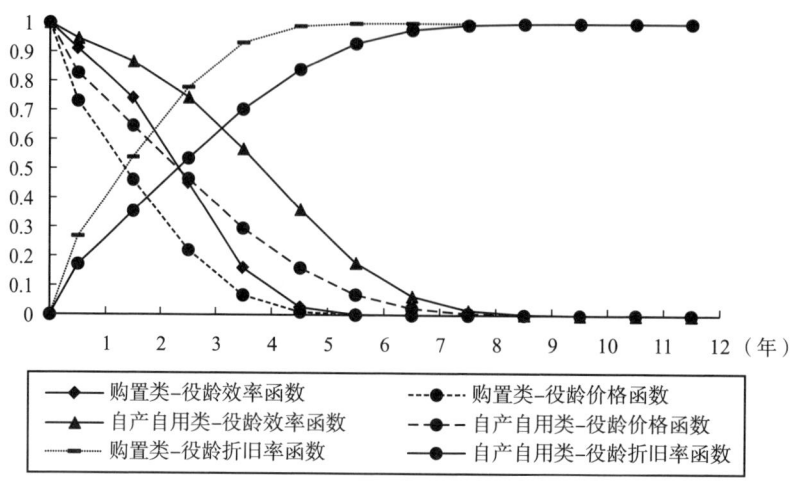

图 8-1 软件资产组的平均役龄-效率（价格、折旧率）函数

第二节 购置类软件资本的测度方法

一、购置类软件的固定资本形成估计

估计软件的固定资本形成时，需要估计中国软件资本的总产出和进出口额。本书将《中国电子信息产业统计年鉴》[1] 中软件和技术信息服务业的规上企业软件业务收入作为软件的国内总产出。《经济活动产品统计分类（2008版）》(Statistical Classification of Products by Activity 2008，CPA2008)[2] 和《国民经济行业分类（2017）》[3] 对部分软件相关产品和服务的分类如表 8-2 所示。根据 CPA2008 分类标准，其软件发布服务中的软件原件被计入固定资本形成，可以对应到《国民经济行业分类（2017）》中的软件开发。计算机编程服务、系统和软件咨询服务、应用配置服务等也被计入固定资本形成，可以对应到《国民经济行业分类（2017）》中的信息技术咨询设计服务。除此以外，数据处理、设备管理、应用配置等服务也有可以一一对应的类别，且都被计入中间消耗。

---

[1] 数据来源：中华人民共和国工业和信息化部官方网站。
[2] Statistical classification of products by activity, 2008（CPA 2008）[EB/OL]. European Union, https://data.europa.eu/data/datasets/cpa2008?locale=en.
[3] 国民经济行业分类（GB/T 4754-2017）[EB/OL]. 中华人民共和国国家质量监督检验检疫总局和中国国家标准化管理委员会，https://www.mca.gov.cn/images3/www/file/201711/1509495881341.pdf.

表 8-2　　　　　　　　　软件相关产品和服务分类的对比

CPA2008 分类			《国民经济行业分类（2017）》	
软件发布服务	软件原件等	计入固定资本形成	软件开发	计入固定资本形成
	其他对软件的出租等业务			
计算机编程服务	IT 设计和应用程序开发服务	计入固定资本形成	信息技术咨询服务	计入固定资本形成
	网络和系统开发服务			
系统和软件咨询服务		计入固定资本形成		
应用配置服务		计入固定资本形成/中间消耗		
IT 技术支持服务		计入中间消耗	信息系统集成实施服务	计入中间消耗
计算机设备管理服务			运行维护服务	
数据处理服务			数据服务	
IT 基础设施供应服务			云服务	

注：默认使用期限超过一年的软件计入固定资本形成，使用期限不足一年的软件计入中间消耗。

本书将中国国家统计局公布的软件业务出口额（I_{export}^t）作为软件的出口额。对于软件资本的进口额，由于我国尚未公布软件业务进口额数据，故本书利用运输仓储邮政、信息传输、计算机服务和软件业的进出口额对其进行推算。具体步骤如下：从历年《中国统计年鉴》[①] 中获取运输仓储邮政、信息传输、计算机服务（K_{import}^t）和软件业出口额（K_{export}^t）；通过已知年份 K_{import}^t 估算缺失年份 K_{import}^t 的平均增长率，公式为 $\alpha = \sqrt[n]{K_{import}^n / K_{import}^0}$，并据此推算缺失年份的 K_{import}^t；计算每年运输仓储邮政、信息传输、计算机服务和软件业用于进出口额的比例，即 $\beta = K_{import}^t / K_{export}^t$；利用公式 $I_{import}^t = \beta \times I_{export}^t$，推算软件和信息技术服务业的进口额。

由于软件的销售数据以基本价格计量，而购置类软件的固定资本形成以购买者价格计量，中间会产生贸易利润和税金的差异。加拿大官方估计的产品贸易利润和税金占总销售收入的比例约为 17%，但国内学者在计算 R&D 投资序

---

① 资料来源：中国国家统计局官方网站。

列时基本省略这一部分的差异。本书也参照此做法，假设这一部分为 0。

根据 OECD（2002）软件工作小组的指示，嵌入式软件产品收入计入软件固定资本形成的份额一般为 50%，本书也采纳了这一比例。从《中国电子信息产业统计年鉴》中获取嵌入式软件产品的收入 I_{embed}^t，并以相同的方式对软件进口和出口数据中嵌入式软件的部分进行分摊。在我国现有的统计体系下，分包类软件和自产自用类软件所导致的不计入软件固定资本形成的部分较难估算，所以本书将这一部分视作 0。

我国没有对软件和信息技术服务业中的维护费用进行单独估算，也没有通过大规模的企业调查来获取软件维护费用占软件总收入的比例。根据相关学者的研究（Jang K A and Kim W J，2021），在 2010 年有关韩国软件的企业调查中，约 17.6% 的软件销售费用与软件维护有关。本书借鉴这一研究结果，以 17.6% 的比例估算中国软件行业的后期维护费用，并将该维护费用记为 I_{upkeep}^t。

另外，本书采用《中国游戏产业报告》①中的游戏销售收入作为家庭游戏支出 I_{game}^t，其他家庭软件支出部分没有较为准确的数据支持，故将其记为 0。购置类软件固定资本形成的估算过程如表 8-3 所示。

表 8-3　　　　　　购置类软件的固定资本形成估算

指标构成	对应符号
软件收入（软件产品收入+50%嵌入式软件收入）	$I_{income}^t + 0.5 \times I_{embed}^t$
进口（软件产品进口+50%嵌入式软件进口）	$+ I_{import}^t$
贸易利润及税金	$+ I_{profit}^t$（一般为 0）
出口（软件产品出口+50%嵌入式软件出口）	$- I_{export}^t$
维护费用	$- I_{upkeep}^t$
家庭游戏支出	$- I_{game}^t$
其他家庭软件支出、分包、自行生产的软件	$- I_{other}^t$（一般为 0）

资料来源：OECD. Handbook on Deriving Capital Measures of Intellectual Property Products [M]. Paris：OECD Publishing，2009.

据此，利用式（8-5）可计算得到购置类软件的固定资本形成总额（$I_{purchase}^t$）：

---

① 张毅君. 2020 年度中国游戏产业报告 [R]. 中国音像与数字出版协会和中国音数协游戏工委，广州，2020.

第八章 软件资本的测度方法

$$I_{purchase}^t = I_{income}^t + 0.5 \times I_{embed}^t + I_{import}^t - I_{embed}^t - I_{upkeep}^t - I_{game}^t - I_{export}^t \quad (8-5)$$

二、购置类软件的资本存量净额和资本服务量估计

基于购置类软件的役龄-效率函数和役龄-价格函数，以及式（8-5）计算所得的购置类软件固定资本形成总额，估算中国购置类软件的资本存量净额，即：

$$W_{purchase}^{tB} = \psi_{0.5} I_{purchase}^{t-1} + \psi_{1.5} I_{purchase}^{t-2} + \psi_{2.5} I_{purchase}^{t-3} + \cdots + \psi_{8.5} I_{purchase}^{t-9} \quad (8-6)$$

$$W_{purchase}^{tE} = \psi_{0.5} I_{purchase}^{t} + \psi_{1.5} I_{purchase}^{t-1} + \psi_{2.5} I_{purchase}^{t-2} + \cdots + \psi_{8.5} I_{purchase}^{t-8} \quad (8-7)$$

其中，$W_{purchase}^{tB}$、$W_{purchase}^{tE}$ 分别为购置类软件年初和年末的资本存量净额，年均资本存量净额为 $(W^{tB} + W^{tE})/2$。由于投资活动通常发生于年中，因此 t 年投资的一半会发生折旧。据此，以 t 年平均价格计价的 t 年购置类软件固定资本消耗（$D_{purchase}^t$）为：

$$D_{purchase}^t = P_0^t \delta_0 I_{purchase}^t / 2 + P_{0.5}^t \delta_{0.5} I_{purchase}^{t-1} + P_{1.5}^t \delta_{1.5} I_{purchase}^{t-2} + \cdots + P_{7.5}^t \delta_{7.5} I_{purchase}^{t-8}$$

$$(8-8)$$

继而，得到购置类软件的资本存量总额：

$$S_{purchase}^{tE} = W_{purchase}^{tE} + D_{purchase}^t = W_{purchase}^{tB} + I_{purchase}^t = S_{purchase}^{t+1,B} \quad (8-9)$$

其中，$S_{purchase}^{tE}$、$S_{purchase}^{t+1,B}$ 分别表示 t 年年末和 t+1 年年初的购置类软件资本存量总额。参考 OECD（2010）的方法，以资本使用成本为权重对生产性资本存量进行加权计算，得出购置类软件的资本服务量，即：

$$U_{purchase}^t = (1 + r_{(tB)}) P_0^{k,tB} [r_a^* + d^k (1 + i_{(tB)}^*) - i_{(tB)}^*] \times K_{purchase}^t \quad (8-10)$$

其中，$r_{(tB)}$ 为物价指数，可从《中国统计年鉴》获得，r_a^* 为经物价指数调整后的实际收益率，d^k 为第 k 类资本消耗率，$i_{(tB)}^*$ 表示经物价指数调整后的资本一般价格变化率。$(1 + r_{(tB)}) P_0^{k,tB} [r_a^* + d^k (1 + i_{(tB)}^*) - i_{(tB)}^*]$ 也被记作 $f_0^{k,t}$，为第 k 类资产的使用成本。$K_{purchase}^t$ 为购置类软件生产性资本存量，由 $K_{purchase}^t = I_{purchase}^t / 2 + h_{0.5} I_{purchase}^{t-1} + h_{1.5} I_{purchase}^{t-2} + \cdots + h_{7.5} I_{purchase}^{t-8}$ 将不同役龄的购置类软件资产转化为标准效率单位后的数量得到。

第三节 自产自用类软件资本的测度方法

一、自产自用类软件的固定资本形成估计

自产自用类软件的固定资本形成采用成本法进行估算，总成本包括劳动成

本和非劳动成本。本书的软件开发从业人数及其基本薪酬数据均来源于历年《中国电子信息产业统计年鉴》，分别将其表示为 I^t_{staff} 和 I^t_{salary}。软件研发人员数的数据也可以从《中国电子信息产业统计年鉴》获取，但由于该年鉴的数据不连续，因此，本书采用时间序列趋势外推法填补缺失年份的数据。除此之外，本书还借鉴 OECD（2010）中 50% 的扣除原则，扣除软件研发人员用于开发自产自用类软件之外的其他软件的工作时间，以准确计算仅用于自产自用类软件研发的实际劳动成本。

我国现有的调查数据中，涉及软件非劳动成本的数据较为匮乏。仅能从《中国电子信息产业统计年鉴》中获取部分年份的管理费用 $I^t_{overhead}$，并采取与上述研发人员数量类似的处理方式对空缺值进行填补。理论上，自产自用类软件的非劳动费用还应包括为生产软件而产生的材料费以及对专业人员的培训费用。该部分费用不易获取，且难以采用其他指标近似估计，故本书将这一部分费用视为 0。另外，自产自用类软件的资本服务支出参考了 R&D 资产的资本性支出，可从《中国电子信息产业统计年鉴》中获取软件行业的固定资本消耗，记为 $I^t_{depreciation}$。除日常性支出与资本性支出外，还应加上与自产自用类软件有关的生产税净额（即生产性减补），记为 I^t_{tax}，并将原本没有包含在 R&D 固定资本形成中的软件研发投入计入软件固定资本形成，软件研发投入记为 $I^t_{R\&D}$。

对于销售调整因子 γ，本书借鉴美国 BEA（2017）的实践经验，基于软件开发人员数和总就业人员数的数据进行构造，具体用公式可以将其表示为：$2 \div$（软件开发人员与总就业人员的比例 $\times 100$）。实际测算过程中，直接劳动成本与其他成本呈一定比例关系，理论上的加法模型并不能准确估算自产自用类软件的固定资本形成。因此，采用乘法模型或乘法与加法相结合的模型更为合适。自产自用类软件固定资本形成的估算过程如表 8-4 所示。

表 8-4　　　　　　　　自产自用类软件固定资本形成估算

GFCF 组成部分	对应符号
劳动收入（遵循 50% 扣除原则）	$I^t_{staff} \times I^t_{salary} \cdot 50\%$
非劳动成本（管理费用）	$+ I^t_{overhead}$
非劳动成本（专门的培训费用、材料费等）	$+ I^t_{other}$（一般为 0）
资本服务支出（固定资本消耗）	$+ I^t_{depreciation}$
资本服务支出（其他资本服务类支出）	$+ I^t_{other}$（一般为 0）

第八章 软件资本的测度方法

续表

GFCF 组成部分	对应符号
生产税净额	$+ I_{tax}^{t}$
软件 R&D	$+ I_{R\&D}^{t}$

资料来源：OECD. Handbook on Deriving Capital Measures of Intellectual Property Products [M]. Paris: OECD Publishing, 2010.

令 δ 表示软件开发人员数占软件业总就业人员数的比例，[①] 则自产自用类软件的固定资本形成总额计算如下：

$$I_{self}^{t} = [I_{staff}^{t} \times I_{salary}^{t} \times 50\% + (I_{overhead}^{t} + I_{depreciation}^{t} + I_{tax}^{t}) \times \delta] \times \gamma + I_{R\&D}^{t} \quad (8-11)$$

最终，可计算得到我国软件固定资本形成总额（I_{GFCF}^{t}）为：

$$I_{GFCF}^{t} = I_{purchase}^{t} + I_{self}^{t} \quad (8-12)$$

二、自产自用类软件的资本存量净额和资本服务量估计

基于自产自用类软件的役龄-效率函数、役龄-价格函数以及固定资本形成函数，可分别计算得到自产自用类软件的年初和年末的资本存量净额：

$$W_{self}^{tB} = \psi_{0.5} I_{self}^{t-1} + \psi_{1.5} I_{self}^{t-2} + \psi_{2.5} I_{self}^{t-3} + \cdots + \psi_{12.5} I_{self}^{t-13} \quad (8-13)$$

$$W_{self}^{tE} = \psi_{0.5} I_{self}^{t} + \psi_{1.5} I_{self}^{t-1} + \psi_{2.5} I_{self}^{t-2} + \cdots + \psi_{12.5} I_{self}^{t-12} \quad (8-14)$$

其中，W_{self}^{tB}、W_{self}^{tE} 分别表示自产自用类软件年初和年末的资本存量净额。t 年自产自用类软件的固定资本消耗（D_{self}^{t}）计算公式为：

$$D_{self}^{t} = P_{0}^{t} \delta_{0} I_{self}^{t}/2 + P_{0.5}^{t} \delta_{0.5} I_{self}^{t-1} + P_{1.5}^{t} \delta_{1.5} I_{self}^{t-2} + \cdots + P_{7.5}^{t} \delta_{7.5} I_{self}^{t-12} \quad (8-15)$$

以资本使用成本作为权重对生产性资本存量进行加权处理，进而计算出自产自用类软件的资本服务量（U_{self}^{t}）：

$$U_{self}^{t} = (1 + r_{(tB)}) P_{0}^{k,tB} [r_{a}^{*} + d^{k}(1 + i_{(tB)}^{*}) - i_{(tB)}^{*}] \times K_{self}^{t} \quad (8-16)$$

其中，K_{self}^{t} 表示自产自用类软件的生产性资本存量，是将不同役龄的自产自用类软件资产转化为标准效率单位后的数量，可利用公式 $K_{self}^{t} = I_{self}^{t}/2 + h_{0.5} I_{self}^{t-1} + h_{1.5} I_{self}^{t-2} + \cdots + h_{7.5} I_{self}^{t-8}$ 计算得到。分别将购置类软件和自产自用类软件的资本存量净额和资本服务量汇总，即可得到中国软件业资本的资本存量净额和资本服务量。

[①] 本书以软件研发人员数占软件和信息技术服务业从业人员数的比例近似估计软件研发人员数占企业从业人员数的比例。

第九章　软件资本测度结果分析

第一节　数据来源及软件价格指数

一、数据来源及缺失数据处理

软件固定资本形成估算所需数据来自历年《中国统计年鉴》《中国电子信息产业统计年鉴》《中国游戏产业报告》及各省市统计年鉴。

缺失数据的估计方法如下：利用已知年份运输仓储邮政、信息传输、计算机服务和软件业进出口额的平均增长率补齐缺失年份的相应数据；采用各省市软件业务收入占全国软件业务收入的比值乘以中国游戏费用，得到缺失省市的游戏费用；按 OECD（2002）规定的将嵌入式软件产品收入计入软件固定资本形成的份额（即50%），对软件进出口数据中嵌入式软件的部分进行分摊；此外，主营业务成本、管理费用、软件开发从业人员数及基本薪酬、软件研发人员数等缺失数据均采用时间序列的趋势外推法获取。

二、软件价格指数

在数字化转型背景下，如何对价格指数的质量调整问题进行处理，是价格统计亟待解决的关键问题（许宪春等，2021）。在软件价格指数的处理上，OECD（2010）将软件分为套装软件、定制软件和自产自用软件并分别编制其价格指数，且在一定条件下定制软件和自产自用类软件可使用相同的价格指数。美国劳工统计局编制了套装软件价格指数，该指数是基于计算机原始设备制造商和成本渠道获得完整版软件升级的价格报价，并从1997年12月开始发布。对套装软件价格指数与软件生产成本投入价格指数加权（权数分别为25%和75%），得到定制软件价格指数。鉴于美国软件开发在全球的领导地位，其价格指数具有指导意义，故本书采用中国与美国的相对生产者价格指数

乘以美国套装软件价格指数作为中国购置类软件的价格指数,即购置类软件价格指数的换算公式为:

$$D_{purchase}^{t} = \frac{PPI_{China}^{t}}{PPI_{America}^{t}} \times D_{package}^{t} \qquad (9-1)$$

其中,$D_{purchase}^{t}$ 表示购置类软件的价格指数,PPI_{China}^{t}、$PPI_{America}^{t}$ 分别代表中国和美国的生产价格指数,$D_{package}^{t}$ 代表美国套装软件的价格指数。同样,基于相对生产价格和美国定制软件价格指数计算中国自产自用类软件的价格指数,即:

$$D_{self}^{t} = \frac{PPI_{China}^{t}}{PPI_{America}^{t}} \times (0.25 \times D_{package}^{t} + 0.75 \times D_{stream}^{t}) \qquad (9-2)$$

其中,D_{self}^{t} 表示自产自用类软件的价格指数,D_{stream}^{t} 代表美国定制软件的价格指数。根据式(9-1)和式(9-2)可得我国软件价格指数,具体数值见附录中的表3。

第二节 软件资本存量净额测算结果与分析

一、全国软件资本存量净额测算结果

以两类软件的固定资本形成为起点,分别求得购置类软件和自产自用类软件的固定资本消耗和资本存量净额,如表9-1所示。可以看出,中国软件资本存量净额从1996年开始进入迅速累积状态,软件资本存量净额(以1996年不变价计算)由1996年的361.55亿元增长至2018年的77 550.41亿元。随着软件行业的发展,中国软件资本的固定资本消耗也迅速增长,以1996年不变价计价,其值从1996年的173.31亿元增长到2018年的43 699.42亿元,平均增长率达28.58%,略高于软件资本存量净额的平均增长率。

表9-1 中国两类软件的固定资本消耗和资本存量净额 单位:亿元

年份	固定资本消耗			资本存量净额		
	购置类软件	自产自用类软件	软件合计	购置类软件	自产自用类软件	软件合计
1996	127.24	46.07	173.31	221.77	139.78	361.55
1997	159.38	57	216.37	274.74	171.99	446.72
1998	202.98	70.97	273.95	352.54	214.47	567.01
1999	263.89	89.37	353.26	465.27	272.16	737.43

续表

年份	固定资本消耗			资本存量净额		
	购置类软件	自产自用类软件	软件合计	购置类软件	自产自用类软件	软件合计
2000	333.6	109.91	443.51	579.91	331.33	911.23
2001	423.28	134.42	557.7	732.63	401.72	1 134.35
2002	572.44	169.73	742.17	1 028.06	515.18	1 543.25
2003	817.15	215.66	1 032.81	1 518.09	662.25	2 180.34
2004	1 087.52	271.19	1 358.72	1 949.68	831.33	2 781.01
2005	1 627.56	340.42	1 967.98	3 049.34	1 039.02	4 088.36
2006	2 002.08	435.13	2 437.2	3 444.79	1 337.4	4 782.19
2007	2 587.24	565.46	3 152.7	4 463.58	1 759.89	6 223.47
2008	3 108.7	699.66	3 808.35	5 223.64	2 130.67	7 354.31
2009	4 229.46	833.64	5 063.1	7 619.38	2 452.75	10 072.14
2010	6 142.92	1 084.32	7 227.24	11 545.61	3 315.51	14 861.12
2011	8 468.91	1 427.17	9 896.09	15 484.34	4 483.38	19 967.72
2012	11 505.13	1 924.84	13 429.98	20 584.77	6 179.42	26 764.19
2013	15 668.05	2 588.87	18 256.92	28 137.36	8 328.15	36 465.51
2014	20 379.73	3 312.04	23 691.77	35 946.4	10 338.88	46 285.28
2015	25 207.39	4 194.47	29 401.86	42 965.26	12 822.26	55 787.52
2016	29 992.1	5 210.16	35 202.26	49 740.05	15 671.72	65 411.77
2017	33 938.65	6 312.71	40 251.36	54 682.14	18 683.88	73 366.03
2018	36 349.7	7 349.72	43 699.42	56 393.27	21 157.14	77 550.41

注：以1996年不变价计算得到。

从增长速度看，中国软件资本存量净额的平均增长率为27.64%。从软件类型看，购置类软件的平均增长速度为28.63%，而自产自用类软件的平均增长速度为25.63%，即购置类软件的资本存量净额增长速度高于自产自用类软件。分时间段来看，2001~2006年和2006~2011年这两个时间段的软件资本存量净额增长率分别达到33.34%和33.09%，增长较快，这可能与21世纪以来中国持续加强对软件产业的支持有关。相比之下，1996~

2001 年的软件资本存量净额平均增长率仅为 25.69%，2011～2018 年该平均增长率降至 21.39%。

从图 9-1 可以看出，中国软件资本存量净额（也称财富资本存量）和固定资本消耗的增长趋势保持一致。自产自用类软件与购置类软件的资本存量净额比值（图 9-1 中简称"比值"）呈逐渐波动下降的趋势，该数值从 1996 年的 63% 持续降至 2005 年的 34%，此后呈波动下降趋势，并于 2014～2015 年达到历史最低点（30%），2016 年后逐步回升。OECD 软件工作小组根据其成员国在 2002 年的调查数据进行估计可知，自产自用类软件的资本存量净额约占软件总资本存量净额的三分之一。相比之下，本书的估计结果显示，我国该类别软件的占比约为 27%，略低于OECD 国家的平均水平。

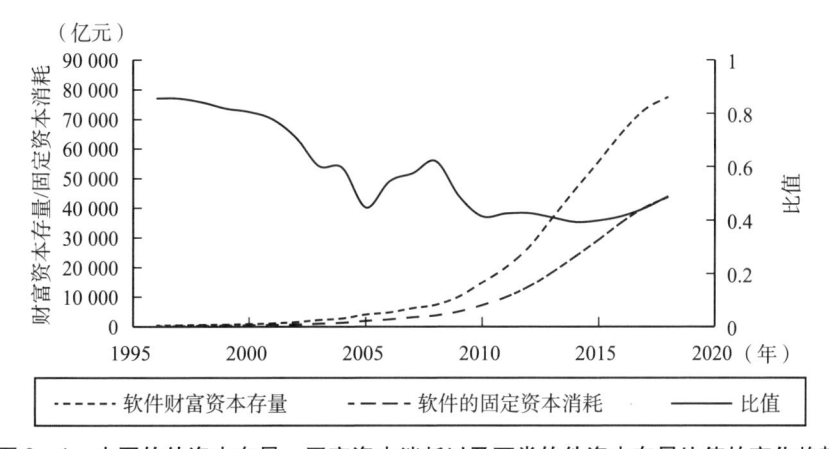

图 9-1 中国软件资本存量、固定资本消耗以及两类软件资本存量比值的变化趋势

二、分省软件资本存量净额测算结果

2006～2018 年中国 30 个省份的软件资本存量净额估算结果见附录中的表 4。由结果可知，样本期内，各省份的资本存量净额平均值存在明显差异。其中，广东省、江苏省、北京市的资本存量净额平均值分别为 5 073.43 亿元、4 633.71 亿元和 3 994.06 亿元，位列全国前三。山东省、辽宁省、上海市、浙江省的资本存量净额平均值分别为 2 414.00 亿元、1 849.73 亿元、1 992.30 亿元和 1 742.98 亿元，处于中等发展水平。而山西省、内蒙古自治区、海南省、甘肃省、青海省、宁夏回族自治区的软件资本存量净额平均值则相对靠后。

第三节 软件资本服务量测算结果与分析

基于 1996~2018 年软件资产组的固定资本形成序列，估算得到 1997~2018 年中国软件的生产性资本存量、资本服务量以及资本服务量指数，具体结果如表 9-2 所示。

表 9-2　1997~2018 年中国软件的生产性资本存量和资本服务量及其指数

年份	生产性资本存量（亿元）			资本服务量（亿元）			资本服务量指数		
	购置类软件	自产自用类软件	软件合计	购置类软件	自产自用类软件	软件合计	拉式指数	帕氏指数	费雪指数
1997	431.23	239.57	670.80	94.08	53.08	147.16	1	1	1
1998	544.96	297.27	842.22	118.55	65.86	184.41	1.26	1.01	1.13
1999	705.13	373.17	1 078.30	149.81	81.72	231.54	1.28	1.00	1.13
2000	902.43	463.28	1 365.71	193.85	102.59	296.43	1.27	1.01	1.13
2001	1 140.29	566.01	1 706.30	248.09	127.36	375.45	1.25	1.00	1.12
2002	1 510.77	705.97	2 216.74	313.48	155.60	469.08	1.30	0.98	1.13
2003	2 140.17	899.01	3 039.18	415.32	194.08	609.40	1.37	1.01	1.18
2004	2 933.74	1 137.79	4 071.53	588.35	247.15	835.50	1.34	1.00	1.16
2005	4 209.98	1 428.48	5 638.46	806.51	312.79	1 119.30	1.39	1.00	1.18
2006	5 549.94	1 813.63	7 363.57	1 157.37	392.70	1 550.07	1.31	0.99	1.14
2007	6 922.28	2 349.38	9 271.66	1 525.73	498.58	2 024.32	1.26	1.00	1.12
2008	8 500.66	2 961.85	11 462.51	1 903.00	645.87	2 548.87	1.24	1.08	1.15
2009	11 063.91	3 550.27	14 614.19	2 336.91	814.24	3 151.16	1.28	0.93	1.09
2010	16 013.83	4 452.20	20 466.03	3 041.58	976.00	4 017.58	1.41	1.00	1.18
2011	22 662.89	5 897.55	28 560.44	4 402.36	1 223.95	5 626.31	1.40	1.07	1.23
2012	30 755.77	7 953.17	38 708.93	6 230.25	1 621.30	7 851.55	1.36	0.93	1.12
2013	41 618.86	10 770.40	52 389.26	8 455.06	2 186.40	10 641.47	1.35	1.00	1.16
2014	54 911.22	14 006.24	68 917.46	11 441.43	2 960.89	14 402.32	1.32	1.04	1.17
2015	68 712.41	17 648.24	86 360.65	15 095.63	3 850.45	18 946.09	1.25	0.96	1.10
2016	82 059.58	21 925.31	103 984.90	18 889.72	4 851.67	23 741.39	1.20	1.00	1.09

续表

年份	生产性资本存量（亿元）			资本服务量（亿元）			资本服务量指数		
	购置类软件	自产自用类软件	软件合计	购置类软件	自产自用类软件	软件合计	拉式指数	帕氏指数	费雪指数
2017	93 655.42	26 648.66	120 304.08	22 558.99	6 027.48	28 586.47	1.16	1.04	1.10
2018	101 332.47	31 274.70	132 607.17	25 746.79	7 325.98	33 072.77	1.10	1.00	1.05

注：以1996年不变价计算得到。

由表9-2可知，我国软件生产性资本存量从1997年的670.80亿元增长到2018年的132 607.17亿元，平均增长率为28.63%。软件资本服务量由1997年的147.16亿元增长至2018年的33 072.77亿元，平均增长率达到29.42%。

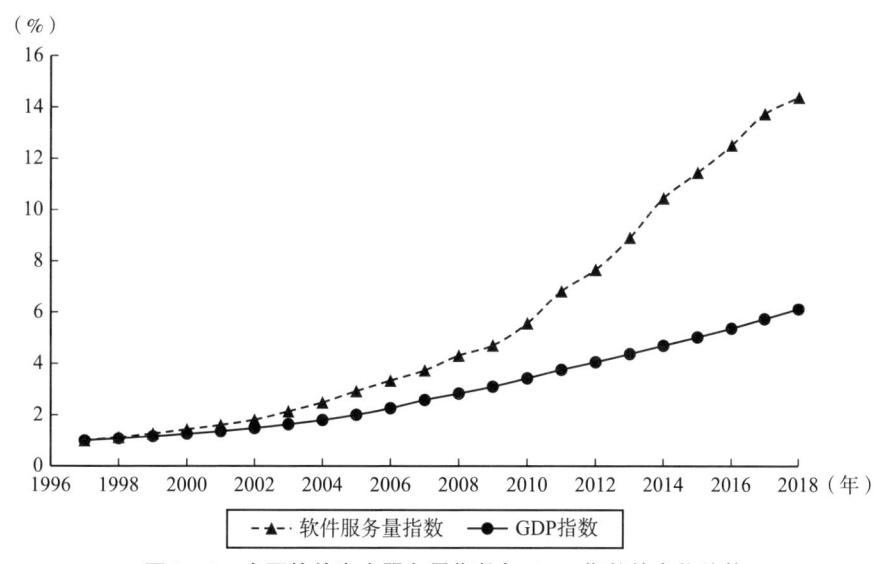

图9-2是我国软件资本服务量指数与GDP指数的变化趋势图。由图9-2可知，我国软件资本服务量指数与GDP指数的增长趋势基本保持一致，且软件资本服务量指数的增长速度高于GDP指数的增长速度，从2010年起这一趋势更为明显。1997~2009年，我国软件资本服务量指数的平均增长率为13.26%，同期GDP指数的平均增长率为9.89%，二者相差不大。2009~2018年，我国软件资本服务量指数呈强劲增长态势，年均增速达13.84%，而同期GDP指数年均增速下降至7.85%，二者增速差距持续扩大。这一趋势表明，中国在持续强化软件产业发展的同时，经济发展模式也自2010年起发生明显转变——从单纯追求GDP增速逐步转向高质量发展。

图9-2　中国软件资本服务量指数与GDP指数的变化趋势

第四节 软件资本存量动态变化过程及静态结构分析

表 9-3 展示了 2016 年中国软件资本存量的积累过程，1997~2018 年的完整测度结果见附录中的表 5。

从软件资本存量的动态变化过程来看，基于不变价测算，中国 2016 年期初软件资本存量净额为 55 787 亿元，当年软件固定资本形成为 44 827 亿元，软件固定资本消耗为 35 202 亿元，期末软件资本存量净额为 65 412 亿元（55 787 + 44 827 - 35 202 = 65 412）。现价测算结果与此趋势一致。就不同的软件类别而言，2016 年期初不变价的购置类软件资本存量净额为 42 965 亿元，固定资本形成为 36 767 亿元，固定资本消耗 29 992 亿元，期末资本存量净额为 49 740 亿元。自产自用类软件期初资本存量净额为 12 822 亿元，固定资本形成为 8 060 亿元，固定资本消耗为 5 210 亿元，期末资本存量净额为 15 672 亿元。

从软件资本存量的静态结构来看，就不变价测算结果而言，2016 年期初软件资本存量净额为 30 669 亿元，其中购置类软件为 23 147 亿元，占比 75.47%，自产自用类软件为 7 522 亿元，占比 25.53%。2016 年软件固定资本消耗为 19 214 亿元，购置类软件为 16 158 亿元，自产自用类软件为 3 057 亿元，占比分别为 79.91% 和 20.09%。2016 年软件固定资本形成总额为 19 913 亿元，其中购置类软件的固定资本形成为 15 185 亿元，自产自用类软件的固定资本形成为 4 728 亿元，占比分别为 81.14% 和 18.86%。2016 年期末软件资本存量净额为 35 991 亿元，其中购置类软件为 26 797 亿元，占比 74.45%，自产自用类软件为 9 194 亿元，占比 25.55%。

表 9-3　　　　　　2016 年中国软件资本存量的积累过程　　　　　　单位：亿元

软件类型	软件固定资本形成总额 不变价	软件固定资本形成总额 现价	期初软件资本存量净额 不变价	期初软件资本存量净额 现价	软件固定资本消耗 不变价	软件固定资本消耗 现价	期末软件资本存量净额 不变价	期末软件资本存量净额 现价
购置类软件	36 767	19 808	42 965	23 147	29 992	16 158	49 740	26 797
自产自用类软件	8 060	4 728	12 822	7 522	5 210	3 057	15 672	9 194
合计	44 827	24 536	55 787	30 669	35 202	19 214	65 412	35 991

注：以 1996 年不变价计算得到。

第四篇 数据资产统计测度

在数字经济背景下，物联网等新一代信息技术的普及应用显著促进了海量数据的生成与积累。数据量的爆发式增长导致存储需求激增，而数据中心的建设为数据的存储和使用提供了条件，进而实现了数据的汇聚。虽然我国在数据上的投入已达到一定规模，但仍然不能满足数据存储需求，因此 2020 年工业和信息化部提出要建成国家工业互联网大数据中心，引导各地建设一批工业互联网大数据中心。

虽然大量的数据可以被存储在数据中心，但实际上大部分数据资源并没有得到有效利用。为了深度挖掘这些数据背后所隐藏的有用信息，有效地利用数据，获取更大的利润，Google、Apple、BAT 等互联网公司纷纷建立数据分析部门，培养数据分析团队，使用各种大数据技术对数据进行分析，试图利用数据分析的结果达到优化管理、提高生产效率、辅助决策、创造收益等目的。显然，数据已经成为影响国家全球竞争力的关键资源。

随着大数据产业的兴起，越来越多的企业意识到数据的作用，并承认数据本身就是一种宝贵的资产，能帮助企业创造更大的利润。市场上已存在一些数据交易中心，如贵州大数据交易所、阿里云数据市场等，在这些数据交易中心或交易市场中，卖方直接将数据作为一种资产进行交易。然而，在这一过程中，数据使用混乱的现象愈发明显。为了解决这些问题，2017 年起，我国开始施行《中华人民共和国网络安全法》（简称《网络安全法》）。[1] 2021 年，我国又发布施行了《中华人民共和国数据安全法》（简称《数据安全法》）。[2] 这为规范数据活动、进一步促进数据的开发利用提供了一定的法律基础。

---

[1] 中华人民共和国网络安全法 [EB/OL]. 中国政府网, https://www.cac.gov.cn/2016-11/07/c_1119867116.htm.

[2] 中华人民共和国数据安全法 [EB/OL]. 中华人民共和国国家统计局, https://www.stats.gov.cn/gk/tjfg/xgfxfg/202503/t20250310_1958928.html.

第十章 数据、数据库和数据资产相关的研究综述

第一节 数据的概念、特征与分类研究

一、数据的概念研究

关于数据的概念，部分词典进行了相关界定：《新语词大词典》认为数据是以数字形式反映内容的内在连贯符号系统；《新时期新名词大辞典》认为数据是由观察、度量和用各种方法取得，用以概括或推断一般性结论的各种信息的总称；《社会科学新辞典》认为数据通常指进行各种统计、计算、科学研究或技术设计所依据的数值；在情报学领域，数据特指那些经过形式化处理、能够用特定符号系统（如计算机可识别的编码）明确表示的信息，尤其是可由电子计算机直接处理的信息类型。这类信息通过编码转换过程，最终被转化为由二进制数字 1 和 0 构成的数字化序列，正是基于这种可计算、可存储的数值化特征，这类经过编码处理的信息才被专门定义为数据。《数学辞海》中，数据被确立为计算机科学领域的核心基础概念，其本质是指那些能够通过人工操作或自动化技术进行系统化处理的各类符号化信息载体，这些载体具体表现为数字、文字、图形、图像以及声音等多种形态；从经济学视角出发，《韦氏词典》（Merriam-Webster）对数据这一概念作出了具有学科交叉特征的定义，即数据本质上是指那些作为逻辑推理、学术探讨或量化计算基础的事实性信息素材，其具体表现形式包括但不限于各类可通过电子化方式传输与处理的数字化信息，以及由物理传感装置采集输出的原始监测信息等；《牛津在线词典》将数据定义为收集在一起以供参考或分析的事实和统计数据，计算机执行操作的数量、字符或符号，可以以电信号的形式存储和传输，并记录在磁盘、光盘或机械记录介质上。部分学者将数据与信息联系在一起，魏鲁彬（2018）提出数据本质上是信息的记录，是信息的数字化表现形式，当信息指向现实世界

时，数据就是对应客体的、时间的、空间的、状态的和属性的数字记录。田杰棠和刘露瑶（2020）指出，数据是信息的载体，并强调数据本质上指向数据所承载的信息内容。除此以外，本书根据现有文献整理了几个典型定义，具体可见表10-1。从表10-1可以看出，虽然人们尚未对数据有一个完全统一的定义，但普遍承认数据是对客观事物的真实记录。

表10-1　　　　　　　　　　数据的含义

学者或机构	研究目的	数据含义
OECD（2013）	个人数据的经济价值	未经处理的观测结果
德勤和阿里研究院（2019）	数据如何转化为资产	对客观事物进行记录且未被加工的原始素材
加拿大统计局（2019a）	衡量数据、数据库、数据科学的投资	被转化成以数字形式存在的可存储、传输或处理的观察结果
盛斌和张子萌（2020）	数据价值链分工	数字平台上开展的个人、社会和商业活动的数字足迹

资料来源：根据OECD（2013）、德勤和阿里研究院（2019）等文献整理。

而认知语言学研究表明，人类在理解抽象概念时普遍依赖隐喻机制（Lakoff G and Johnson M，2008）。基于这一理论框架，现有研究通常将数据概念隐喻为以下三种类型。

第一种隐喻，把数据喻为石油（data is the new oil，DINO）（Javornik et al.，2019）。DINO的观点认为数据就像原油一样，是有价值的，但如果未经提炼，就不能真正使用。因此，必须对数据进行加工，数据的价值才能显现。同时，DINO暗示数据的所有权具有巨大的经济价值，因为那些拥有石油的人在历史上已经得到了很好的补偿。但D.D.赫希（Hirsch D D，2014）指出石油和数据之间的类比还应该包括对类似于数据的隐私性和石油的污染等负面影响的理解。尤其是对于个人数据的隐私问题，许多评论家均对这一比喻表示怀疑（Rajan A，2017；Bloor R，2018；Elliott T，2018；Zax D，2011）。

第二种隐喻，把数据喻为基础设施（data as infrastructure，DIN）（OECD，2015），这个比喻建立在弗里施曼（Frischmann B M，2012）提出的定义之上，即"数据是一种特定的非物理的大规模物理设施"。弗里施曼（2012）指出，基础设施可以以非竞争性的方式被消费。OECD（2015）用这个比喻来反驳DINO，表示基础设施（如数据）不会因使用而耗尽，潜在地表达了一种观点，即具有非竞争性和非耗尽性的DIN系统宜纳入公共治理框架而非私有产权体系。OECD（2015）指出数据本身并不具备内在价值，原始数据持有者不应获得经济补偿，因为数据的价值创造完全依赖后续处理活动，所有衍生价值应属于数据处理者。这一观点遭到 J. M. 诺林（Nolin J M，2019）的批判，他主张将数据概念化为数字基础设施——其本身如同公路或电网，只有通过系统性开发才能产生经济价值。值得注意的是，尽管"新石油"与"基础设施"两种隐喻在价值来源认知上存在分歧，但二者在核心命题上达成共识：数据的实际经济价值必须通过复杂的加工过程才能实现。

第三种隐喻，把数据喻为资产（data as an asset，DAS）(Khatri and Brown，2010)，这个观点认为数据是资产，将数据放在经济学范畴进行讨论，不同的学者也从不同的角度对这一观点进行了阐述。B. 施马尔佐（Schmarzo B，2016）建议将数据归类为无形但可量化的审慎值，这是一个银行术语，用于在客户申请贷款时试图估计各种无形资产的价值。D. B. 莱尼（Laney D B，2017）引入了"信息供应链"的概念来说明数据所有权是具有经济价值的，这与 OECD（2015）关于数据所有权的观点形成对比。

二、数据的特征研究

与传统的数据相比，大数据时代的数据已经具备新的特征。通过梳理已有文献对数据的研究，发现数据具备以下特征。

数据具有多样性和可重复利用性。数据的多样性包括数据的来源多样，主要来自互联网、物联网和传统信息系统。除此以外，还包括数据种类、格式和形态的多样性。可重复利用性是指对于给定的大数据资源，拥有其使用权的人或组织均可对这一资源进行开发利用（陈勇，2016；戚伟业，2019）。

数据具有数量级庞大和高速增长的特征。数量级庞大是指数据量往往在 T 级或 P 级以上。高速增长的特征是指随着用户对数据资源的不断开发，大数据资源不仅不会减少，反而会迅速增加（孟小峰和慈祥，2013；朱建平等，2014；黄欣荣，2015；王瑾，2018）。

数据具有时效性和易变性。时效性是大数据区别于传统数据最显著的特征。易变性指大数据的结构复杂，会有多种存在形式和类型，因此，基于传统的应用软件对其进行分析变得十分困难（王登红等，2015；李璞，2016）。

数据具有价值稀疏性、决策有用性和功能多样性。价值稀疏性是指在庞大的数据流中，真正有价值的数据只占很小的比例，并不是所有数据都是有用或有价值的，可能还存在许多冗余或无用的数据，人们必须根据使用目的删除数据集中无用或者冗余的数据，并对剩余的数据进行深度挖掘，如此一来，数据的价值才能得到显现。决策有用性是指可以通过对数据进行处理分析而得到隐藏在数据背后的信息，从而为企业的决策提供支持。功能多样性是指相同的数据可用于不同的开发目的（Hopkins B and Evelson B et al.，2012；王瑾，2018；蒋卓昊，2020；孙雨生等，2020）。

数据具有非竞争性。数据的非竞争性指同一数据可提供给多方同时使用。即任何给定的数据都可以独立用于多种目的，比如气象站搜集的数据可以提供给天气预报机构，以便天气预报机构告知当前和即将出现的天气状况，也可以提供给研究天气趋势的人员。一个使用者对数据的使用并不会限制或减少其他使用者对数据的使用。

数据具有主体依赖性。数据的价值与其使用主体有关，相同的数据可能会因用户的不同而呈现出不同价值。可能导致同一数据对 A 企业极具价值，而对 B 企业毫无作用。此外，数据的使用者和数据提供者之间也会存在数据价值信息不对称的情况。

数据具有非消耗性和非实体性。由于数据无实体形态，且数据在使用的过程中又会产生新的数据，因此数据不会因使用而被消耗掉，反而会使企业拥有的数据量增加，其价值也会随着使用的增加而增加。相反，如果数据不被使用，那么数据就会成为企业的负担，因为数据会产生存储和维护成本，却没有给企业带来价值。此外，数据还具有时效性，根据数据生命周期理论，旧的数据可能会因为过时而被删除。

三、数据的分类研究

根据现有研究，不同的学者从不同角度对数据进行了分类。

根据数据来源的不同，数据可以划分为以下四种类型：互联网数据、科研数据、感知数据、企业数据。互联网数据是指网民通过互联网进行各种活动时产生的数据。科研数据是指来自研究机构的数据，如科研人员使用、创造、生产的数字类文献。感知数据是通过各种感知技术工具（如数码传感器、指纹识别器、GPS、智能手表等）采集的数据。企业数据不仅包括企业日常运营（如研发、生产、购买原材料、收货、交货、收款和付费等活动）产生的数据，还包括来自企业外部环境，但会对其经营活动产生实质性影响的各类关联数据（刘琦等，2016；李香梅和张志红，2016；李新华，2013；李立睿和邓仲华，2016；张驰，2018）。

根据数据主体性质的不同,数据可以被划分为以下三种类型:个人数据、企业数据和关系型数据。个人数据包括个人基本信息(如个人的姓名、电话、住址)和人类参与经济活动、社会活动的行为数据。关系型数据是不同主体在社会活动、经济活动时相互联系、相互作用过程中产生的数据,如个人与个人、个人与企业、企业与企业通过交易而产生的买方数据、卖方数据和产品数据等(刘琦等,2016;焦宏想等,2006;李从东和徐志英,2009;张驰,2018)。

按照数据获得的方式不同,数据可以划分为第一方数据、第二方数据和第三方数据三种类型。第一方数据是指企业直接通过自身的生产经营活动获得的数据,例如顾客在永辉超市的购物数据,是永辉超市的第一方数据。第二方数据是指通过为用户提供服务所获得的数据,如作为社交软件的微信,可以通过提供打车服务,获得用户的出行消费数据和行程数据。第三方数据是指通过爬虫技术等方式间接获得的数据(刘琦等,2016;徐漪,2017;张驰,2018)。

按存储形式的不同,可以将数据分为物理形式数据、电子化数据和系统化数据。物理形式数据是指以物理的方式记录的数据,如合同、工作单、操作记录等各种文档文件。电子化数据是指以电子方式记录的数据,如系统信息表。系统化数据是指以数据库方式记录的数据,如已有系统里存储的历史数据(王捷,2020)。

按照数据的类型不同,可以分为结构化数据、非结构化数据和半结构化数据。此外,按照数据所在产业的不同,可以划分为农业数据、工业数据和服务业数据。按照数据性质的不同,数据还可以划分为位置数据、属性数据、数量数据和时间数据。数据分类方式如表10-2所示。

表10-2　　　　　　　　　　　数据的不同分类方式

分类方式	示例
依数据来源分类	互联网数据、科研数据、感知数据、企业数据
依数据产生主体分类	个人数据、企业数据、关系型数据
依数据获得方式分类	第一方数据、第二方数据、第三方数据
依数据应用所属产业分类	农业数据、工业数据、服务业数据
依数据性质分类	位置数据、属性数据、数量数据、时间数据
依数据存储形式分类	物理形式数据、电子化数据、系统化数据
依数据类型分类	结构化数据、非结构化数据、半结构化数据

资料来源:根据刘琦等(2016)、李香梅和张志红(2016)等的文献整理。

第二节　数据产品的概念与分类研究

一、关于数据产品概念的研究

数据产品作为一种新型的非实物形态的数字产品，具有近乎零成本无限复制的独特特性（Balazinska et al.，2013；叶雅珍等，2020），这种特性使其区别于传统实物商品。学界对数据产品的概念界定尚未达成完全统一的共识，但普遍认同其核心功能在于通过挖掘和释放数据价值来辅助各类决策行为。从广义视角看，D. 尼亚托和 M. A. 阿尔谢赫等（Niyato D and Alsheikh M A et al.，2016）则着重强调其作为通过专业数据处理技术获取知识价值、并将这些知识转化为决策支持的产出物特性。谢文理等（2018）在此基础上进一步突出了其对优化决策流程（或具体行动）的系统性辅助功能。部分学者如 Q. L. 黄等（Huang Q L et al.，2015）更侧重其作为原始数据精炼物的本质属性，认为是通过专业算法去除数据冗余、噪声等信息后形成的、可直接响应特定查询需求的标准化数据形态。莫斐等（2020）提出的广义概念框架则更具包容性，将企业业务报表、专业挖掘数据集、智能算法模型以及各类软件系统服务等多元形态都纳入数据产品范畴。从狭义的技术实现层面看，艾达等（2017）特别强调其将原始数据、分析算法和决策逻辑三位一体地固化到软件系统中的技术特性，莫斐等（2020）也持相似观点，认为其主要表现为各类专业软件系统形态。李锦华（2019）则从应用形态角度指出，其既包括底层算法程序，也涵盖面向终端用户的可视化分析报告等多种呈现形式。毛立琦（2020）进一步补充说明，在电信运营商领域，数据产品既可以是经过深度加工处理后的可视化数据内容产品，也可以是封装成型的计算机软件或专业技术方法。这些不同形态、不同功能定位的数据产品经过系统化的资产化处理和持续积累后，就形成了具有长期使用价值的数据资产体系，其本质特征正如百度百科所概括的，是"能够充分发挥数据内在价值、有效辅助用户做出更优决策（甚至直接指导具体行动）的一种专业化产品形态"，简言之就是数据价值实现的工具化载体。

二、关于数据产品分类的研究

国外学者从不同角度对数据产品进行了分类，加州大学根据产品使用功能的不同，将数据产品分为四类，分别为可视化界面（visual dashboards）、网页界面（web interfaces）、编程接口（programming interfaces）和机器人平台（robotics platforms）。其中，可视化界面是最常见的数据可视化产品，例如数据看板，可以提供集中的交互式方式来监视、测量、分析数据，并从关键数据集中提取业务信息，同时以交互的、直观的和可视的方式显示信息。网页界面通常指运行于网络服务器环境中的软件交互接口系统，其具体形态随着技术演进经历了不同的发展阶段，从早期的静态 HTML 表单到动态 AJAX 交互，再到现阶段行业实践中最普遍采用的 RESE 接口。编程接口不仅包括集成在网页界面中的交互功能，还涵盖以程序化方式提供的数据服务产品，例如通过特定连接协议实现的数据库访问接口。机器人平台是指将机器人硬件与软件系统相结合，利用数据驱动来实现特定业务目标的综合性产品。

美国的数据服务公司 iNOVEX 根据数据产生的价值不同，将数据产品定义为三类：数据服务（data as a service）、数据增强产品（data-enhanced products）和数据洞察（data as insights）。数据服务中数据本身就是产品，包括证券指数、地址数据、天气数据等。数据增强产品是基于数据驱动的附加功能，修改传统产品以增加其价值，例如将传统汽车转变为自动驾驶汽车。数据洞察指利用产品使用数据优化产品的营销方式，并从中获取有价值的信息，以改进产品设计或用户体验。

第三节 数据资产的概念与特征研究

一、关于数据资产概念的研究

早在 1974 年，R. E. 彼得（Peterson R E, 1974）就提出了数据资产这一术语。关于数据资产的概念，彼得认为数据资产包括持有的各种债券类资产。T. 费希尔（Fisher T, 2009）认为数据资产指公司用来获取收入的相关系统、应用程序及其输出文件、文档、数据库或网页。但随着数据资产的发展以及人们对其研究的深入，学者们从不同角度对数据资产概念进行了解读。

从数据资产的产生源头来看，V. 哈特利和 C. V. 布朗（Khatri V and Brown C V, 2010）指出信息资产（或数据）是被记录下来的具有价值或潜在价值的事实。K. 伯奇和 D. T. 科克伦（Birch K and Cochrane D T et al., 2021）指出个人数据已经成为新型资产，并对个人数据转化为资产的过程进行了分析。陆旭冉（2019）认为数据资产本质上是一种数据资源。蔡昌等（2021）也指出数据资产是以 0 和 1 的数字化形式存在的具有价值且能带来经济效益的资产，其在物理上是一种数字化记录。马丹和郁霞（2020）、叶雅珍等（2020）进一步指出并非所有的数据都能构成企业的数据资产。对于信息资产、数字资产和数据资产这三个相似的术语，朱扬勇和叶雅珍（2018）认为它们本质上是从不同的层面看待数据，为了避免混淆和相互代替，将它们统称为数据资产，并将其界定为拥有数据权属、有价值、可计量、可读取的网络空间中的数据集。《美国陆军信息技术应用指南》（Army information technology implementation instructions）（Department of the Army，2015）中，数据资产被定义为"任何由数据组成的实体以及由应用程序提供的读取数据的服务，数据资产可以是系统或应用程序输出的文件、数据库、文档或网页等，也可以是从数据库返回单个记录的服务和返回特定查询数据的网站，人、系统或应用程序可以创建数据资产。"但并非所有数据都属于企业数据资产，刘玉（2014）认为数据资产是指那些能够数字化，并且通过数据挖掘能给企业未来经营带来经济利益的数据集合，包含数字、文字、图像、方位，甚至沟通信息等一切可量化、可数据化的信息。朱扬勇和叶雅珍（2018）将数据资产定义为企业拥有的数据权属（勘探权、使用权、所有权），是有价值、可计量、可读取的网络空间中的数据集，兼具有形资产和无形资产的特征。马丹和郁霞（2020）认为数据资产是指能够为企业产生价值的数据资源。李静萍（2020）指出要作为数据资产的核算对象，必须经济所有权明确且可为其经济所有者带来收益。

从数据资产的产生过程来看，R. 利洛（Lillo R，2017）指出数据需要与数据工程师团队、大数据平台、立法框架等相结合，挖掘其中隐藏的见解和信息，才能使"数据驱动决策"成为可能。马丹和郁霞（2020）指出判断数据是否可被纳入资产范畴的根本性原则在于，经过数据挖掘过程后，数据是否能形成知识并为使用者做出决策指导。谭明军（2021）也认为数据资产是指通过数据采集、挖掘、分析等活动形成的，可以为企业带来价值的数据资源。

从会计角度看，张驰（2018）根据可控制性、可量化性和未来收益性原则，将数据资产定义为在生产经营管理活动过程中形成的、可量化的、拥有或控制其整个产生和应用过程且预期能带来经济收益的数据。J. M. 诺林（2019）指出，数据资产是具有某种价值的资源。秦荣生（2020）、宋杰鲲等（2021）认为数据资产应该满足"资产"的定义，是企业拥有或控制的，能够给企业带来未来经济利益的一种数据资源。基于此，中国资产评估协会（2019）将数据资产定义为由特定主体合法拥有或控制的，能持续发挥作用，且能带来直接或者间接经济利益的数据资源。

从数据资产的存在形态来看，潘宝玉（2005）认为数据资产具有固定资产的实物形态，但主要以知识形态存在的经济资源，是无形资产的延伸，应属于固定资产范畴。康旗等（2015）也认为大数据资产不具备实物形态。D. O. 费尔贾和 A. 马奈库（Firica D O and Manaicu A，2018）指出数据是公司的无形资产，可用于预测和决策。张肖飞和王佳媛（2020）则指出大数据资产是企业拥有或控制的可辨认且无实物形态的非货币性资产。

学者们从不同角度对数据资产概念的界定情况如表 10-3 所示。

表 10-3　　　　　　　　　　有关数据资产概念的研究

角度	强调点	学者
产生源头	数字化的数据资源（数据集）	V. 哈特利和C. V. 布朗（2010），K. 伯奇和 D. T. 科克伦（2021），蔡昌等（2021），朱杨勇和叶雅珍（2018）等
产生过程	通过数据挖掘、分析等过程形成	R. 利洛（2017），马丹和郁霞（2020），谭明军（2021）等
会计学	特定主体拥有或控制即所有权明确、未来收益性	张驰（2018），J. M. 诺林（2019），秦荣生（2020），宋杰鲲等（2021）等
存在形态	无实体形态	潘宝玉（2005）、康旗等（2015），D. O. 费尔贾和 A. 马奈库（2018）等

资料来源：根据 V. 哈特利和C. V. 布朗（2010）、蔡昌等（2021）等的文献整理。

二、关于数据资产特征的研究

数据资产的特征可以通过多个角度来分析，比如它的外在形式、具体内容、处理方法、实际用途以及经济价值等。

从形式上看，数据资产具有非实体性和非磨损性。非实体性指数据资产不具备实物形态，其依托于软件和硬件设备发挥价值。非损耗性指数据资产不会像实物资产那样因反复使用而产生损耗或磨损，且随着数据资产被不断复制和使用，其边际成本会持续下降并最终趋近于零（康旗等，2015；邹照菊，2018；梁艳，2020）。

从内容上看，数据资产具有规模性、增容更新性、时效性、可复制性、异质性和非排他性等特征。规模性是指当数据量很少时，往往不具有进行深入分析的基础，只有当数据量足够多时，其价值才能得以显现。增容更新性指数据资产具有动态更新的特性，在使用过程中可以不断补充新的内容或信息，使数据更加完整和准确，从而提升其应用价值和使用效果，同时这种持续的内容更新也会使数据资产的规模不断扩大，容量持续增加。时效性指随着时间的流逝，数据资产的价值会不断波动。可复制性指数据可以被完整地复制成多份，并且这些副本可以同时或反复地被不同用户使用，这种复制过程既不会消耗原始数据，也不会影响其质量，使得数据具有近乎无限的供给能力（李必文，2014；刘琦等，2016；李雅雄和倪杉，2017；杜卓隆，2017）。异质性指同样的数据，其价值可能存在极大差别。非排他性指数据可以复制给多个主体同时使用（田杰棠和刘露瑶，2020）。

从处理方式上看，数据资产具有可加工和可数据化的特征。可加工是指要想知道隐藏在数据背后的信息，必须对数据进行加工处理，否则很难将其用于支持决策。可数据化是数据资产的本质特征，数据化后，资源可以更好地储存，也方便日后提取利用（李俊清等，2016；周芹等，2016；李雅雄和倪杉，2017；陈亮和王积田，2019）。

从用途及价值上看，数据资产具有通用性、个性化、累积增值性、价值易变性和风险性等特征。通用性是指数据资产不受形态限制，可以较为容易地与其他资产结合使用。个性化是指数据的价值因不同的使用场景而不同，即使是相同的数据资产，对于不同的需求，也会产生不同的经济价值。累积增值性是指随着历史数据的不断积累和新数据的产生，数据反映现实情况的能力也会得到提升。价值易变性是指数据资产的内在价值容易受到多种外部因素的影响。风险性主要是因为投入高昂成本后，发现数据中有效信息占比少，导致无法获得理想的投资回报（车品觉，2014；张咏梅和穆文娟，2015；周芹等，2016；李雅雄和倪杉，2017；杜卓隆，2017；李永红和李金鹜，2017）。

第四节 数据资产测算的方法研究

一、关于数据资产会计核算方法的研究

数据资产的所有权。根据会计学对"资产"的定义，数据资产应具备权属明确的特征，即数据资产应该明确由某个主体拥有或控制。那么对数据资产进行核算时必然会涉及数据资产的所有权归属问题。谭明军（2021）指出数据资产的价值主要取决于数据使用者的能力，因此应该着重讨论数据资产的使用权问题，而淡化数据资产的所有权问题。针对数据资产确权问题，蔡昌等（2021）认为可以利用区块链技术，通过其系统中的各节点来明确数据资产的

权属问题，同时形成一个"数据生产者—数据处理者—数据需求者"的架构。

数据资产在会计科目中的确认。主要有两种观点：一是将数据资产视为无形资产核算，如唐莉和李省思（2017）、张俊瑞等（2020）认为数据资产属于无形资产，可以参照无形资产的会计处理方式进行处理，因此将数据资产作为无形资产下的一个二级科目进行核算；二是专设科目核算数据资产，有学者认为与无形资产相比，数据资产具有独特的特点，无形资产的会计处理方式并不完全适用于数据资产，因此需要单独设立数据资产一级会计科目来对其进行核算（李雅雄和倪杉，2017；上官鸣和白莎，2018；黄海，2021）。

数据资产会计计量属性的确认。鉴于数据资产的产生和使用等过程需要投入人力、技术等成本，陆旭冉（2019）和林飞腾（2020）认为数据资产更适合用成本法来计量。而余应敏（2020）则认为企业关注的是数据资产所能创造的潜在价值，因此为了体现其价值，应该采用公允价值进行计量。徐燕雯（2021）认为，为了反映数据资产的时效性这一主要特征，在初始计量时更适合使用公允价值计价。综合前人观点，秦荣生（2020）指出企业应该结合自身情况选择性采用历史成本法、公允价值法（市价法、类比项目法、估价法）或评估法（收益现值法、重置成本法、现行市价法等）对数据资产进行初始计量，而在后续计量时一般采用历史成本法。唐璐（2021）则认为根据数据资产的类型不同，在初始计量时应采用不同的方法，对于自行开发的数据资产可以使用成本法进行计量，而对于通过交易获取的数据资产则应使用公允价值法来计量。

对于数据资产的价值评估方法，大多数学者认为可以借鉴传统无形资产的估计方法。张咏梅和穆文娟（2015）认为金融数据资产具有获利能力，但该获利能力不宜量化，适合使用成本法对其价值进行评估，并给出具体价值评估的公式。刘琦等（2016）利用市场法，使用修正系数对数据资产的价值进行评估。李永红和李金鹭（2017）详细分析了使用成本法、市场法、收益法评估数据资产价值的优缺点及适用条件，并以互联网企业为例，给出这三种方法的具体估计公式。马丹和郁霞（2020）对不同类型数据资产从概念及准确性、市场化趋势、成本、技术背景和期权的选择权性质五个方面给出了相应的估价方法，并详细讨论了使用收益现值法、市场价值法、重置成本法、人工智能法及期权定价法估价的优缺点。林飞腾（2020）认为成本法是评估大数据资产的最佳方法，并使用成本法对浙江省某贸易有限公司的某项自用的数据资产进行评估，得出该项数据资产在评估基准日的价值为12.4735万元。李春秋和李然辉（2020）使用收益法对某独角兽公司的数字资产价值进行评估，得出该公司在评估基准日的数据资产价值为 3 300 万元。

也有学者意识到数据资产与传统无形资产之间存在区别，认为可以通过改进传统无形资产评估方法或构建模型来对数据资产进行评估。如张志刚等（2015）认为传统无形资产评估的方法不能完全适用于数据资产的价值评估，因此他从数据资产的成本及其应用过程出发，结合层次分析法，建立了一种新的价值评估模型。李永红和张淑雯（2018）认为直接使用市场法评估会影响数据资产的价值，所以引进了层次分析法和灰色关联分析法对市场法进行改善。黄乐等（2018）综合考虑数据资产的成本和收益，开创性地引入平台活跃系数等参数来调整数据资产价值，构建了平台式的价值评估模型。翟丽丽和王佳妮（2016）运用改良后的 B-S 模型开展估值研究，计算得出中关村大数据交易联盟的数据资产价值为 553.43 万元。周芹等（2016）利用层次分析法和蒙特卡罗法计算得出京东数据资产的价值在 439.63 亿~550.49 亿元。梁艳（2020）运用多期超额收益法并结合层次分析法和模糊综合评价法，以 2018 年 12 月 31 日为基准日对 360 企业的数据资产进行评估，得到其价值为 400 502 万元。加拿大统计局（2019a，2019b）对数据、数据库、数据科学等概念进行了阐述，并使用成本法对数据的价值进行了尝试性估计，得出 2018 年加拿大数据固定资本形成总支出在 90 亿~140 亿美元。D. G. 拉西尔和 R. J. 科恩菲尔德等（Rassier D G and Kornfeld R J et al.，2019）给出数据的估价方法，并对购买类数据产品和自营类数据产品的产出进行估算，为将数据纳入国民账户体系提供了有力支持。

二、关于数据资产宏观核算方法的研究

数据库是数据资产的重要载体（马丹和郁霞，2020）。SNA1993 中就已经提出了数据库的概念，SNA2008 则进一步将数据库作为知识产权产品的构成项，并明确规定使用总成本法估计数据库产出时，产出仅包含底层数据库管理系统的价值和与数据数字化相关的成本，并不包括获取或生成数据的成本，即并未将数据本身（信息内容）视为生产资产。同时，也有研究指出，数据库的价值包括数据的价值，在这种情况下，市场交易实际上将数据的价值以商誉的形式记录下来。该研究还分析了将数据识别为非生产资产或生产资产会如何影响 GDP 核算结果（Ahmad N and Ven P，2018）。

受限于统计资料的完整性，国内关于数据库资本核算的研究文献较少。文豪和李洪月（2013）、田侃等（2016）曾估算过我国的无形资产价值，其中包

含数据库管理系统的价值,但依据 SNA2008,数据库管理系统不属于数据库范畴,而属于软件范畴,意味着他们也并未对数据库进行核算。许宪春和常子豪(2020)则在梳理国外数据库统计经验的基础上,指出自给性数据库并未纳入数据库统计范畴,且大部分国家将软件和数据库合并核算,并未单独核算这两种资产。此外,他们对我国数据库调查方法和资本核算方法进行了研究,并以加拿大为例,计算得到加拿大托管数据库的资本存量由 2012 年的 230.92 亿加拿大元增长至 2017 年的 506.343 亿加拿大元。OECD(2020)对美国、加拿大和欧洲国家的数据库汇编和销售活动进行了价值估算,结果显示,2017 年美国数据库相关活动的价值超过 600 亿美元,加拿大约为 14 亿美元,而 2016 年欧盟数据库相关活动的价值为 190 亿~500 亿欧元。

李静萍(2020)认为数据满足所有权明确和未来收益性两个特征,因此应将数据作为资产进行核算,以扩展国民经济核算体系。但数据通常并非通过专门的生产活动生成,若将其作为生产产出会无限扩大生产的边界,因此应该将数据作为非生产资产。但考虑到数据的规模效应和数据追踪成本等因素,其认为可以依托数据库将聚合数据整体识别为数据资产,并提出了数据资产附属核算框架及不同类型数据资产的估价方法。孙宝强(2020)指出应该将数据资产纳入固定资产投资统计范围,并从缺乏规范的指引、缺少统计标准、缺乏统计资料、缺乏成熟经验等方面详细分析了数据资产未纳入 GDP 核算的原因及其造成的影响,同时建议对数据资产的统计核算工作应优先从数据库试点开始,在形成成熟的统计核算方案后再扩大到其他数据资源。

三、数据在宏观层面的定价研究

现有关于数据资产定价的研究相对较少,研究焦点主要集中在大数据和数据产品的定价问题上。现有文献对定价机制的探讨主要从政府公共管理大数据、企业大数据和个人大数据三个维度展开。

关于政府公共管理大数据的定价研究。刘朝阳(2016)认为政府大数据的定价方法大致可以分为四类:免费、边际成本定价、成本回收定价和市场化定价。张鹏和蒋余浩(2020)将政务数据资产分成了四类,对不同的数据资产类型采取不同的定价方法,主要包括两种定价方法:(1)成本定价法,即利用数据资产形成过程中涉及的各项成本对数据资产定价;(2)成本+适度的市场预价法,如采用这种方式对环境数据和民情数据进行定价。由此可知,多数学者虽依据政府数据的不同特点来确定定价方法,但普遍认为以成本法对政府数据进行定价较为合理。

关于企业大数据的定价研究。在定价原则和准则方面，刘朝阳（2016）较为认可效用价格论和成本价格论，其中效用价格论着重强调数据的使用价值，成本价格论则侧重于成本，比如数据库的实施成本和运行维护成本。在定价方法方面，一是关于交易平台的数据产品和数据服务的定价。赵子瑞（2017）将不同大数据交易平台现行采用的大数据交易定价策略归纳为六类，即平台预定价、自动计价、拍卖式定价、自由定价、协议定价和捆绑式定价。李成熙和文庭孝（2020）认为大数据交易涉及的交易主体有大数据交易平台、大数据卖方、大数据买方，并将流通于各数据交易平台的数据产品和服务分为纯数据产品、决策方案和技术服务，然后对不同主体之间交易的不同数据产品和服务的定价方式进行了讨论。张树臣等（2020）认为大数据交易既包括原始数据本身的交易，也包括大数据服务的交易，并针对大数据服务提出了三阶段讨价还价的定价模型。P. 库特里斯和 P. 乌帕德亚雅等（Koutris P and Upadhyaya P et al., 2013）开创性地提出了一个基于互联网来定价数据的框架——基于查询的定价方法。B. R. 林和 D. 基弗尔等（Lin B R and Kifer D, 2014）通过对比多种定价方案后，提出了无套利定价的函数。二是关于数据资产的定价。刘琦等（2016）提出可以采用市场法对数据资产价值进行评估，即通过比较市场上相似资产的交易价格来对数据资产进行定价。李永红和李金骜（2017）主要研究了互联网企业的数据资产，并提出对其进行估价的三种方法：收益法、成本法和市场法。左文进和刘丽君（2019）基于 Shapley 值法和破产分配法尝试对大数据资产进行估价。

关于个人数据的定价研究。P. 丹德卡尔和 N. 法瓦兹（Dandekar P and Fawaz N et al., 2011）对私人数据市场进行研究时，发现个人隐私数据拍卖的特殊性，进而设计了一种固定预算下的拍卖机制。C. 里德尔和 V. 埃拉米利（Riederer C and Erramilli V et al., 2011）提出了一种被称为"交易性隐私"的机制，这种机制可以让用户拥有更多的决策权。N. 简茨（Jentzsch N, 2014）证明了逆向价值评估拍卖（reverse-valuation auction, RVA）机制不能获取个人隐私敏感数据的价值。

四、固定资本形成核算的国际经验

既有文献中关于数据资产测算的研究文献甚少，鉴于数据生产本质上是知识生产，且数据资产与 IPPs 的特征非常类似，因此本书借鉴 IPPs 的核算方法测算数据的固定资本形成。

《知识产权产品资本测度手册》（OECD，2010）为 IPPs 的固定资本形成总额核算提供了指导性思路。从核算方法上看，估计 IPPs 固定资本形成总额的理论方法主要包括需求法和供给法。需求法是通过调查各部门对知识产权产品的投资需求来进行核算，在具体调查过程中需要区分两类不同的 IPPs 资产——企业为自身使用而购买的 IPPs 和为最终用途而生产的 IPPs，因为这两类资产的成本计算方法存在差异。供给法则采取另一种思路，先估算 IPPs 的总供给量（包括国内产出和进口部分），然后根据经济用途进行分配，最后通过供给与使用之间的平衡关系推导出固定资本形成的数值（OECD，2010；朱发仓和苏为华，2016；李晶，2015）。

本书对数据资产的固定资本形成进行核算时，借鉴《知识产权产品资本测度手册》（OECD，2010）提供的关于核算 IPPs 的方法，采用供需平衡的恒等式求得数据资产的固定资本形成。

五、资本存量的估计方法研究

资本存量的核算涉及价格指数、资本服务寿命和退役函数的估计。以 IPPs 中方法论最成熟的 R&D 资本存量核算为例，R&D 投入价格指数可通过问卷调查法和替代指标法编制，其中，问卷调查法是通过发放问卷的形式，调查企业和科研机构对 R&D 活动价格上涨的看法，以此编制价格指数；替代指标法是指从 R&D 投入的角度，寻找 R&D 内部支出各构成部分的替代指数，再以其占比为权重加权合成总指数，因此也可称为总成本法。资本服务寿命和退役函数是影响资本存量核算结果的重要因素。资本服务寿命是指一项资产在生产过程中能为其经济所有者带来收益的时间长短。

加拿大统计局（2019a）为揭示数据价值生成路径，提出了"信息价值链"的概念，并阐明了信息价值链的各组成部分是否包含在国民经济生产范围内。对于包含在国民经济生产范围内的数据（data）、数据库（databases）和数据科学（data science），加拿大统计局（2019a）识别了与之相关的职业类别，统计了这些职业的从业人员的工资收入，并按一定比例将其分摊至数据、数据库和数据科学的资本投入当中。加拿大统计局（2019a）在估计数据资本存量时，采用永续盘存法，假设数据的使用寿命为 25 年，数据库的使用寿命为 5 年，数据科学的使用寿命为 6 年，并采用几何折旧函数。对于价格指数的测算，加拿大统计局（2019a）采用了以下假设：各职业分类的投入价格变动与其劳动报酬率变化成正比；随生产率的增长每年将价格指数下调1%。本书主要借鉴该核算方法，对中国自给性数据资产的投入成本和资本存量进行测算。

综上所述，关于数据基本概念的研究相对较多，现有文献从不同角度划分了数据类别并总结了不同类型数据的特征，主要强调数据存在的形式、包含的内容以及数据的作用。现有研究对数据的定义较为片面，基本只是从某一个视角切入，暂时没有权威统一的定义。对于数据产品的研究，现有文献主要基于企业层面对其作用进行阐述，尚无统一的数据产品定义，但是现有研究均认为数据产品是一种有利于指导决策的产品。随着数据成为国家战略资源，关于数据资产的研究逐渐增多，现有研究均认为数据资产是一种可以产生价值的资产。本书基于数据作为新型生产要素的经济现实，针对现阶段研究中数据、数据产品与数据资产三者关系尚未深入探讨的状况，提出需要系统考察数据从原始形态到经济价值的转化路径：首先要追溯数据的来源和应用场景，完整呈现其参与经济活动的全过程；其次要分析原始数据如何经过加工转化为支持决策的数据产品；最后研究这些数据产品如何演化为能够产生经济效益的数据资产。通过构建数据—数据产品—数据资产积累和使用的统计核算链条，为建立包含"投入—产出—资本形成—流量—存量"等环节的完整数据资产核算体系提供理论基础。当然，这会对现有国民经济核算体系产生重大影响，特别是生产账户、积累账户和收入账户的构成。

第十一章 数据的相关概念界定

第一节 数据基础概论

一、案例分析

在讨论数据的定义以及如何衡量数据的经济价值之前，本书首先通过几个典型案例来说明数据的不同经济用途。

典例 1：数据租售案例

在数字经济时代，用户生成内容已成为平台企业的核心资产之一。作为国内电商巨头，京东通过其数据服务平台"万象"向第三方商家及企业客户提供付费 API 接口，使其能够批量获取商品历史评论数据，包括评分、评论文本、时间戳等结构化信息。

京东售卖用户评论数据的行为，充分证明了用户评论数据具有显著的商业价值，能够支撑起特定的商业模式。尽管这种商业模式存在明显的局限性（一是由于数据获取门槛较低，容易被复制；二是由于缺乏用户性别、年龄等关键信息，难以进行更深层次的商业分析，因而难以持续发展），但是这种现象依然传递出一个重要信号，即经过收集、整理、分析等标准化处理后的数据是有价值的，甚至可能成为某些行业维持市场竞争优势的战略资源。

贵阳大数据交易所将中国大数据市场细分为数据源市场、大数据硬件层市场、大数据技术层市场、大数据应用层市场、大数据交易层市场和大数据衍生层市场。其发布的《2016 年中国大数据交易产业白皮书》显示，2015 年，我国数据源市场规模同比增长 47% 左右，整体规模达 152.31 亿元，这是数据价值最直观的体现。[①] 但是在现代经济中，数据的使用在很大程度上是没有定价

[①] 贵阳大数据交易所.2016 年中国大数据交易产业白皮书[R]. 中国贵阳：数博会组委会，2016.

的，比如典例2的数据。

典例2：某个小企业经理的访谈记录

通过对某个小企业的经理进行访谈发现，企业经理主要使用标准的小型企业软件保存财务和人力资源信息。每个工作日，企业经理都将销售和费用明细记录在业务数据库中，并收集和存储供应商和员工的相关信息。在某些情况下，企业经理还会记录客户的信息，包括客户的姓名、地址、电话号码和电子邮件地址等。企业经理将企业在银行的流水信息也储存在了数据库中以供需要时参考。该数据库被加密，并定期在异地自动备份。

尽管所有这些数据都是可用的，但过去并不存在有效捕获这些数据并以数字形式存储的技术，因此企业无法有效利用这些数据来改进其业务。现在，企业使用这些数据来编制各种月度、年度和历史报告，并以半自动化的方式管理账单、订单、收付和营销。除此以外，企业经理会定期研究这些报告，以获得知识，并寻找机会增加销量，降低成本，提高效率。企业经理还基于企业商业数据，使用软件完成了年度收入、销售额的统计和财产税的申报。

这些数据对企业的运营来说是至关重要的，然而，当这位经理编制企业年度资产负债表时只把汽车、电脑和其他设备、家具、存货和金融资产列为资产，并不包括这些数据。当被问及这些数据的价值时，企业经理指出，与资产负债表上的其他资产不同，这些数据的价值难以计量，如果出售这家公司，其总价值将远高于资产负债表上扣除负债后的总资产价值，这种差异在一定程度上可归因于数据为新所有者带来的隐含价值。当被问及企业存储数据和维护数据库的费用时，她仍然无法说出其成本的具体数额，因为这些成本没有被计量，而是隐含在数据相关活动所涉及的劳动力、资本等投入的成本中。

二、易混概念辨析

现实生活中，数据常与信息、知识等概念混淆。虽然数据、信息和知识三个词语有时可以互换使用，但它们是不同的概念（Pigni F et al., 2016）。M. 泽莱尼（Zeleny M, 1987）和 R. L. 阿科夫（Ackoff R L, 1989）提出了一个将数据转换为智慧的概念化层次模型（data-to-information-to-knowledge-to-wisdom model，简称 DIKW 模型），该模型可以帮助我们很好地理解数据（data）、信息（information）和知识（knowledge）之间的关系。

DIKW 模型包括数据、信息、知识和智慧四个层次。数据来自原始事实，可通过原始观察或度量来获得，其仅代表数据本身，不包含任何潜在的意义，位于层次模型的最底层。例如，移动服务台某个月收集到 6 000 个故障单，这些故障单仅代表数据存在，并不能表示其他含义。通过某种方式组织和处理数据，分析数据间的关系，数据就有了意义，这就是信息。信息通常可以回答"谁""什么""哪里"和"什么时候"等问题。例如：哪些客户遇到了问题？遇到了哪些问题？是简单的问题咨询还是网络故障，抑或是 ERP 系统故障？再高一个层次是知识，知识是对信息的应用，是对信息进行判断和确认的过程，这一过程结合了先前的经验和当下的理解，从信息中过滤、提炼、加工得到有用的资料。知识可以回答"如何"的问题。例如，基于前面的信息，我们可以得知谁遇到了什么问题，那么结合先前的经验，我们就可以分析得出故障处理的优先级、故障对业务的影响、如何处理故障。智慧被放在概念层级的顶端，与前面几个阶段不同，智慧关注的是未来，旨在理解过去未曾理解的东西和过去未做过的事，它与人的能力有关，而不是与系统有关。智慧可以回答"为什么"的问题。例如，针对前面故障对业务的影响，可以制订一个有针对性的方案以达到减少故障单或快速修理故障的目的。DIKW 模型中，高层次的发展取决于低层次的进步，例如智慧不能脱离知识的积累。

数据金字塔是 DIKW 层次结构的变体，最初由 H. 瓦里安（Varian H, 2019）提出，其结构如图 11-1 所示。在数据金字塔中，数据先以比特即二进制的形式被收集和存储，然后经分析形成存储在文档中的信息，再通过对信息的学习即可形成知识，而知识可以存储在人体内，进而，人们就可以利用所获得的知识采取相应行动，从而实现优化决策等目的。该结构中的数据指未经处理的原始观测记录、事实参数及基础度量值等。

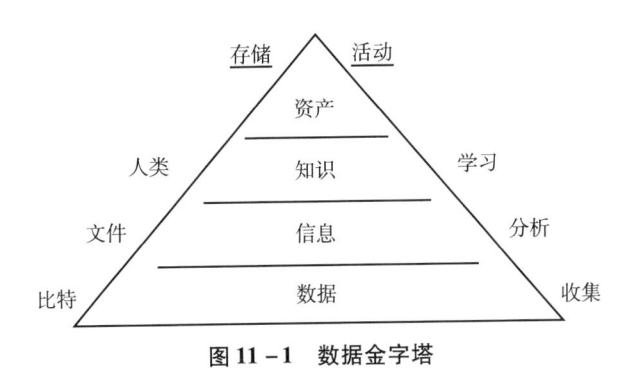

图 11-1 数据金字塔

三、数据的定义

结合已有文献，本书将数据定义为可存储、可传输和可处理的数字化观察结果，可用于信息提取。本书对数据的定义包含两个关键信息。

第一，本书关注的数据是已经转换为数字形式的数据，所谓的数字形式的数据就是电子化数据。尽管有学者认为数据的价值在于其蕴含的知识或信息的内在价值，与数据是否为电子数据无关（Ahmad N and Ven P，2018），但是也有学者认为，为了支持规模化商业应用，数据必须是电子化的（王汉生，2019）。本书把研究的范围限定于电子数据的原因在于，随着信息技术的发展，电子类的图书、杂志逐渐取代印刷版出版物，成为我们获取知识的主要载体。此外，数据要在经济社会中发挥价值，就要经历收集、存储、预处理、建模分析和可视化等一系列操作，最后形成知识，甚至是智慧。就如前文所举的例子，京东卖的评论数据是电子数据，小企业的数据也是以电子形式存储在数据库中，但是这并不意味着非电子化数据没有用，只是从实际应用来看，非电子数据要想发挥其价值，通常需要先电子化。这样，数据分析才能超越个人经验的局限，得到更客观的结论。

第二，本书对数据的定义强调数据是观察的结果，这意味着并不是所有的数字化内容都是数据。例如一首已经被转换为数字格式（或是以数字格式录制）的歌曲仍然是一首歌曲，它不会因为其数字化形式而被重新定义为数据。本书提出的定义将数据限制在那些观察数据中，如天气数据、朋友圈点"赞"次数、篮球运动员在比赛中的进球数等。这些数据经某人或某物转换成数字形式，因此可以在某个时点对其进行存储、检索和操作。

第二节　数据的经济所有权

随着互联网技术的普及，数据的传输和流通变得更加便利，数据的使用及应用场景也更加丰富。但有时候，数据可能只由一个主体独自使用。比如，某企业统计其产品销售数据，并配备专门的人员对历年数据进行分析，预测未来销售趋势，然后根据预测结果调整生产计划。在这种情况下，参与数据收集、分析等过程的主体只有企业本身，因此这些数据的所有权毫无疑问归该企业所有。然而，在大多数情况下，受知识、技能或设备等的限制，单个主体并不能完全实现数据的价值。这时数据价值的实现需要有多个主体参与。在多个主体的参与下，数据的价值逐步得到提升，最终实现数据价值的最大化。在此情景下，由于数据被存储在不同参与主体的数据库中，且相关法律法规也未对数据所有权做出明确规定，这使得数据所有权的界定变得复杂。由于数据背后隐藏了巨大的商业价值，拥有数据的主体将在未来的竞争中占据优势，因此人们对如何明确数据所有权的问题十分重视。

对数据的所有权进行分析时，首先要明确所有权的概念及含义。所有权是指"所有人依法对自己财产所享有的占有、使用、收益和处分的权利"，它可以分为法定所有权和经济所有权两种。由SNA2008的第3.21段和3.26段可知，实体（如货物服务、自然资源、金融资产和负债等）的法定所有者是指依法享有该实体经济利益的具有法律资格的机构单位，那么此单位相应享有该实体的法定所有权。而实体的经济所有者则指承担相关风险、享有该实体所带来的经济利益的机构单位，相应地，此单位享有该实体的经济所有权。在大部分情况下，实体的法定所有者和经济所有者是同一个机构单位，但某些情况下，法定所有者和经济所有者可能是不一致的，例如SNA2008在第2.47段明确指出，一个法定所有者可能会与其他单位签订协议，同意其他单位可以在生产中使用法定所有者所拥有的资产，承担由此带来的风险，并享有相应的经济收益，那么后者将是该资产的经济所有者，相应资产的经济所有权也从前者转移到后者。

关于数据的所有权问题，学者们看法不一，主要分为两种观点。一种观点是数据所有权的归属应视数据的具体类型而定。李锦华（2019）从个人数据的角度指出原始数据的所有权应归属于生产数据的主体即用户个人，而进行脱敏等操作的加工数据的所有权应归属于收集这些数据的企业或政府。吕凡（2018）则将数据分为自然人、法人或政府等个体在日常活动中产生的个体数据和由个体数据整理汇集所形成的整体数据，认为个体数据的所有权属于个体，而整体数据的所有权则属于整体数据的收集处理者。另一种观点是个人数据的所有权归个人所有。陈乐诗（2020）认为如果没有个人数据作为原材料，企业便无法对该数据进行加工处理，也无法利用加工后的数据实现收益，因此个人应拥有个人数据的所有权。申卫星（2020）则认为数据的所有权归属于数据的生产者，但数据的用益权即数据的使用权和收益权属于数据采集企业，企业通过数据所有者授权或交易等方式获得数据的用益权。可见，学者们主要是从个人数据的角度对数据的所有权进行分析，但在整个经济社会中，不仅包含个人，企业、政府等机构也会产生相应的数据，显然仅对个人数据的所有权进行分析不够全面。

因此，应结合国内外研究经验，在数据分类的基础上，对数据的所有权进行分析。但是，由于法律上并没有对数据所有权进行规定，且在SNA2008中，所有权一般指经济所有权，因此这部分主要对数据的经济所有权归属问题进行了讨论。数据的经济所有权问题实际上就是数据归谁所有的问题，要明确数据的经济所有权，首先需要了解数据是如何产生的，其产生主体是谁。世界经济论坛（World Economic Forum，2011）、OECD（2013）、美国经济分析局的拉塞尔等（Rassier et al.，2019）将数据分为个人数据和机构数据两大类，其中机构数据又可以分为企业数据、政府数据和非营利机构数据三个小类（见表11-1）。但在这种分类中，机构数据和个人数据会存在交叉的情况，如机构数据中的人事档案、客户名单、统计调查数据等均会涉及个人数据。参考国外经验，本书认为，根据数据产生主体的不同，可以先将数据分为个人数据和机构数据两类，然后再在不同分类下对数据的经济所有权进行分析。

表11-1　　　　　　　　　　　　　　数据的分类

个人数据	机构数据		
	企业	政府	非营利组织
用户生成数据	人事档案	人事档案、会计记录	人事档案
活动或行为数据	会计记录	法律文件、财务文件	会计记录
社交数据	法律文件	情报记录、外交电报	法律文件
位置数据	财务文件	国防档案、统计调查数据	财务文件
人口结构数据	客户名单	监管记录、行政记录	社会政策计划
官方识别数据	传感器传输数据	监控技术数据	公共政策项目

资料来源：根据世界经济论坛（World Economic Forum，2011）、OECD（2013）、拉塞尔等（Rassier et al.，2019）等资料整理。

一、个人数据的经济所有权

如表11-1所示，个人数据主要包括用户生成的数据，如个人所拍的照片、录的视频等；活动数据，如个人在平台上购买东西所产生的在线购物数据；位置数据，如住宅地址；社交数据；人口结构数据，如年龄、收入等；官方性质数据，如健康信息等。这些数据由个人产生，与个人有着密切的联系，且未经其他个人或机构进行加工处理，个人对这部分数据享有完全的占有、使用、收益、处分的权利。毫无疑问，这些原始个人数据的经济所有权属于个人。但由于个人往往无法获取数据使用者的需求，也不具备挖掘数据价值所必备的专业技能和机器设备，因此，虽然个人拥有原始个人数据的经济所有权，但并不能充分利用数据获取更大的收益。

个人数据一旦被某些机构收集，大量的个人数据便被存储在这些机构的数据库中。根据《中华人民共和国网络安全法》第四十一条，未经被收集者同意，网络运营者不得收集、使用个人信息，由此可知，若未经个人同意，被存储在机构数据库中的个人数据的所有权仍归属于个人。机构收集个人数据的目的是获取更大的收益，一旦经被收集者同意，机构一般会整理这些数据，并对其进行脱敏和分析，如此一来，这部分个人数据就失去了与个人的联系（吕凡，2018）。由《中华人民共和国网络安全法》第四十二条可知，无法识别数据所属且不能复原的加工数据可以进行交易。此外，机构在处理这些数据时承担了无法获取相应回报的风险，也付出了相应的劳力和物力，因此，加工后的数据属于机构劳动成果，机构应该享有由这部分加工数据带来的利益。所以，本书认为收集这些个人数据的机构拥有加工个人数据的经济所有权。

二、机构数据的经济所有权

由于机构（包括企业、政府及其他组织）数据与个人数据存在交叉，因此需要对机构数据进行进一步的讨论。本书认为可以将机构数据分为内部数据和外部数据两种，内部数据指机构自身运行或机构进行各类活动所产生的数据，外部数据指机构收集获取的个人或其他机构的数据。

（一）企业数据的经济所有权

对于企业来说，企业内部数据由企业自身产生，具有明显的企业特征，且企业有权使用、处理其内部数据，比如通过出售内部数据获取收益等。因此，企业享有其内部数据的经济所有权。企业外部数据是企业所收集的个人数据或其他单位的数据，李静萍（2020）简要分析了企业通过统计调查、免费数字服务交换和非法交易三种外部方式获取的数据的经济所有权，认为通过这三种方式收集到的数据的经济所有者为数据收集者。参考已有文献，本书通过以下四种情境详细分析企业从外部获取到的数据的经济所有权问题。

第一种情境：企业外购数据的经济所有权。与一般商品相同，外购数据的所有权转移到了购买数据的企业手中，购买数据的企业有权对这些数据进行加工处理，或利用这些数据获取收益，即购买数据的企业拥有此类数据的经济所有权。

第二种情境：企业调查数据的经济所有权。在进行统计调查时，企业会征得被访者的同意，采取匿名调查的方式保护被访者的个人信息或向被访者声明不会对外提供或泄露被访者的个人身份信息。在被访者允许的情况下，企业能够控制和使用统计调查所收集到的数据，也会通过去隐私化等方式处理，进一步使用这些数据进而获得收益。因此，虽然被访者是这些数据的产生主体，拥有这些数据的法定所有权，但通过授权的方式，企业最终成为实际上拥有这些数据经济所有权的单位。

第三种情境：授权数据的经济所有权。即通过协议，个人或机构将其数据的经济所有权授予其他主体。与个人或其他企业签订授权协议进而收集信息的企业往往是一些互联网企业，他们通过免费的数字服务换取用户数据的使用权和收益权，因此这些企业拥有用户数据的经济所有权。以京东为例，用户在使用其平台前需同意"京东隐私政策"。该协议明确规定，在匿名化处理的前提下，京东可对用户数据进行分析并商业化利用。也就是说，用户在使用京东平台时就已经同意京东平台收集和使用其数据。根据协议，京东在使用用户数据前会对该数据进行去隐私化处理，对于这些处理后的数据，京东拥有实际控制权，因此可以利用该数据为企业赢得利益。实际上，京东认可用户数据的法定所有权属于用户个人，但其通过授权的方式，将去隐私化的用户数据的经济所有权转移到京东。

第四种情境：网络采集数据的经济所有权。本书认为通过网络爬虫所获得的个人或企业的数据的法定所有权属于个人或企业。网络爬虫获得的数据被存储在爬虫机构的数据库中，该机构可以利用爬虫所得的数据来获取收益。但《中华人民共和国数据安全法》第三十二条明确规定不得以窃取或其他方式获取数据，开展此类活动的企业将依法受到处罚，因此通过网络爬取数据被视为违法行为。但由于 SNA 定义的核算范围包括非法交易，因此网络爬虫企业依然拥有爬虫数据的经济所有权。

综上，企业数据中涉及个人和其他机构原始数据的法定所有权仍属于个人或其他机构，而企业内部数据和企业通过调查、购买等方式所获得的、经过去隐私化处理的、无法识别个人信息的企业外部数据的经济所有权则属于企业。企业外部数据的经济所有权归属情况如图 11 – 2 所示。

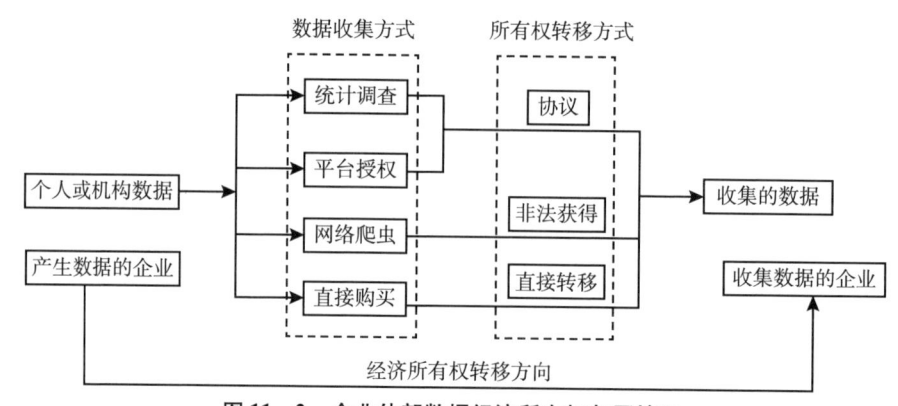

图 11 – 2　企业外部数据经济所有权归属情况

（二）政府和非营利组织数据的经济所有权

对于政府来说，与企业类似，政府内部数据的所有权属于政府。但政府外部数据与企业外部数据的内涵有所不同，企业收集外部数据是为了获取更大的价值，而政府收集外部数据的目的往往是公共利益。比如政府进行经济普查所获取的数据，在收集时明确表明，不得对外提供、泄露普查所取得的个人和单位身份的数据，不得将其用于普查之外的目的。因此，外部数据对政府来说是一种公共数据，其实际控制权归政府所有，政府使用这些数据能为人们提供更好的服务。因此政府数据的经济所有权属于政府。非营利组织的数据与政府数据相似，其经济所有权属于非营利组织。

综上所述，个人原始数据的经济所有权归个人所有。企业内部数据和去隐私化处理的、无法识别个人信息的外部数据的经济所有权则掌握在企业手中。对于政府部门和非营利机构而言，其数据的经济所有权归属于政府和非营利机构本身。

第三节 数据价值链

一、数据价值链的构成

在明确数据定义的基础上，本书参考加拿大统计局（2009a）提出的数据价值链框架，探讨数据在价值链中的价值转化路径。该数据价值链包括四个层级：观察、数据、数据库和数据科学。

数据价值链的第一层是观察。观察结果可以是今日的气温，可以是昨日的收入等。观察往往是转瞬即逝和无形的，观察不一定要被人类感知，换言之，即使没有人在观察，温度也依然在变化。虽然大量独立发生的事件互不关联且未被记录，但从宏观角度看，这些事件的观察结果仍能呈现人类活动的整体图景。

数据价值链的第二层是数据。由于各种原因，人们可能会选择记录观察结果。在数字技术出现之前，这些观察结果常常被记录在书籍和分类账簿中。这主要是为了保存活动的历史记录，或是需要进行后续分析以执行任务。如今，铅笔和纸已经逐渐被键盘、传感器和电子存储设备取代，所以观察结果更多地以数字形式呈现。这就是数据价值链的第二层，观察被转换为数字形式，形成数据。要获得数据，必须有人先确定哪些信息需要被记录下来，并建立相应的采集和存储系统来收集和保存这些观测数据。这种记录行为本身就意味着有人在从事某项活动，而当这种活动是出于经济动机或为了经济目的而进行时，按照国民经济核算体系的标准，就应该被认定为生产活动。换言之，在这种情况下，可以得出一个强有力的论点，即数据是生产出来的。数据获取过程包含两个必要环节，首先需要明确定义观测对象的记录需求，其次需要构建相应的数据采集与存储系统。这种记录行为本质上反映了特定主体的经济活动，当该活动以经济目的为导向时，根据 SNA2008 的标准，应将其界定为生产行为。由此可以论证，在此类情境下，数据本质上是生产活动创造的经济产品。

数据价值链的第三层是数据库。对原始数据进行系统性整理和结构化处理能够提升数据在整个价值链条中的经济效用。SNA2008 中关于数据库的定义和解释为数据库是指以某种允许高效访问和使用数据的方式组织起来的数据文件。数据库的开发可能是为自己专门使用，或是为了整体销售，或是为了以许可证形式销售——有了许可才可以访问数据库所包含的信息。能否将自己使用的数据库、购买的数据库或购买的数据库访问许可证作为资产，需要应用各种标准或条件加以判断（SNA2008）。数据和数据库有明显区别，数据是已转换为数字形式的观察值，它们可以被认为是原材料或尚未结构化且不易解释的信息字节。而数据库是一种结构化的数据管理系统，用户可通过简单指令查找或修改数据。数据和数据库最根本的区别在于，数据需要经过"规范化加工"才能变成数据库。数据是离散的原始观察值（如单个 IP 地址或性别代码），而数据库则是通过结构化规则（如编码分类、表关系）来整合这些数据。例如，企业可能会记录访问其网站的 IP 地址，这些 IP 地址本是分散的数据点，但如果企业将这些数据点存入数据库，便可对其进行系统化检索和分析。需注意的是，尽管大多数情况下数据生成（如记录 IP）和数据库构建（如将 IP 存入表格）通常同步完成，但在本书中，它们被视为独立的活动以简化分析。

数据价值链的第四层是数据科学。这一层是指通过分析海量数据并从中提取新见解或新知识的阶段，主要有三个特点：一是只有当数据达到一定规模时，才能发现个体数据不具备的规律；二是数据科学是一种系统的方法，包含数据管理、算法挖掘、成果交付等流程；三是数据科学符合 SNA2008 对"研发"的定义。SNA2008 认为研究和开发是为了增加知识储备（包括有关人类、文化和社会的知识）并利用这种知识储备开发新的应用（SNA2008）。

数据价值链的概念可以用一个体育行业的案例来说明。国家队每年有许多大大小小的篮球比赛，在这些比赛中，人们可以观察得到球员投篮次数、球员点球次数和球员犯规次数等信息，这些观察结果即数据价值链的第一层——观察层。国家队的教练观察并根据观察结果评估不同球员的表现,然后制定战略,使他们能够在即将举行的比赛中获得优势。这些记录下来的观察结果即数据价值链的第二层——数据层。随后记录员将数据输入一个数据库,该数据库包括球员所有的比赛记录,这里的数据库即为数据价值链的第三层——数据库。接着,研究团队聘请数据科学家分析球员比赛数据,找出最优战术组合,如让哪个球员克制对手、采用哪种阵型最有效等。这些分析结果会成为球队的知识资产,并帮助教练制定有针对性的策略,提高球队未来比赛的胜率。这个阶段属于数据价值链的第四层——数据科学。

二、数据价值链的性质

在数据价值链中,核心问题是要明确每个环节是否具有生产属性,也就是判断哪些环节属于"生产活动",哪些环节不属于。这个区分至关重要,因为它直接影响哪些部分应该计入GDP及哪些部分不应该被纳入GDP核算。

SNA2008已经明确了数据库和数据科学是否应计入GDP的问题。数据库被视为生产资产,但由于实际操作中难以将其与数据库管理软件严格区分,因此数据库的价值通常和配套软件的价值合并统计。同时,SNA2008将"研究与发展"定义为通过增加知识储备并运用这些知识创造新应用的活动,而数据科学属于这一范畴,在CSNA2016中被归类为"知识产权产品"下的生产资产。尽管中国核算体系在理论上包含了这类资产,但用于测算数据科学活动的数据系统仍需进一步评估和完善。

虽然SNA2008明确指出研究与开发和数据库都是生产性资产,但SNA2008对数据价值链的其他部分并未提及。因此,各国没有记录本书所定义的观察结果和数据。SNA2008认为,由于不存在观察结果和数据的生产过程,因此他们不属于经济生产范围,他们的增加不会对国内生产总值或国民财富等经济活动指标产生影响。鉴于使用观察结果和数据的方式不同,重新审查这一指导意见尤为重要。

观察结果就如同空气、树木、矿产等自然资源,是人类行为和环境变化的直接产物。在某些情况下,有人可能会说观察结果是生产出来的,例如,某人记录他人骑自行车的行为——这种观察本身需要付出劳动,如专注力和时间。人们在生活中无处不依赖观察,如观察上班时间、通勤人流量、台风强度等,这些观察结果可以指导人们的日常决策,并通过社交互动传递。尽管许多观察属于"主动行为",但大多数情况下,观察并非出于经济目的。因此,本书将观察归类为"非生产性"活动，但这并非否定其价值，而是指它们不符合国民经济核算中"生产"的定义标准。

数据是已被转换成数字形式的观察结果，可以存储、传输或处理，并从中提取知识。那么数据是生产的吗？关于这个问题的答案，数据的属性提供了一些"线索"。首先，将观察结果转换为字节数据需要经历测量、记录、格式转换等一系列步骤。有时，该过程可能没有成本或具有较低的边际成本，例如当使用传感器生成数据时（如在传感器读取空气质量时），这些过程通常不需要"人工输入"。不管采用何种方式，观察结果都会发生某种转变，通过这种转变，观察结果将从非数字状态转变为数字状态。其次，企业和政府投入资金、技术、人力等资源对数据进行保护，如数据加密、数据访问控制和数据备份等。这一行为本身就表明，数据是被"拥有"的——要么有明确的所有者，要么存在专门的保管人，如数据中心管理员。而这种"所有权"特征恰恰印证了数据的"生产性"本质，即只有被人类劳动创造或加工过的资源，才需要并值得被如此严密地保护。最后，越来越多的企业将数据作为主要或次要产出进行销售。数据是一种产品，为了销售数据，人们必须先生产数据。可以用空气作类比，地球上的生物所呼吸的大部分空气都不是生产出来的，也没有市场价值。但潜水者在潜水时需要充足的空气，因此，有公司将空气压缩到水罐中卖给潜水者，所以，即使大部分空气不是生产出来的，但不可否认某些空气是生产出来的。这同样适用于观察结果，虽然观察结果不是生产出来的，但当它们被数字化并进行出售时，就产生了数据。尽管生产数据的成本可能很低，或边际成本为零，但现实中仍存在独立的数据交易市场。

综上所述，本书认为数据具有"生产性"特征，因为数据的产生并非自然形成的过程，而是必须通过人类有目的、有意识的主动创造行为才能实现，这符合生产活动的基本属性。

第四节　数据生产活动

"数据价值链"本质上是一种理论框架，用于系统化理解数据如何创造经济价值。而这一抽象概念在实际应用中表现为一个完整的价值实现过程——从原始数据采集到数据科学应用的全链条。本书将这一过程定义为"数据生产活动"，其核心特征是以社会经济活动中产生的各类数据作为劳动对象（类似传统生产中原材料被加工），通过人类劳动和技术投入，逐步提升数据的经济价值。数据生产活动具体包括数据采集、数据预处理、数据存储、数据分析以及数据应用。

一、数据生产过程分析

（一）数据采集

数据生产活动的起点是数据采集，在这个阶段，大量原始数据被汇集并传输到数据收集机构。数据采集的具体实施方式包括但不限于：通过电子支付系统、联网智能设备实时抓取数据；将官方发布的非数字化材料转化为结构化数据；通过发放问卷获取信息。需要注意的是，需要将在统计调查中收集到的纸质问卷进行数字化处理，即将问卷中所包含的信息以二进制的形式输入到电脑中，这主要是因为本书所定义的数据是数字化的数据，只有数字化的数据才便于对其进行后续的加工处理。这种采集过程天然存在"数据生产者"与"数据采集者"的角色分离。例如在问卷调查中，原始数据生产者是指填写问卷的被调查者（创造原始信息），数据采集者是指调研机构（负责信息收集与数字化），这种分离特征在关于数据权属的讨论中已初步揭示。

数据采集的过程中会从各种来源获得原始数据，这些数据通常杂乱无章且形式多样，包括规整的数据库表格、半结构化的 XML 文件以及非结构化的文本或图像等。这些数据会被存储在数据中心的硬盘或云端中，虽然现代存储技术使保存更加便利，但此时的数据价值密度较低，难以直接提取有用信息。因此，这些原始数据必须经过后续加工处理才能转化为真正有用的信息。

（二）数据预处理

在数据采集阶段收集了大量数字化的原始数据，但这些数据的质量参差不齐，格式也多种多样，因此无法直接对这些数据进行分析。而数据预处理阶段的任务就是对这些大量的、杂乱的数据进行处理，将数据转化为适合进一步挖掘和分析的格式，具体包括数据脱敏、数据清洗、数据融合等过程，为后续数据分析奠定基础。由于《中华人民共和国网络安全法》第四十二条明确指出，网络运营者不得泄露其收集的个人信息，因此，在该阶段一般都会对数据进行去隐私化处理，以切断个人或单位与数据之间的联系，防止在后续的处理分析中出现个人信息被泄露的情况。

数据处理阶段是提升数据质量与可用性的关键环节。经过处理后的数据具备了支持深度分析与价值挖掘的基础条件，能够显著提升数据在价值链中的价值。根据各类应用场景的具体需求，数据处理技术主要可分为离线处理、实时处理、交互查询和实时检索四种典型模式。其中，离线处理方式主要面向海量数据的批量计算任务，其典型特征是需要占用大量计算和存储资源，但对处理时效性的容忍度较高。而实时处理模式则对响应速度有着极其严苛的要求，必须在短时间内完成高吞吐量的数据处理任务，因此对 CPU 运算能力和内存容量提出了更高的要求。交互查询技术主要解决跨平台、跨数据库的数据访问问题，通过特定的查询语句快速获取所需数据，并在较短时间内返回查询结果。实时检索则专注于对数据流进行即时操作和动态查询，强调在短时间内高效获取精准的检索结果。为满足不同数据处理场景和特定分析领域的专业需求，需要采用有针对性的分析模型，包括适用于统计计算的多维统计模型、专注于用户行为研究的行为分析模型、处理地理空间信息的空间分析模型等专业模型体系。值得注意的是，随着人工智能技术的突飞猛进，机器学习算法正日益深入地融入数据处理和分析的全流程，不仅大幅提升了分析结果的精确度和智能化程度，也显著优化了整体处理效率。

（三）数据存储

预处理后的数据需要进入存储环节，为应对日益增长的数据规模、复杂分析需求和实时处理要求，数据存储技术不断发展完善。在结构化数据存储方面，大规模并行数据库集群（MPPDB）技术实现了对海量结构化数据的高效存储与管理，不仅能够保证数据质量，还支持标准 SQL 查询和在线交易处理（OLTP）。针对半结构化和非结构化数据，HDFS 分布式文件系统提供了可靠的存储方案，为后续大数据分析奠定了基础。随着数据量的持续膨胀，分布式存储凭借其多节点协同工作的优势，在存储容量扩展和读写性能提升方面展现出独特性，已成为现阶段主流的存储解决方案。

（四）数据分析

数据分析是指运用统计学方法、机器学习算法等技术手段对经过预处理的数据集进行深入挖掘和解析的过程。在这一过程中，分析人员必须全面掌握数据的来源和业务场景，这样才能准确识别并处理可能存在的异常值或极端数据，避免这些因素对最终分析结论造成偏差。只有将数据本身与其产生的具体背景紧密结合，通过科学的分析方法进行系统研究，才能从中提炼出有价值的洞见和可靠的知识结论，为决策提供有力支撑。这种基于背景认知的数据分析过程既需要严谨的方法论指导，也离不开分析人员对业务实际的深刻理解。在数据分析阶段，针对不同需求方的目标差异，通常会对数据进行以下分析：一是描述性分析，通过统计指标、可视化图表等方式，系统呈现历史数据的特征与规律，帮助使用者清晰理解已发生的业务表现；二是预测性分析，即基于历史数据，预测未来的发展趋势，为经营决策提供依据；三是诊断性分析和指导性分析，即了解数据中存在的问题，确定最佳方案，从而解决问题。

需要注意的是，数据可视化在数据生产活动中具有非常重要的地位，在得到数据分析结果后，往往需要进一步采用可视化技术将分析结果直接展示出来，以便需求者理解和使用数据。数据可视化过程是将只有专业技术人员才能理解的数据分析结果转化为需求者所能理解的知识的过程。一般来说，数据分析的结果通常体现为两种形式——可视化分析报告或基于数据洞察的业务解决方案。

数据生产活动的前三个关键环节——数据采集、数据预处理和数据存储——既可以在同一机构内完成，也可能分散在不同单位分别实施。这种分工模式的形成主要在于不同环节对技术能力的要求显著不同，数据处理和数据分析这两个技术密集型阶段通常需要配备专业技术人员来执行复杂的计算和解析工作，而数据采集环节则对专业技术能力的要求相对较低，主要任务集中在基础性的数据收集上。这种技术门槛的梯度分布，使数据生产流程可以根据各单位的技术特长进行专业化分工，从而形成产业链式的协作模式。因此，当采集主体缺乏数据处理和分析能力时，可委托第三方机构对数据进行处理和分析。在这段委托关系中，受委托方严格按照委托方的要求处理数据，即提供数据处理服务，并不拥有数据的经济所有权，数据的经济所有权仍掌握在数据采集单位手中。

（五）数据应用

数据应用的实质是将经过处理分析的数据成果转化为实际生产力，其形式多样且不断发展。例如：通过数据可视化技术，将复杂数据转化为直观的图表和仪表盘，帮助用户快速掌握业务动态，为后续分析决策提供支持；基于标准化处理后的数据，按照市场规则开展数据交易活动，促进数据要素的市场化流通；将数据分析获得的洞见直接应用于管理决策，优化企业运营流程，提升经营效率。随着数字化转型的深入推进，数据应用场景正在不断丰富和创新，各行业都在积极探索数据驱动发展的新模式，持续释放数据要素的巨大潜能。

图11-3展示了数据生产活动的完整流程。结合前文对数据价值链的讨论可以看出，从最初的数据采集环节到最终的数据应用环节，整个数据生产活动的全过程都应被纳入国民经济生产核算的统计范围。

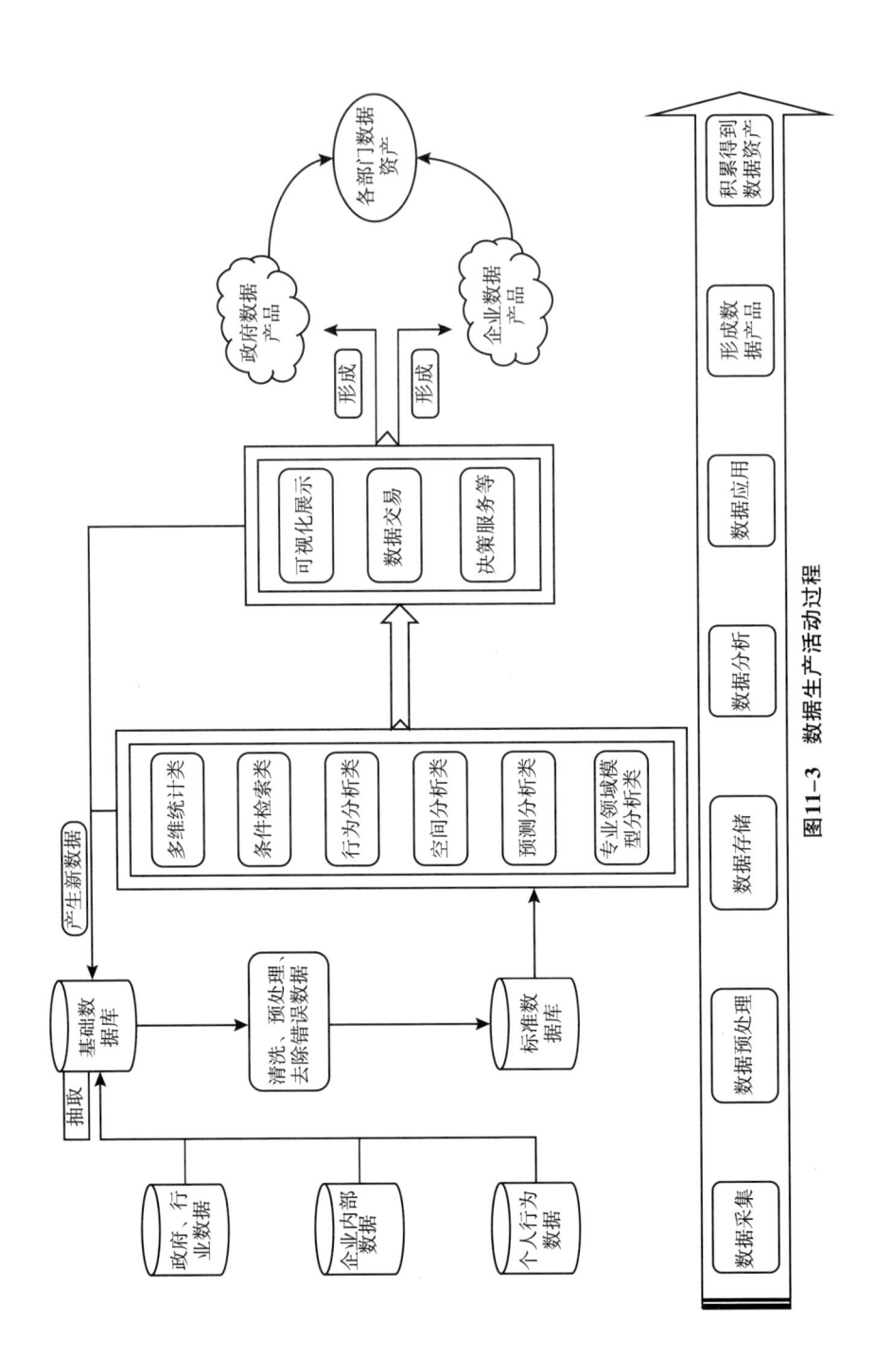

图11-3 数据生产活动过程

国家生猪大数据中心的建设就是一个可充分阐述数据生产活动过程的实例，该过程包括四个步骤。第一步，数据采集。基于生猪产业链（从饲料生产、养殖、屠宰到销售的全流程），系统梳理各环节涉及的猪业数据资源清单，明确需要采集的数据类型与范围。在合法合规的前提下，主要采用在线填报、手动导入（excel、word等格式文件）、数据共享、网络抓取等方式获取数据。第二步，进行数据加工处理。对不同格式、结构、类别、标识的数据进行处理，以便数据的后续利用。第三步，实现数据交换共享。在数据资源汇聚并加工处理完成后，建立不同部门数据交换共享的标准，实现生猪大数据中心和各部门、各单位之间的数据交换共享。第四步，进行数据分析与应用。利用数据建模、商业智能、OLAP等工具挖掘数据背后掩藏的业务逻辑，从数据层面给出对生猪产业更好发展的建议，同时也可以提供一些服务，如数据监测、分析、预警、预测等。生猪大数据中心的数据应用技术路线如图11-4所示。

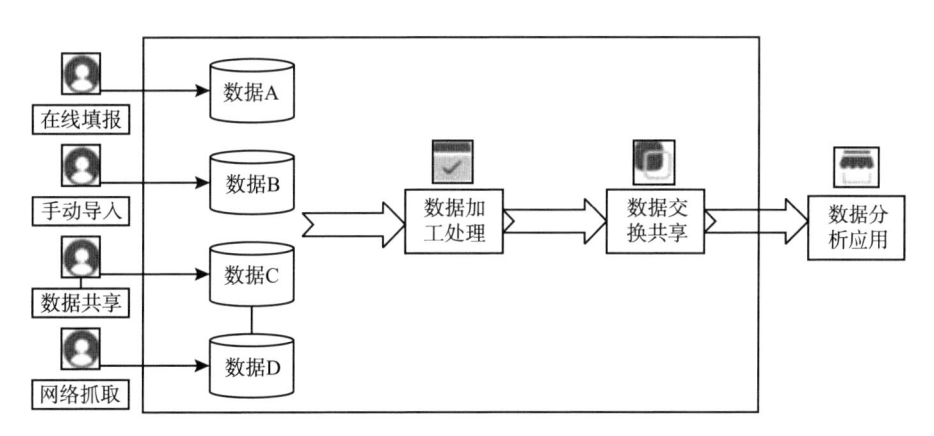

图11-4　生猪数据中心数据应用技术路线

二、数据生产活动的分类

在数据资产测算过程中，由于需要同时考量数据资产的生产核算和使用核算，因此必须按照生产和使用的不同特征进行分类测算。从生产目的角度划分，数据生产活动可以分为自给性生产和销售性生产两大类。就使用者类型而言，自给性生产的数据资产主要供市场生产者（企业等）和非市场生产者（政府等）使用，而销售性数据资产除了满足国内这两类使用者的需求外，还可以用于出口贸易。需要特别注意的是，根据SNA2008的规定，市场性生产和非市场性生产采用不同的核算方法，这意味着数据资产针对不同使用者的核算方式也存在差异。基于数据资产的生产目的和使用者类型这两个关键维度，我们可以对数据生产活动进行系统分类，具体分类情况见表11-2。

表11-2　　　　　　　　　　数据生产活动类型分类表

生产的性质	生产目的	使用者类型	数据生产活动类型
国内生产	自产自用	市场生产者	市场生产者自产自用（A）
		非市场生产者	非市场生产者自产自用（B）
	销售	市场生产者	市场生产者购买数据产品（C）
		非市场生产者	非市场生产者购买数据产品（D）
		出口	国内生产的数据产品用于出口（E）
进口	销售	市场生产者	市场生产者进口数据产品（F）
		非市场生产者	非市场生产者进口数据产品（G）

资料来源：United Nations. System of National Accounts 2008 [M]. New York：Department of Economic and Social Affairs，2009.

在数据生产活动的分类体系中，市场生产者主要指企业等营利性机构，而非市场生产者则包括高校、科研单位和政府部门等非营利性机构。根据生产目的不同，自给性生产指机构为自身使用而进行的数据生产，而销售性生产则是以市场交易为目的的数据生产。基于这两个维度，我们将数据生产活动划分为A-G共7种类型。其中，A类为市场生产者使用自有的数据产品进行生产，比如，沃尔玛通过分析自有的销售数据来优化供应链和定价模型。B类为非市场生产者使用自有的数据产品进行生产，比如国内高校使用学生数据库开展调研活动，进而优化学生管理工作。C类为市场生产者购买其他部门的数据产品进行生产，比如某企业购买其他企业某一项目的调研数据，从而优化本企业的销售策略。D类为非市场生产者购买其他部门的数据产品进行生产，比如政府部门购买某企业的调研数据，从而制定更完善的政策。E类为国内生产的数据产品被出口到国外辅助生产，比如国外某企业购买国内某企业的消费者数据用于新产品研发。F类为市场生产者使用进口的数据产品进行生产，比如国内某企业从国外购买某平台收集的数据用于企业研发。G类为非市场生产者使用购买的进口数据产品进行生产，比如国内某高校购买国外某研究机构的数据产品来辅助自己的研究。

第五节 数 据 产 品

一、数据产品的定义、分类与特征

数据产品作为一种新型的生产成果,其本质是通过系统化的数据生产活动将原始数据转化为具有使用价值的产品形态。结合现有文献研究,本书将数据产品明确定义为以数据为核心原材料,经过专业加工处理后形成的、能够满足特定主体需求的商品或服务。更具体地说,数据产品是开发人员通过研究、开发和创新活动,以数据为基础投入所创造的具有经济价值的信息产品。数据产品的所有者既可以通过直接销售这些信息产品获取收益,也可以将其应用于自身生产活动来解决具体问题并创造价值,这种价值既包括货币形式的直接收益,也包含其他非货币形态的间接收益。典型的例子如 Gmail 的垃圾邮件过滤功能,该服务通过分析邮件内容,结合开发人员的研究成果实现邮件的自动分类,充分展现了数据产品的价值创造过程。

在具体形态上,数据产品表现为多种形式,包括但不限于衍生数据集、专业分析报告、深度研究报告、行业解决方案以及各类数据服务等。其中衍生数据作为一种基础性数据产品,仅经过脱敏等初步加工处理,虽然可以直接进入交易市场实现其价值,但购买方通常需要对其进行深度加工才能形成最终可用的分析报告或解决方案,因此衍生数据本质上属于数据生产链条中的中间产品,会在后续加工过程中被消耗或转化。从整个生产流程来看,数据产品的形成实际上构成了一个完整的价值循环,社会经济活动持续不断地产生原始数据,这些数据被需求方收集后经过专业加工形成数据产品,而数据产品投入再生产过程中后又会产生新的数据,如此循环往复,推动着数据价值的持续创造和提升。

本书根据数据产品的复杂性,将数据产品分为五大类:原始数据、派生数据、算法、决策支持和自动决策。第一类是原始数据产品。这类产品主要提供经过基础收集和简单整理的初始数据,用户需要自行完成大部分的分析工作。原始数据保持"原样"提供,仅包含必要的数据清洗和格式统一等基本处理。以 AlgoSeek 金融数据公司提供的美国证券市场历史交易数据为例,该数据集完整记录了包括异常交易在内的所有市场成交记录。专业投资者特别看重这种未经修饰的原始数据,因为他们深知真实市场环境中必然存在异常数据,这些原始信息对于准确分析市场行为至关重要。第二类是派生数据产品。这类产品是在原始数据基础上经过特定加工处理后形成的新数据集。数据处理过程可能包括添加衍生属性或计算预测指标，例如为客户数据添加分群标签，或基于历史行为数据预测客户的广告点击率和商品购买倾向。派生数据的本质是从原始数据中衍生出的新数据，典型的例子如股票市场中的市盈率指标，其计算方式是用每股市场价格除以每股收益。这类产品的价值在于通过数据加工揭示原始数据中隐含的深层信息。第三类是算法型数据产品。以 Google 图片搜索为例，用户上传一张图片后，系统会自动提取该图片的颜色、形状、纹理等视觉特征，将其与数据库中的海量图片进行比对，并返回相似度最高的匹配结果。整个过程完全由算法驱动，本质上是通过算法对原始图片数据进行深度加工后生成的新信息。这类产品的价值在于将复杂的数据处理过程封装为即用型的智能服务。第四类是决策支持型数据产品。这类产品的核心目标是通过可视化报表、看板等，为用户提供决策所需的信息。典型代表产品如谷歌分析（Google Analytics），该产品是由 Google 提供的一款免费与付费相结合的网站和移动应用数据分析工具，用于追踪、报告用户行为，帮助企业和开发者优化数字营销策略，提升用户体验。虽然系统会提供预设的分析视角，但最终的解读和决策仍由用户完成。第五类是自动决策型数据产品。这类产品通过预设的算法和模型，能够自主分析数据并进行决策，不需要人工参与。典型的应用包括无人驾驶汽车、自动配送无人机、智能交易系统等。这些产品通过实时采集环境数据，由内置的人工智能系统进行分析判断，并自动执行相应的操作指令。例如，无人驾驶汽车可以自动感知路况、规划路线并完成驾驶操作；智能交易系统能够实时分析市场数据，自动执行买卖决策。这类产品的核心价值在于将人类从重复性决策中解放出来，同时通过机器的快速反应能力处理复杂情况。随着人工智能技术的发展，自动化数据产品正在越来越多的领域中得到应用。

  数据产品具有价值性、时效性和专用性三个关键特性。价值性体现在数据产品能够帮助用户解决实际问题并创造实际效益，比如企业可以通过使用数据产品优化业务流程、改进服务质量或开发新产品，从而获得竞争优势和经济效益。时效性指数据产品的价值会随着时间的推移而变化，因为数据产品的基础原料是数据，而数据本身的价值会随着时间流逝而降低或失效。以电商推荐系统为例，如果系统基于用户历史行为数据生成的推荐结果没有及时推送给用户，当用户兴趣或需求发生变化时，这些推荐的价值就会大打折扣甚至完全失效。专用性则意味着数据产品通常是为特定用途和特定用户群体量身定制的，比如一个为零售行业开发的客户分析系统，可能对制造业企业就没有太大用处。这种专用性决定了数据产品一旦开发完成，其适用场景和目标用户就相对固定，很难直接在其他领域使用。这三个特性共同构成了数据产品的本质特征，也决定了数据产品在使用和管理过程中需要特别注意的问题：要充分发挥其价值性，密切关注其时效性，同时也要理解其专用性带来的适用范围限制。

二、数据产品的使用

中国信息通信研究院在《数据价值化与数据要素市场发展报告》[①] 中指出，数据价值化是以数据资源化为起点，经历数据资产化和数据资本化阶段，进而实现数据价值化的经济过程。本书认为数据价值化是指将数据生产活动所生产的数据产品用于商业化用途，并从数据产品中获得经济利益的方式，其本质是数据产品的使用。同时，在数据价值化阶段所产生的数据又可以投入数据生产活动，进而使数据产品的生产和使用过程形成一个闭环。数据价值化是实现数据产品价值的一种方式。这种方式既可以是直接的，也可以是间接的。直接方式主要是指直接销售数据产品，而间接方式主要是通过数据产品改善运营模式，使用数据产品开发新产品和新服务或改进现有产品和服务，如阿里巴巴利用客户历史购买数据的分析结果向客户推荐其他的产品等。数据价值化的具体方式也与企业类型有关，因此，本书将基于 OECD（2020）的研究对不同类型企业的数据进行分析。

对于制造业企业来说，例如中国第一汽车制造集团，其总收入大部分由汽车和零部件的销售及维护和培训服务带来。同时，此类企业能够利用安装的传感器获取关于汽车、零部件性能的数据，通过分析这些数据形成改进方案，帮助企业改进汽车的性能，以最大限度提高汽车利用率。对于能源型企业而言，其能够对客户能源使用数据和市场能源价格等进行分析，进而设计新的定价方案，如高峰期使用附加费等来获取更大的收益。对于在线平台而言，其可以对用户的浏览数据、位置数据等进行分析，了解用户的地域分布、使用偏好等特征，在产品改进和产品推广时利用这些信息优化策略，或对产品生产数据进行分析，以改善生产流程或业务效率，进而为公司带来更大的收益。总体来说，数据产品所有者能够通过销售数据产品，或在生产中使用数据产品来获得收益，即数据产品的使用方式主要包括自产自用和市场销售两种，具体见图 11-5。

---

① 数据价值化与数据要素市场发展报告 [R]. 中国信息通信研究院，https：//www.caict.ac.cn/kxyj/qwfb/ztbg/202409/P020240926365684089988.pdf.

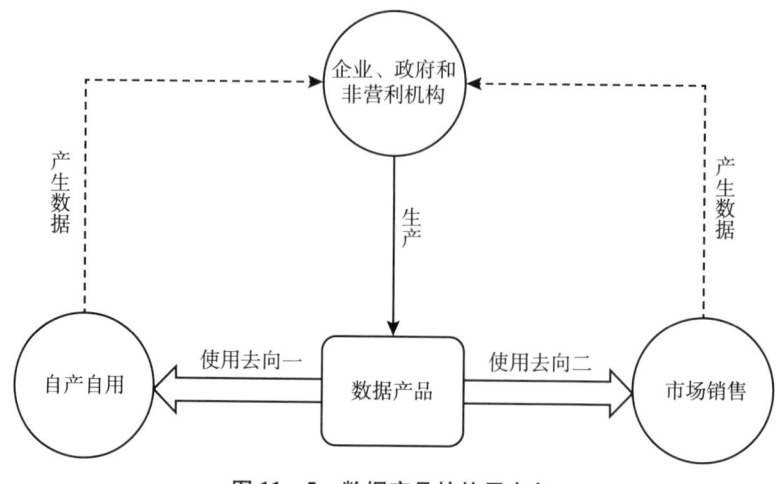

图 11-5　数据产品的使用去向

三、数据产品的经济所有权

数据产品是由数据经过一系列加工处理而形成的，因此要分析数据产品的经济所有权归谁所有，需要根据数据经济所有权的归属原则来判断。

个人数据的所有权属于个人，但对于个人来说，他们无法将自己拥有的数据转化为数据产品，因为个人不具有相关的专业能力和机器设备等资源来支撑他们对数据进行开发，且他们也无法了解消费者的需求，难以提供相应的数据产品来提高消费者效用，因此个人一般不会对数据进行开发处理，也不享有数据产品的经济所有权。

因此，数据产品的经济所有权一般掌握在企业、政府和非营利组织的手中。由于这些机构对其内部数据拥有所有权，可以进行处理和分析以形成数据产品，因此这些数据产品的经济所有权归机构所有。对于外部数据，虽然这些数据不是机构所有，但在用户许可下，机构也可以加工处理这些数据，并形成数据产品，因此这些产品的经济所有权同样属于机构。此外，即使机构未经用户许可而对这些外部数据进行加工处理，由此形成的数据产品的经济所有权也同样属于机构，这是因为根据国民经济核算原理，核算范围包括非法交易，因此非法占有数据产品的单位也拥有数据产品的经济所有权。综上可知，机构数据经过一系列数据生产活动所产生的数据产品的经济所有权仍然掌握在这些机构手中。图 11-6 反映了数据产品生产过程中所有权的变化过程。

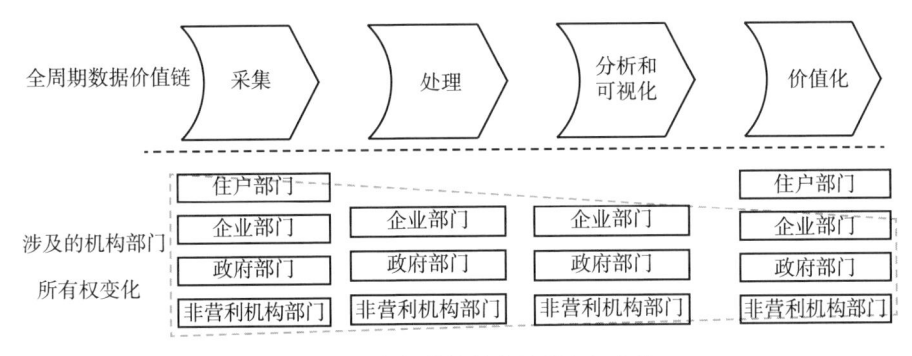

图 11-6 数据价值链中的所有权变化

第六节 数据资产的界定

关于数据资产，现有研究认为数据资产由特定的主体拥有或控制，且能为公司带来直接或间接经济利益。如费希尔（2009）提出企业应该把其运作中产生的数据作为企业资产来对待，数据资产是指公司用来产生收入的相关系统、应用程序及其输出文件、文档、数据库或网页。中国信息通信研究院（2019）发布的《数据资产管理实践白皮书（4.0版）》[1]提出，数据资产主要指企业拥有或控制的、具备为企业创造未来经济收益潜力、以物理或电子方式记录的数据资源，如文件资料、电子数据等。与此同时，中国资产评估协会（2019）在《资产评估专家指引第9号——数据资产评估》[2]中强调，数据资产是由特定主体合法拥有或者控制，能持续发挥作用并且能带来直接或间接经济利益的数据资源。因此，数据资产作为一种资产就必须具备资产的固有属性。会计学中将资产定义为企业过去的交易或事项形成的、由企业拥有或控制的、预期会给企业带来经济利益的资源。因此本书基于会计上对资产的定义和SNA2008中资产的概念，将数据资产界定为经济所有者长期拥有或控制的，能够产生一次性或连续性经济利益的数据产品。

数据要真正成为具备经济价值的数据资产，需经历一系列生产、流通和积累的过程。具体而言，社会经济活动持续生成原始数据，这些数据经过加工处

---

[1] 中国信息通信研究院. 数据资产管理实践白皮书（4.0版）[R]. 北京：中国信息通信研究院和中国通信标准化协会，2019.
[2] 关于印发《资产评估专家指引第9号——数据资产评估》的通知[EB/OL]. 中国资产评估协会，https://www.cas.org.cn/ggl/61936.htm.

理转化为数据产品后进入流通领域,流向消费端、生产端以及出口贸易端,在此过程中产生的新数据又会被投入下一轮的数据生产活动中。通过这种持续循环,有效数据不断沉淀为可增值的数据资产。图 11-7 展示了从数据向数据资产的转变过程。

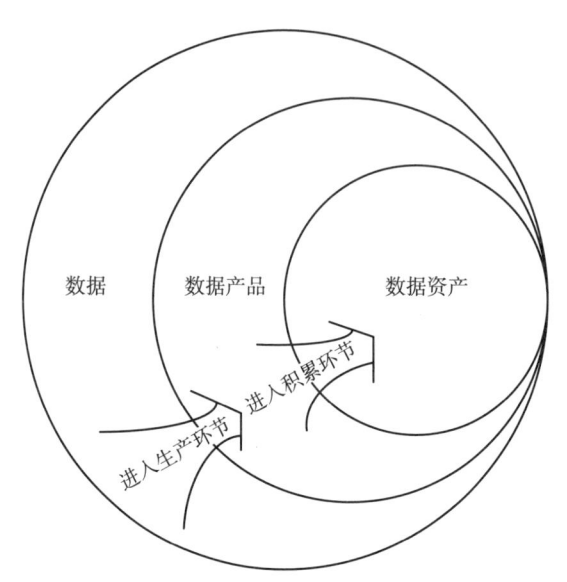

图 11-7 数据向数据资产的转变过程

第十二章　数据资产测算条件与宏观经济效应

第一节　数据资产测算条件

并非所有数据产品都能成为数据资产，因为数据资产的流动性取决于数据本身的流动性，而这种流动性又使数据资产具有外部性特征。这种外部性可能带来两种影响：一是收益溢出，比如数据被无偿复制使用；二是价值稀释，比如公共数据难以明确权属。这些影响都会增加数据资产价值测算的难度。因此，要对数据资产进行价值测算，必须满足特定条件。参考 SNA2008 对资本的定义，本书提出数据资产价值测算需要满足三个关键条件：经济所有者条件、经济利益条件、长期性条件。

一、经济所有者条件

经济所有者条件指数据产品必须具有明确的归属主体（个人或机构），才能被认定为数据资产。在数据的生产活动中，涉及的数据相关主体主要包括数据提供者、数据控制者、数据处理者和数据消费者四类。其中，数据提供者指与数据关联的自然人或组织，数据控制者指有权决定数据处理目的、方式等的组织或个人，数据处理者指受控制者委托执行具体数据操作的组织或个人，数据消费者指基于特定需求使用数据产出的终端用户。根据 SNA2008，资产所有者主要分为法律所有者和经济所有者，法律所有者指在法律上对资产享有权利的主体，能够决定资产的使用条件；经济所有者则是因承担相关风险，从而有权享有资产所产生经济利益的机构单位。鉴于数据资产的价值主要体现在经济层面，本书仅讨论其经济所有者。数据资产的经济所有者与法律所有者可能一致，也可能不一致，具体取决于法律框架。例如，个人在浏览社交媒体网站时留下的浏览记录，若被认定为数据资产，个人是其法律所有者，而社交媒体网站是经济所有者，因为后者能够访问、使用这些数据，并承担相关风险及享有其带来的利益。

关于数据所有权的配置，需区分机构数据与个人数据两类情形。对于机构数据（如政府政务数据、行业发展数据、企业内部数据），其经济所有权通常归属于机构本身。而个人数据的所有权配置更为复杂，数据主体（个人）虽在法律上拥有数据，但极少主动开发其经济价值，实际开发利用者多为收集数据的机构，如互联网平台、调研公司等，它们通过问卷调查、行为追踪等方式获取数据，并在用户授权后实施商业化利用。由于这些机构掌握数据的使用权、控制权及相应收益权，因此成为实际的经济所有者。此外，在"数据换服务"模式下，用户为使用免费数字服务需同意平台的服务协议，后者据此获得用户行为数据的收集权、使用权及收益权，从而确立其经济所有者地位。

从数据的供给到使用，相关主体的关系如图 12-1 所示。数据控制者根据数据消费者的需求下达数据处理指令，数据处理者则严格按照数据控制者的要求对数据进行处理。两者构成委托代理关系——数据处理者仅作为受托方，不实际控制数据，也不享有其经济收益，因此并非数据的经济所有者。

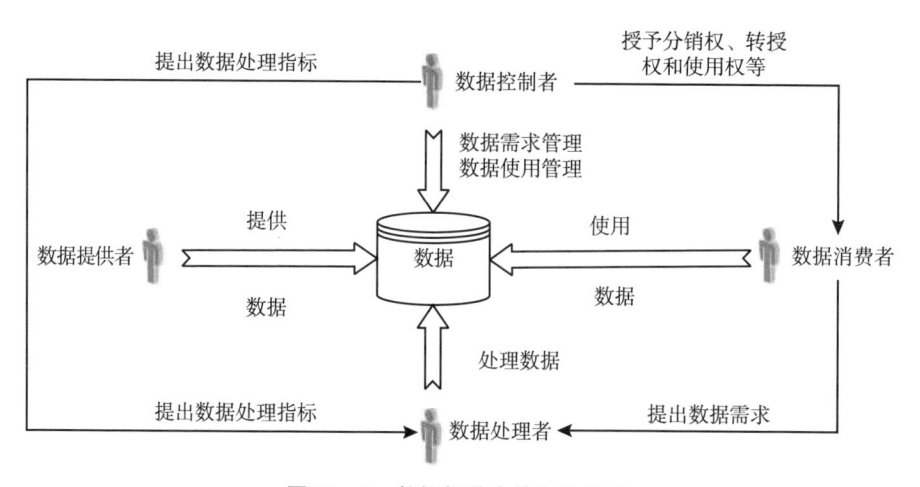

图 12-1 数据相关主体间的关系

二、经济利益条件和长期性条件

经济利益条件是指数据产品要实现资本化，必须能够为其经济所有者创造实际价值。这里的经济利益既包括直接收益，也包括通过提高效率、降低成本等途径创造的间接价值，通常可以通过投入产出比较来衡量。这种利益既可以表现为服务报酬，也可以转化为提升生产、消费或积累能力的手段。以企业为例，通过分析内部数据优化业务战略，提升决策质量和运营效率，最终实现利润增长。这类能够创造实际价值的企业内部数据，即满足经济利益条件。

长期性条件指数据产品的使用期限要超过一年，即服务寿命要在一年及以上。例如，公司员工 2020 年工作时长数据只影响 2020 年的年终奖金，而不对 2021 年的工作产生任何影响，那么这项数据产品就不具备长期性条件。

根据数据资产价值测算的三个条件，可以判断某项数据产品是否能纳入 SNA2008 所要求的核算口径之中，进而再依据市场性条件对数据资产进行分类，具体判断流程如图 12-2 所示。

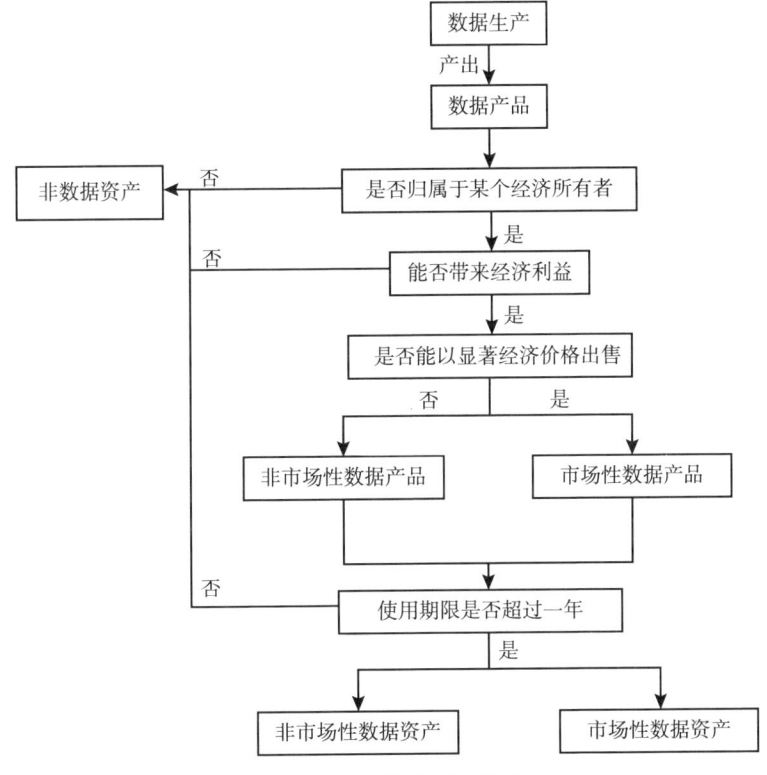

图 12-2 数据资产测算决策树

第二节 数据资产对 GDP 核算的影响

数据资产的资本化必然会影响 GDP 的核算结果。本节将基于 GDP 核算的三种方法——生产法、收入法和支出法,分析不同类型数据资产资本化对 GDP 各构成项目的影响。

一、生产法的角度

根据生产法,增加值的基本核算方法为总产出减去中间投入。下面将详细讨论将各类数据资产纳入核算体系后,基于生产法的 GDP 构成项目变化情况。

(一) 国内市场生产者自给性数据资产 (A)

对于国内市场生产者来说,对其自有的数据资产进行分析有利于提高企业的生产力。在核算这些数据资产之前,生产活动的总产出和中间消耗包括了数据生产活动。而进行数据资产测算后,对于其他生产活动而言,总产出没变,中间消耗因减去数据生产活动的中间消耗而减少。从前后变化来看,总产出和增加值因纳入数据资产价值而提升,而中间消耗总量不变。核算方法及 GDP 构成项目的具体变化见表 12-1。

表 12-1　　　　　　　　生产法核算的 A 类数据资产

指标	数据资产测算前	数据资产测算后		变化
	总生产活动	数据生产活动	其他生产活动	
总产出	GO	GOC_{Data}	GO	GOC_{Data}
中间消耗	IC	IC_{Data}	$IC - IC_{Data}$	0
增加值	VA	$GOC_{Data} - IC_{Data}$	$VA + IC_{Data}$	GOC_{Data}

注:GO、IC、VA 分别表示全部生产活动的总产出、中间消耗和增加值,GOC_{Data}、IC_{Data} 分别表示数据生产活动的总产出和中间消耗。

(二) 国内非市场生产者自给性数据资产 (B)

非市场生产者的总产出通常采用成本之和代替。在数据资产测算前,总生产活动包括数据生产活动的产出和中间消耗。在数据资产测算后,其他生产活动在生产过程中使用了数据资产,因此需要计提数据资产的折旧。这导致其他生产活动的总产出中增加了数据资产折旧部分,同时中间消耗项中也减少了数据生产活动的中间消耗。从前后变化来看,对数据资产进行测算后,总产出和增加值项中都增加了数据资产折旧部分,而中间消耗保持不变。核算方法及 GDP 构成项目的具体变化见表 12-2。

表 12-2　　　　　　　　　生产法核算的 B 类数据资产

指标	数据资产测算前	数据资产测算后		变化
	总生产活动	数据生产活动	其他生产活动	
总产出	GO	GOC_{Data}	$GO - GOC_{Data} + CRC_{Data}$	CRC_{Data}
中间消耗	IC	IC_{Data}	$IC - IC_{Data}$	0
增加值	VA	$GOC_{Data} - IC_{Data}$	$VA - GOC_{Data} + IC_{Data} + CRC_{Data}$	CRC_{Data}

注：GO、IC、VA 分别表示全部生产活动的总产出、中间消耗和增加值，GOC_{Data}、IC_{Data}、CRC_{Data} 分别表示数据生产活动的总产出、中间消耗和数据资产折旧。

（三）国内市场生产者交易性数据资产（C）

此类数据资产由国内生产者开发，并销售给国内其他市场生产者。数据资产测算前后，由于数据生产活动都被单独识别并计量，因此数据生产活动的总产出、中间消耗和增加值保持一致。从数据资产的使用角度来看，数据资产测算前，数据资产作为中间消耗处理，数据资产测算后，数据资产不再作为中间消耗使用，而是作为固定资产。所以对于其他生产活动而言，数据资产测算后，其中间消耗要扣除数据资产的价值，因此，其总产出不变，中间消耗减少，增加值增加。由于在该经济活动中发生了市场交易，且数据资产具有较为公允的市场价值，因此，其他生产活动的中间消耗要扣除的是数据资产的市场价值。从数据资产测算前后的变化来看，总产出不受影响，中间消耗中扣除了数据资产的市场价值，因此，增加值需纳入数据资产的市场价值。核算方法及 GDP 构成项目的具体变化见表 12-3。

表 12-3　　　　　　　　　生产法核算的 C 类数据资产

指标	数据资产测算前		数据资产测算后		变化
	数据生产活动	其他生产活动	数据生产活动	其他生产活动	
总产出	GOC_{Data}	GO	GOC_{Data}	GO	0
中间消耗	IC_{Data}	IC	IC_{Data}	$IC - GOC_{Data}$	$-GOC_{Data}$
增加值	$GOC_{Data} - IC_{Data}$	VA	$GOC_{Data} - IC_{Data}$	$VA + GOC_{Data}$	GOC_{Data}

注：GO、IC、VA 分别表示全部生产活动的总产出、中间消耗和增加值；GOC_{Data} 表示数据生产活动的总产出，即数据资产的价值；IC_{Data} 表示数据生产活动的中间消耗。

（四）国内非市场生产者交易性数据资产（D）

这类数据资产由国内生产并销售给国内非市场生产者。从生产角度看，与前一类数据资产相同,数据资产测算前后,数据生产活动的总产出、中间消耗和增加值保持一致。从使用角度看,测算后,数据资产由中间消耗转为固定资产,因此其他生产活动的中间消耗减少。但在使用数据资产时,需要计提折旧,这就导致其他生产活动的总产出减少了数据资产的价值,并增加了折旧。从前后变化来看,总产出、中间消耗、增加值均发生了变化。核算方法及 GDP 构成项目的具体变化见表 12-4。

表 12-4　　　　　　　　　　生产法核算的 D 类数据资产

指标	数据资产测算前		数据资产测算后		变化
	数据生产活动	其他生产活动	数据生产活动	其他生产活动	
总产出	GOC_{Data}	GO	GOC_{Data}	$GO - GOC_{Data} + CRC_{Data}$	$-GOC_{Data} + CRC_{Data}$
中间消耗	IC_{Data}	IC	IC_{Data}	$IC - GOC_{Data}$	$-GOC_{Data}$
增加值	$GOC_{Data} - IC_{Data}$	VA	$GOC_{Data} - IC_{Data}$	$VA + CRC_{Data}$	CRC_{Data}

注:GO、IC、VA 分别表示全部生产活动的总产出、中间消耗和增加值;GOC_{Data} 表示数据生产活动的总产出,即数据资产的价值;IC_{Data}、CRC_{Data} 分别表示数据生产活动的中间消耗和数据资产折旧。

(五) 国内生产用于出口的数据资产 (E)

对于出口的数据资产,由于其属于交易型数据资产,因此在数据资产核算前后,其相关生产活动都已被独立统计。所以,总产出、中间消耗、增加值不会因测算调整而变化。此外,由于这些数据资产的使用发生在国外,其后续价值实现过程也不影响国内的国民经济核算结果。

(六) 市场生产者进口的数据资产 (F)

由于这类数据资产通过进口获得,所以其生产过程不在国内发生。从其使用过程看,其核算方法与 C 类数据资产的核算类似。在数据资产测算之前,进口的数据资产作为其他生产活动的中间消耗。测算后,这些资产转为固定资产使用,因此其他生产活动的总产出保持不变,中间消耗减少,增加值有所增加。其中,中间消耗减少的部分和增加值增加的部分均为进口数据资产的价值。

(七) 非市场生产者进口的数据资产 (G)

对于这类数据资产,其生产过程同样不依赖国内任何部门,从使用角度来看,其对总产出、中间消耗和增加值的影响与 D 类数据资产类似。

二、收入法的角度

收入法计算增加值的思路是将各生产要素收入相加,即劳动者报酬、固定资产折旧、生产税净额、营业盈余之和为增加值。对不同类型数据资产进行核算之后,基于收入法的 GDP 构成项目也相应发生变化。

(一) 国内市场生产者自给性数据资产 (A)

对国内市场生产者自给性数据资产进行核算后,数据生产活动被单独识别并计量,其产出价值被纳入增加值中,从而提升了整体经济增加值。从收入法的各构成项来看,数据资产测算前后,劳动者报酬和生产税净额均不会发生变化,因为对数据资产进行核算,劳动者不会因此得到更多报酬,生产税净额也不会增加。但是,由于生产过程中使用了数据资产,所以需要计提折旧,从而在固定资产折旧中增加了数据资产折旧。进行数据资产测算后,营业盈余需要考虑数据资产的生产价值,由于不存在市场交易,所以数据资产的生产价值按照成本法估计,同时要从营业盈余中扣除固定资产折旧中增加的数据资产折旧。从前后变化来看,增加值有所增加,增加的部分为数据资产的价值。核算方法及 GDP 构成项目的具体变化见表 12-5。

表 12-5　　　　　　　　收入法核算的 A 类数据资产

指标	数据资产测算前	数据资产测算后		变化
	总生产活动	数据生产活动	其他生产活动	
劳动者报酬	CE	CE_{Data}	$CE - CE_{Data}$	0
生产税净额	NT	NT_{Data}	$NT - NT_{Data}$	0
固定资产折旧	CFC	CFC_{Data}	$CFC - CFC_{Data} + CRC_{Data}$	CRC_{Data}
营业盈余	OS	OS_{Data}	$OS - OS_{Data} + GOC_{Data} - CRC_{Data}$	$GOC_{Data} - CRC_{Data}$
增加值	VA	$CE_{Data} + NT_{Data} + CFC_{Data} + OS_{Data}$	$VA - CE_{Data} - NT_{Data} - CFC_{Data} - OS_{Data} + GOC_{Data}$	GOC_{Data}

注：CE、NT、CFC、OS、VA 分别表示全部生产活动对应的劳动者报酬、生产税净额、固定资产折旧、营业盈余和增加值；CE_{Data}、NT_{Data}、CFC_{Data}、OS_{Data} 分别表示数据生产活动对应的劳动者报酬、生产税净额、固定资产折旧和营业盈余；CRC_{Data} 表示数据资产折旧；GOC_{Data} 表示数据资产的总产出,即数据资产的价值。

(二) 国内非市场生产者自给性数据资产 (B)

同样, 在对数据资产进行核算前, 国内非市场生产者的数据生产活动未被单独识别。核算后, 总生产活动被分为数据生产活动和其他生产活动。从 GDP 构成来看, 对数据资产进行测算后, 劳动者报酬、生产税净额和营业盈余保持不变。由于其他生产活动使用了数据资产, 因此, 固定资产折旧中需增加数据资产折旧部分。综上所述, 增加值的增长主要来源于生产过程中计提的数据资产折旧。核算方法及 GDP 构成项目的具体变化见表 12-6。

表 12-6　　　　　　　　收入法核算的 B 类数据资产

指标	数据资产测算前	数据资产测算后		变化
	总生产活动	数据生产活动	其他生产活动	
劳动者报酬	CE	CE_{Data}	$CE - CE_{Data}$	0
生产税净额	NT	0	NT	0
固定资产折旧	CFC	CFC_{Data}	$CFC - CFC_{Data} + CRC_{Data}$	CRC_{Data}
营业盈余	OS	0	OS	0
增加值	VA	$CE_{Data} + CFC_{Data}$	$VA - CE_{Data} - CFC_{Data} + CRC_{Data}$	CRC_{Data}

注: CE、NT、CFC、OS、VA 分别表示全部生产活动对应的劳动者报酬、生产税净额、固定资产折旧、营业盈余和增加值, CE_{Data}、CFC_{Data} 分别表示数据生产活动对应的劳动者报酬和固定资产折旧, CRC_{Data} 表示数据资产折旧。

(三) 国内市场生产者交易性数据资产 (C)

对于国内市场生产者购买的数据资产而言, 从其生产过程看, 数据资产测算前后, 数据生产活动的产出均单独核算, 所以数据生产活动的收入构成项前后保持一致。从其他生产活动的角度来看, 对市场生产者购买的数据资产进行核算不会影响劳动者报酬和生产税净额, 这与自产自用的数据资产类似。在使用数据资产的过程中, 需要计提数据资产折旧, 因此在固定资产折旧中增加了数据资产折旧。由于存在市场交易, 数据资产的生产价值按市场价格计算, 因此在营业盈余中增加了数据资产的市场价值, 减少了折旧。综合来看, 增加值需纳入数据资产的市场价值。核算方法及 GDP 构成项目的具体变化见表 12-7。

第十二章 数据资产测算条件与宏观经济效应

表 12-7　　　　　　　　收入法核算的 C 类数据资产

指标	数据资产测算前 数据生产活动	数据资产测算前 其他生产活动	数据资产测算后 数据生产活动	数据资产测算后 其他生产活动	变化
劳动者报酬	CE_{Data}	CE	CE_{Data}	CE	0
生产税净额	NT_{Data}	NT	NT_{Data}	NT	0
固定资产折旧	CFC_{Data}	CFC	CFC_{Data}	$CFC + CRC_{Data}$	CRC_{Data}
营业盈余	OS_{Data}	OS	OS_{Data}	$OS - CRC_{Data} + GOC_{Data}$	$-CRC_{Data} + GOC_{Data}$
增加值	$CE_{Data} + NT_{Data} + CFC_{Data} + OS_{Data}$	VA	$CE_{Data} + NT_{Data} + CFC_{Data} + OS_{Data}$	$VA + GOC_{Data}$	GOC_{Data}

注：CE、NT、CFC、OS、VA 分别表示全部生产活动对应的劳动者报酬、生产税净额、固定资产折旧、营业盈余和增加值；CE_{Data}、NT_{Data}、CFC_{Data}、OS_{Data} 分别表示数据生产活动对应的劳动者报酬、生产税净额、固定资产折旧和营业盈余；CRC_{Data} 表示数据资产折旧；GOC_{Data} 表示数据资产的总产出，即数据资产的价值。

（四）国内非市场生产者交易性数据资产（D）

对于国内非市场生产者购买的数据资产，从生产过程来看，数据资产测算前后，数据生产活动都已被单独识别，因此其构成项前后无差别。在其他生产活动中，数据资产的核算对劳动者报酬和生产税净额没有影响，且由于非市场生产者不计算数据资产的营业盈余，因此营业盈余也没有受到影响。在使用过程中，需要计提数据资产的折旧，从而导致固定资产折旧中包含了数据资产折旧的部分。综合来看，增加值需纳入计提的数据资产折旧。核算方法及 GDP 构成项目的具体变化见表 12-8。

表 12-8　　　　　　　　收入法核算的 D 类数据资产

指标	数据资产测算前 数据生产活动	数据资产测算前 其他生产活动	数据资产测算后 数据生产活动	数据资产测算后 其他生产活动	CRC_{Data} 变化
劳动者报酬	CE_{Data}	CE	CE_{Data}	CE	0
生产税净额	NT_{Data}	NT	NT_{Data}	NT	0
固定资产折旧	CFC_{Data}	CFC	CFC_{Data}	$CFC + CRC_{Data}$	CRC_{Data}
营业盈余	OS_{Data}	OS	OS_{Data}	OS	0
增加值	$CE_{Data} + NT_{Data} + CFC_{Data} + OS_{Data}$	VA	$CE_{Data} + NT_{Data} + CFC_{Data} + OS_{Data}$	$VA + CRC_{Data}$	CRC_{Data}

注：CE、NT、CFC、OS、VA 分别表示全部生产活动对应的劳动者报酬、生产税净额、固定资产折旧、营业盈余和增加值；CE_{Data}、NT_{Data}、CFC_{Data}、OS_{Data} 分别表示数据生产活动对应的劳动者报酬、生产税净额、固定资产折旧和营业盈余；CRC_{Data} 表示数据资产折旧。

（五）国内生产用于出口的数据资产（E）

对于出口的数据资产，在核算前后，其相关生产活动都已被独立统计，因此核算前后的劳动者报酬、生产税净额、固定资产折旧、营业盈余均不发生变化。

（六）市场生产者购买的进口数据资产（F）

对于这类进口数据资产，在使用过程中，其他生产活动需计提数据资产折旧，因此固定资产折旧会增加数据资产折旧的部分，但这部分折旧要从营业盈余中扣除，同时营业盈余需要增加购买的数据资产的价值，而劳动者报酬和生产税净额不变，综合来看，增加值需纳入购买的数据资产价值。

（七）非市场生产者购买的进口数据资产（G）

这类数据资产对收入法各构成项的影响与 D 类数据资产对收入法各构成项的影响类似。

三、支出法的角度

支出法核算增加值是从最终产品去向的角度进行统计的，其核心构成包括居民消费支出、政府消费支出、固定资本形成、存货变动和净出口。通过加总这些构成项，即可得到 GDP 的支出法增加值。不同类型数据资产的核算会对 GDP 各构成项产生差异化影响，具体分析如下。

（一）国内市场生产者自给性数据资产（A）

对数据资产进行测算，不会影响居民消费支出、政府消费支出、净出口和存货等变动项。但由于对数据资产进行核算之后，数据资产被记为资产，所以固定资本形成项中增加了数据资产的价值。综合来看，增加值需纳入数据资产的价值，且由于是自给性数据资产，所以增加部分实际纳入的是数据资产成本。其核算方法与 GDP 构成项目的具体变化见表 12-9。

表 12-9　　　　　　支出法核算的 A 类数据资产

指标	数据资产测算前	数据资产测算后	变化
居民消费支出	HC	HC	0
政府消费支出	GC	GC	0

续表

指标	数据资产测算前	数据资产测算后	变化
固定资本形成	GCF	GCF + GOC$_{Data}$	GOC$_{Data}$
净出口	NX	NX	0
存货变动	IA	IA	0
增加值	VA	VA + GOC$_{Data}$	GOC$_{Data}$

注：HC、GC、GCF、NX、IA、VA、GOC$_{Data}$分别表示居民消费支出、政府消费支出、固定资本形成、净出口、存货变动、增加值和数据资产价值。

(二) 国内非市场生产者自给性数据资产 (B)

在对数据资产进行核算前，非市场生产者自主开发数据资源的成本被归入政府消费支出统计项，对数据资产进行核算后，此类数据资源经确认为资产，其成本需从政府消费支出中扣除并转入资本形成总额统计范畴。数据资产变为固定资产后，需要计提折旧，这部分应计入政府消费支出。数据资产测算对居民消费支出、净出口和存货变动没有影响，所以这些指标数值不发生变化。综合来说，固定资本形成项中增加了数据资产的构建成本，政府消费支出项中增加了数据资产折旧，扣除了数据资产构建成本。最终，增加值需纳入数据资产折旧。其核算方法与GDP构成项目的具体变化见表12-10。

表12-10　　　　　　　　支出法核算的 B 类数据资产

指标	数据资产测算前	数据资产测算后	变化
居民消费支出	HC	HC	0
政府消费支出	GC	GC - GOC$_{Data}$ + CRC$_{Data}$	- GOC$_{Data}$ + CRC$_{Data}$
固定资本形成	GCF	GCF + GOC$_{Data}$	GOC$_{Data}$
净出口	NX	NX	0
存货变动	IA	IA	0
增加值	VA	VA + CRC$_{Data}$	CRC$_{Data}$

注：HC、GC、GCF、NX、IA、VA、GOC$_{Data}$、CRC$_{Data}$分别表示居民消费支出、政府消费支出、固定资本形成、净出口、存货变动、增加值、数据资产价值和数据资产折旧。

(三) 国内市场生产者交易性数据资产 (C)

数据资产测算对居民消费支出、政府消费支出、净出口、存货变动均不产生影响。当市场生产者购置的数据资产被确认为资产后，需将其价值纳入固定资本形成统计范围。这一核算规则使固定资本形成额因数据资产价值而上升，最终体现为增加值的增长。其核算方法与 GDP 构成项目的具体变化见表 12-11。

表 12-11　　　　　　　　支出法核算的 C 类数据资产

指标	数据资产测算前	数据资产测算后	变化
居民消费支出	HC	HC	0
政府消费支出	GC	GC	0
固定资本形成	GCF	GCF + GOC_{Data}	GOC_{Data}
净出口	NX	NX	0
存货变动	IA	IA	0
增加值	VA	VA + GOC_{Data}	GOC_{Data}

注：HC、GC、GCF、NX、IA、VA、GOC_{Data} 分别表示居民消费支出、政府消费支出、固定资本形成、净出口、存货变动、增加值和数据资产价值。

（四）国内非市场生产者交易性数据资产（D）

该类型数据资产与国内非市场生产者的自给性数据资产类似。对数据资产进行测算不会影响居民消费支出、净出口和存货变动项。对于政府消费支出和固定资本形成来说，数据被识别为资产后，政府消费支出需调减数据资产价值，而固定资本形成则需同步调增等额数值。此外，针对数据资产计提的折旧费用需重新计入政府消费支出项。因此，综合来看，增加值中纳入了数据资产折旧。其核算方法与 GDP 构成项目的具体变化见表 12-12。

表 12-12　　　　　　　　支出法核算的 D 类数据资产

指标	数据资产测算前	数据资产测算后	变化
居民消费支出	HC	HC	0
政府消费支出	GC	GC − GOC_{Data} + CRC_{Data}	− GOC_{Data} + CRC_{Data}
固定资本形成	GCF	GCF + GOC_{Data}	GOC_{Data}
净出口	NX	NX	0
存货变动	IA	IA	0
增加值	VA	VA + CRC	CRC

注：HC、GC、GCF、NX、IA、VA、GOC_{Data}、CRC_{Data} 分别表示居民消费支出、政府消费支出、固定资本形成、净出口、存货变动、增加值、数据资产价值和数据资产折旧。

（五）国内生产用于出口的数据资产（E）

对该类数据资产测算前后，居民消费支出、政府消费支出、固定资本形成、净出口和存货保持一致。

（六）市场生产者购买的进口数据资产（F）

由于这类数据资产是进口的数据资产，所以对该数据资产进行测算前，其已经被纳入净出口项的统计范围中，所以测算前后净出口项无变化。其他构成项的变化情况与 C 类数据资产相同。

（七）非市场生产者购买的进口数据资产（G）

对于这类数据资产，净出口项的变化情况与 F 类数据资产一样，其他构成项与 D 类数据资产相同。

第十三章 数据资产测算的理论架构

第一节 数据资产测算的方法

数据资产作为资本要素，其经济价值通过两种核算维度体现：一是生产核算维度，主要衡量数据生产活动直接创造的增加值，反映当期新增价值；二是使用核算维度，主要追踪数据资产的长期资本贡献，包括当期资本形成和存量累计，当期资本形成指本年度新增数据资产投资，存量累计指历年数据资产以资本服务形式持续提供的经济价值，最终体现为期末资本存量。这两种核算共同构成数据资产的完整经济价值评估体系，其中，生产核算维度反映数据资产"流量"价值，使用核算维度反映数据资产"存量"价值。

一、数据资产的总产出和固定资本形成核算

（一）供需平衡理论

借鉴《知识产权产品资本测度手册》（OECD，2010）推荐的数据库的固定资本形成核算框架，本书采用供需平衡法测算数据资产的固定资本形成。

从供给侧来看，一个国家在特定时期内可用的数据资产总量由国内生产的数据资产和从国外进口的数据资产两部分构成，这两部分的总和即为该时期的数据资产供给总量，其关系可用公式表示为：

$$I_{\text{Supply}}^t = I_{\text{output}}^t + I_{\text{import}}^t \tag{13-1}$$

其中 I_{Supply}^t，I_{output}^t，I_{import}^t 分别表示数据资产总供给、国内生产的数据资产、从国外进口的数据资产。

从需求侧来看，一个国家在特定时期的数据资产总需求由最终消费、中间消耗、出口、固定资本形成和存货变化共同构成，即：

$$I_{\text{use}}^t = I_{\text{CON}}^t + I_{\text{INCON}}^t + I_{\text{GFCF}}^t + I_{\text{STOC}}^t + I_{\text{export}}^t \tag{13-2}$$

其中 I_{use}^t, I_{CON}^t, I_{INCON}^t, I_{GFCF}^t, I_{STOC}^t, I_{export}^t 分别表示数据资产总需求、最终消费、中间消耗、固定资本形成、存货和出口。

根据供需平衡 $I_{Supply}^t = I_{use}^t$，可以得到数据资产固定资本形成，用公式表示为：

$$I_{GFCF}^t = I_{output}^t - I_{CON}^t - I_{INCON}^t - I_{STOC}^t - I_{export}^t + I_{import}^t \qquad (13-3)$$

（二）可行性指标拆解

在供给侧，由于统计体系存在两个主要缺陷——缺乏数据资产进口统计和市场性数据资产信息，本书暂假设数据资产进口额和市场性产出均为零，从而将研究重点放在非市场性数据资产上，并采用成本法计算其总产出。根据SNA2008规定，在测算非市场生产者产出时，固定资本净收益按零计算。同时由于缺少数据资产存量与流量的基础统计数据，本书假设数据生产活动的中间消耗为零。考虑到数据开发主要依靠人力智力投入，对实物材料的消耗极少，本书参照加拿大统计局（2019a）的方法，将数据生产过程中的固定资本消耗设为零。最终，非市场性数据资产的生产价值仅通过劳动者报酬来体现。

在需求侧，数据资产的最终消费本应包括居民、政府及非营利机构对数据的使用（未被列为投资的部分），但由于居民消费数据难以准确统计，本书暂不予考虑。鉴于研究周期较短，假设样本期内数据资产未被消耗，全部形成资本积累（即持续产生长期价值）。与进口数据的处理方式相同，暂设数据资产出口为零。由于数据资产的开发过程会创造新知识（类似研发活动），因此不计算其存货变动。又因数据资产的使用期限均超过一年，其使用价值不再计入当期消耗，而是全部视为长期资本投入，故中间消耗记为零。

综上所述，在供给侧，非市场性国内数据资产总产出近似等于劳动者报酬。在需求侧，数据资产全部被视为长期投资，而非短期消耗，故统一记录为固定资本形成。因此，根据供需平衡法的原理，数据资产的固定资本形成总额约等于劳动者报酬。

二、数据资产的资本存量核算

企业和组织通过持续开展与数据相关的各类活动，逐渐积累形成了具有潜在经济价值的资源储备，这些储备价值随后会被企业通过开发数据产品和服务实现变现。在数字化背景下，无论是企业、政府机构还是非营利组织，每天都在持续投入资源用于建设自有数据资产、维护数据库以及提高数据科学能力，这些投入使得数据相关资产的资本存量规模不断扩大。

测算数据、数据库、数据科学资本存量的方法主要有三种。第一种方法是借鉴自然资源估值思路，通过预测数据价值链未来可能产生的收益并进行折现来评估其价值。然而这种方法存在缺陷，因为同一数据可以应用于多种场景，其潜在应用方向和收益来源几乎是无限的，这使得准确预测现金流变得困难。且与石油等自然资源不同（其储量、用途、开采年限和市场价格都相对确定），数据资产的生命周期、市场价格和应用方向都具有高度不确定性。虽然我们可以参考大型数据公司的市场估值来间接推断，但这些估值容易受到市场情绪波动的影响，难以作为可靠的测算依据。鉴于这些根本性缺陷，本书最终没有采用这种方法，但强调未来需要建立更科学的数据资产估值体系。

第二种方法是利用企业财务报表中明确列示的数据、数据库等无形资产价值进行资本存量测算。理论上，这些资产的价值应反映其市场价值，并尽可能体现现阶段市场环境下该数据资产的合理售价。但现实情况是，大多数企业并不会在资产负债表上单独列示数据、数据库、数据科学等数据资产的价值。由于数据资产具有无形性的特征，它们要么完全未被计入报表，要么被纳入商誉等综合性无形资产项目中，这使得通过财务报表途径准确衡量数据资产价值面临重大挑战。

第三种方法采用SNA2008建议的永续盘存法估算数据资本存量。其核心思路是以基准年份价格统计历年数据资产的投资总额，通过设定的资产使用寿命函数和折旧率，扣除因老化淘汰和损耗减少的价值，推算出当前数据资产存量的市场价值估值，其计算公式为：

$$D_t = (1-\theta)D_{t-1} + A_t \quad (13-4)$$

其中 D_t 为t期的数据资本存量，A_t 为t期的数据资本投入，θ 为折旧率。运用这一方法计算数据资本存量的关键在于如何确定恰当的数据资产折旧率。然而，不同类型数据资产的折旧率差异较大，所以需要对不同类型的数据资产开展调查，以确定符合实际情况的差异化折旧率。此外，在计算过程中，需要利用数据资产的价格指数，将各年按现价计量的数据资产投入转换为可比的不变价数据资产投入。但不同类型数据资产的价格指数编制方法有所不同，其中，通过市场交易获得的销售性数据资产，由于存在实际交易记录，可以采用市场调查法编制价格指数，而企业自主采集生产的自给性数据资产，由于缺乏市场交易价格，则需要采用成本价格法构建价格指数。借鉴加拿大统计局（2019b）的做法，本书主要基于永续盘存法估计数据资产的资本存量。

在评估数据、数据库、数据科学的资本存量时，面临着许多挑战。第一个挑战与折旧模式的确定有关。与机器设备等传统资产不同，数据资产不会像物理设备那样随着使用产生磨损，因此无法通过直观观察判断其价值衰减规律。企业虽然倾向于永久存储大量历史数据（即便其使用价值已逐渐降低），但数据的经济价值往往具有很强的时间敏感性，例如闲置超过一年的数据通常就已丧失资本化潜力。这种特性使得如何科学设定数据资产的折旧模式成为一大难题。第二个挑战在于如何准确确定数据资产的"当前市场价格"。数据资产的市场价值具有极强的波动性，在不同时期可能出现显著变化。例如，某食品流通企业花费多年积累的仅供自用的经营数据，当某软件开发商需要这些历史购买记录来开发智能购物清单应用时，原本无市场价值的数据突然获得 200 万元的高额报价。这个例子表明，即使数据本身没有更新，其价值也会因新应用场景的发现而大幅提升。传统资产的估值通常依赖相对稳定的市场价格信息，但数据资产具有独特的动态价值特征——其价值会随着新用途的不断发现而发生根本性改变。这种特性要求成本估值方法必须建立动态调整机制，以应对数据资产可能出现的重大价值变动。虽然统计人员可以通过追踪市场交易获得具有一定参考价值的估值结果，但本书在估算过程中暂未考虑这种基于后续应用的价值重估因素，在一定程度上影响了估值结果的时效性和准确性。

确定数据相关资产的使用寿命时，参考加拿大统计局（2019b）的研究成果，并基于实际研究需求做出以下假设。第一，将数据的使用寿命设定为 25 年。该设定主要基于两个原因：一方面是企业对数据存储和利用周期的预期，即企业通常计划在 25 年内持续存储数据并从中获取收益；另一方面是大量行为数据的价值周期与人类代际更替的完整生命周期相吻合，即从个体出生、成长至成年并繁衍下一代的全过程。这种时间跨度决定了此类数据具有明显的时效性特征，其经济价值往往随着代际变迁而自然衰减。第二，数据库和软件的使用寿命设定为 5 年。第三，数据科学研发成果的使用寿命设定为 6 年。在价格指数构建方面，鉴于投入品价格与行业大类劳动报酬率存在比例变动关系，本书按照每年生产率增长 1% 的假定进行相应下调。

第二节　数据资产纳入生产资产核算的影响研究

一、对宏观经济指标的影响

将数据资产作为生产资产进行核算，将对投入产出表的结构产生巨大影响，也会对描述经济结构的一些指标产生影响。主要影响表现为总产出增加、中间消耗降低、GDP增加、固定资本形成总额增加、固定资产折旧增加和营业盈余增加。表13-1的投入产出表直观描述了将数据资产作为生产资产核算后可能产生的影响。

表13-1　　　　　　数据资产核算对宏观经济指标的影响

指标		中间使用			最终使用				存货增加	出口	合计	进口	总产出
		第一产业	第二产业	第三产业	合计	居民消费	政府消费	固定资本形成总额						
								非数据资产	数据资产					
中间投入	第一产业		⇓			—	—	—	⇑	—	⇑	—	⇑	
	第二产业													
	第三产业													
	合计													
最初投入	劳动者报酬	—				—								
	固定资本消耗	⇑												
	生产税净额	—												
	营业盈余	⇑												
	增加值	⇑												
总投入		⇑												

二、对国民经济核算表的影响

尽管企业购买数据（如从消费者那里购买）的行为日益普遍，但根据SNA2008的核算准则，企业在获取或生产数据的过程中所产生的与数据相关的成本不应包括在固定资本形成中。但这并不意味着数据没有价值。实际上，数据未来可能通过多种渠道产生经济效益，如直接销售蕴含数据价值的数据库产品，或为其他商品和服务提供增值支持。在直接销售场景下，由于数据具有无形资产的特征，其交易价值往往以商誉形式体现在企业资产负债表中（Ahmad N and Ven P, 2018），选择这种处理方式的根本原因在于数据作为生产要素的特殊性——其价值贡献难以从生产过程中单独剥离和量化识别，这种核算难题最终会使国民经济统计中出现系统性偏差，即数据创造的实际价值与官方统计数字之间存在系统性缺口。

将数据资产确认为生产资产纳入国民经济账户体系内，必然会对国民账户核算表产生影响。但只有在SNA2008核算框架内对社会经济中有关数据生产的活动进行识别，分析其使用去向和流转过程，才能反映出数据资产的作用机制及其经济影响。当数据资产被正式纳入核算体系后，中间消耗及总产出将会发生变化，从而直接影响生产账户的平衡。在国民经济核算的收入初次分配账户中，营业盈余作为核算的初始项，其数值会因数据资产的纳入而增加，进而带动可支配收入和总储蓄的增长，这意味着收入分配账户也将受到显著影响。此外，作为资本形成的重要组成部分，数据资产带来的固定资本增加还会对积累账户产生影响。

第十四章 数据资产测算结果与分析

第一节 基于劳动成本视角的测算

数据价值链（除观察外）的各组成部分——数据、数据库、数据科学都可以形成数据资产。理想情况下，应使用数据、数据库和数据科学的市场交易价格来估计其价值。但囿于数据缺乏，本书主要借鉴加拿大统计局（2019a）推荐的成本法，研究自产自用的数据、数据库和数据科学的价值。总产出近似等于劳动者报酬，基于供需平衡法，固定资本形成也近似等于劳动者报酬。

在数据、数据库和数据科学生产过程中，相关成本既包括直接的人工投入，也涉及人力资源管理、财务管理和电力消耗等间接成本。但由于实际操作中难以精确划分这些间接成本中有多少是专门用于数据类资产生产的，因此本书的核算范围仅限于能够明确归属的直接人工成本部分。在估算直接人工成本时，首先，根据《国民经济行业分类（2017）》，筛选出与数据、数据库、数据科学相关的行业小类、中类和大类，其中，部分小类由《国民经济行业分类（2017）》调整得到（具体见附录中的表9）。其次，由于缺乏细分行业的工资数据，我们首先统计各中类和小类的从业人数——对于未公布的小类数据，采用对应中类的从业人数替代；部分中类数据则通过所属大类的从业人数按比例推算（比例参考《中国经济普查年鉴》数据确定）。最后，将这些从业人数分别乘以其所属行业门类（包括制造业，信息传输、软件和信息技术服务业，金融业，租赁和商务服务业四大门类）的平均工资，最终得出各细分行业从业人员工资收入的估算值。

综上，全行业数据生产活动从业人员平均工资的计算公式为：行业平均工资＝(国有单位就业人员数×国有单位平均工资＋城镇集体单位就业人员数×城镇集体单位平均工资＋其他单位就业人员数×其他单位平均工资)÷(国有单位就业人员数+城镇集体单位就业人员数+其他单位就业人员数）。其中，人员按照行业划分为国有单位就业人员、城镇集体单位就业人员和其他单位就业人员，工资按行业划分国有单位就业人员平均工资、城镇集体单位就业人员平均工资和其他单位就业人员平均工资。计算得到的工资收入即为劳动者报酬。本方法涉及的相关数据均可通过中国国家统计局网站获取。

一、数据的固定资本形成总额估计

经分析，与数据相关的行业主要涉及电线电缆及电工器材制造业（行业代码383）、计算机制造（391）、通信设备制造（392）以及互联网平台（643）四个中类行业。四类行业的从业人员工资数据来自《中国高技术产业统计年鉴》《中国第三产业统计年鉴》《中国经济普查年鉴》《中国工业统计年鉴》等出版物。[①] 其中，计算机制造（391）、通信设备制造（392）以及互联网平台（643）三个行业的从业人员工资数据可从这些出版物中直接获取，电线电缆及电工器材制造业（383）从业人员工资数据则由光纤制造（3832）从业人员工资和光缆制造（3833）从业人员工资加总得到。对于部分缺失数据的年份，研究团队通过插补法补全数据，具体方法如下：

$$N_{2012}^{G} = \frac{N_{2013}^{G}}{\sqrt{N_{2013}^{D}/N_{2011}^{D}}} \qquad (14-1)$$

$$N_{2017}^{G} = N_{2016}^{G} \times \frac{N_{2017}^{C}}{N_{2016}^{C}} \qquad (14-2)$$

$$N_{2017}^{T} = N_{2016}^{T} \times \frac{N_{2017}^{C}}{N_{2016}^{C}} \qquad (14-3)$$

$$N_{2017}^{J} = N_{2016}^{J} \times \frac{N_{2017}^{C}}{N_{2016}^{C}} \qquad (14-4)$$

$$N_{2018}^{G} = N_{2018}^{GC} \times \frac{N_{2019}^{Q} + N_{2019}^{L}}{N_{2019}^{Q} + N_{2019}^{L} + N_{2019}^{M}} \qquad (14-5)$$

其中，N_{2012}^{G}、N_{2013}^{G}、N_{2016}^{G}、N_{2017}^{G}、N_{2018}^{G}分别表示2012年、2013年、2016年、2017年和2018年的光纤光缆制造业从业人数，N_{2011}^{D}、N_{2013}^{D}分别表示2011年和2013年的电气机械和器材制造业人数，N_{2016}^{C}、N_{2017}^{C}分别表示2016年和2017年的制造业城镇单位就业人数，N_{2016}^{T}、N_{2017}^{T}分别表示2016年和2017年的

---

① 均可从中国知网的年鉴数据库中获取。

通信设备制造业就业人数，N^J_{2016}、N^J_{2017}分别表示2016年和2017年的计算机制造业就业人数，N^{GC}_{2018}表示2018年光纤光缆及锂离子制造业从业人数，N^Q_{2019}表示2019年光纤制造业从业人数，N^L_{2019}表示2019年光缆制造业从业人数，N^M_{2019}表示2019年锂离子制造业从业人数。

将从业人数与行业平均工资相乘，可以得到从业人员工资收入。然而，并非所有工资收入都可以视为数据的固定资本形成。以制造业为例，其工作核心本是实物制造，但本书仍将其收入部分纳入数据投入，原因在于，数据生产的全过程依赖光纤光缆的数据传输、计算机和通信设备的支持，同时互联网平台在服务过程中也会记录并整合数据。因此，参考加拿大统计局（2019b）的方法，通过设定时间使用系数对工资收入进行剥离。考虑到该系数的假设可能存在不确定性，研究进一步设定了比例的上限值和下限值（见表14-1）。

表14-1显示，2019年我国数据的固定资本形成总额（即数据投入）为595.43亿~1 112.82亿元，远低于当年全社会固定资产总投入（513 608亿元）。由于本书的基础假设较为保守，且现实中数据采集已高度自动化，尽管每年生成EB级海量数据，其直接成本仍相对较低。需注意的是，本书仅核算数据生产的直接成本，未涵盖其作为资产可能产生的未来收益，因此595.43亿~1 112.82亿元实为保守下限估值。若要精准预测数据资产的潜在收益，需进一步构建有针对性的方法论。同时，经测算，2012~2019年，我国数据固定资本形成年均增速达12.21%~12.68%，这一趋势反映出我国对数据要素的战略性投入逐年扩大。

第十四章 数据资产测算结果与分析

表14－1　数据的固定资本形成总额

行业	上下限	时间使用系数	固定资本形成总额（亿元）							
			2012年	2013年	2014年	2015年	2016年	2017年	2018年	2019年
383 电线、电缆、光缆及电工器材制造业	下限值	0.6	19.99	22.73	25.61	27.05	31.36	32.17	27.77	31.84
	上限值	0.7	23.32	26.52	29.88	31.56	36.55	37.53	32.4	37.14
391 计算机制造业	下限值	0.1	72.68	82.28	88.71	74.51	71.57	73.46	88.77	92.42
	上限值	0.2	145.36	164.56	177.42	149.03	143.14	146.92	177.54	184.84
392 通信设备制造业	下限值	0.1	57.36	64.41	81.44	111.41	119.3	122.45	136.53	153.41
	上限值	0.2	114.73	128.82	162.88	222.83	238.59	244.9	273.07	306.81
631 电信行业	下限值	0.1	108.17	135.12	155.24	158.1	168.22	160.82	209.46	214.74
	上限值	0.2	216.34	270.24	310.47	316.19	336.44	321.65	418.93	429.48
643 互联网平台行业	下限值	0.2	—	—	—	—	—	43.36	85.94	103.03
	上限值	0.3	—	—	—	—	—	65.03	128.91	154.54
行业合计	下限值	—	258.21	304.54	350	371.07	390.41	432.26	548.48	595.43
	上限值	—	499.76	590.14	680.65	719.6	754.72	816.03	1 030.84	1 112.82

资料来源：根据《中国统计年鉴》《中国工业统计年鉴》《中国高技术产业统计年鉴》《中国经济普查年鉴》《中国第三产业统计年鉴》等资料整理。

二、数据库的固定资本形成总额估计

SNA2008 概述了数据库价值的测算方法,指出其价值通常需通过费用加总法估算,费用主要包括数据格式预处理成本、开发人力成本(时间投入)、资产资本服务成本以及中间消耗项成本。实践中,统计人员的主要挑战并非概念分歧,而是数据细分不足——软件与数据库的界限模糊不清。因此,统计机构常将数据库投入纳入软件固定资本形成总额,尽管现阶段数据库利用率有限。本书基于加拿大统计局(2019a)的方法,单独估算了自有账户数据库的价值(即与软件投入分离)。虽然理论上数据库产品可能被多次出售并产生持续收益,但由于我国尚未建立专门的数据库市场交易统计体系,因此仅测算企业自产自用的数据库开发活动,不包括商用数据库产品。

经分析,与数据库相关的中类行业包括互联网接入及相关服务业、互联网数据服务业、信息处理和存储支持服务业和其他信息技术服务业,各中类行业从业人员数的计算公式为:

$$N_M = N_B \times \alpha \qquad (14-6)$$

其中,N_M 表示中类行业从业人员数,N_B 为中类行业对应大类行业的从业人员数,α 表示中类行业从业人员数与大类行业从业人员数的比例。由于在样本期内(2012~2019 年),我国国民经济行业分类标准经历了版本更替,最新版本的《国民经济行业分类(2017)》由中国国家统计局牵头制定,经国家质量监督检验检疫总局和国家标准化管理委员会联合批准,于 2017 年 10 月 1 日正式实施。[①] 因此,2012~2016 年中类从业人员数与大类从业人员数的比例依据《中国经济普查年鉴 2013》的数据计算,2017~2019 年中类从业人员数与大类从业人员数的比例依据《中国经济普查年鉴 2018》的数据计算。且为确保数据可比性,两个时间段内的比例保持不变。根据计算出的比例发现,互联网接入及相关服务业的中类从业人员数与大类从业人员数的比例在两个时间段内相差较大,这是因为在《国民经济行业分类(2017)》标准中,互联网和相关服务所包含的细分行业比《国民经济行业分类(2011)》标准中所包含的细分行业多,所以这一比例才有所不同。

由于数据库开发人员通常需要兼顾多个项目,并非所有工作时间都用于企

---

① 关于执行国民经济行业分类第 1 号修改单的通知 [EB/OL]. 国家统计局,https://www.stats.gov.cn/xxgk/tjbz/gjtjbz/201905/t20190521_1758938.html.

业内部数据库开发。因此,在估算企业自用数据库的固定资本总额形成时,也需要考虑员工的时间使用系数。参照数据固定资本形成总额的估算方法,本书对不同行业的数据库开发工作时间也设置了上下限,如表 14-2 所示。由测算结果可知,2019 年中国企业自用数据库的固定资本形成总额在 504.34 亿~630.42 亿元,且 2012~2019 年数据库固定资本形成总额的年均增长率约 28.48%,发展态势迅猛。

表 14-2　数据库的固定资本形成总额

固定资本形成总额（亿元）

行业	上下限	时间使用系数	2012年	2013年	2014年	2015年	2016年	2017年	2018年	2019年
641 互联网接入及相关服务	下限值	0.4	10.43	24.5	31.8	41.16	53.97	40.86	81	97.1
	上限值	0.5	13.03	30.63	39.75	51.45	67.46	51.083	101.25	121.38
654 数据处理和存储服务	下限值	0.4	19.38	28.83	33.29	43.32	51.76	—	—	—
	上限值	0.5	24.22	36.04	41.61	54.15	64.7	—	—	—
659 其他信息技术服务业	下限值	0.4	57.45	85.47	98.69	128.42	153.45	153.03	245.17	286.68
	上限值	0.5	71.81	106.83	123.36	160.53	191.82	191.28	306.46	358.36
655 信息处理和存储支持服务	下限值	0.4	—	—	—	—	—	35.87	57.47	67.21
	上限值	0.5	—	—	—	—	—	44.84	71.84	84.01
645 互联网数据服务	下限值	0.4	—	—	—	—	—	22.45	44.5	53.34
	上限值	0.5	—	—	—	—	—	28.06	55.62	66.68
行业合计	下限值	—	87.26	138.79	163.78	212.9	259.18	252.21	428.14	504.34
	上限值	—	109.07	173.49	204.72	266.13	323.98	315.26	535.18	630.42

资料来源：根据《中国统计年鉴》《中国工业统计年鉴》《中国高技术产业统计年鉴》《中国经济普查年鉴》《中国第三产业统计年鉴》等资料整理。

三、数据科学的固定资本形成总额估计

数据科学活动的范围限定于表 14-3 所列的中类行业中。在具体测算过程中，各行业从业人员数量采用与数据库相同的测算方法，同时需设定各行业从业人员投入数据科学工作的时间使用系数。需要特别说明的是，本书将数字内容服务和金融信息服务两个行业的从业人员工资收入全部计入数据科学投入，这一特殊处理基于其行业特征：第一，数字内容服务的核心业务是通过数字技术对图片、文字、视频、音频等内容进行加工处理与整合应用，本质上属于数据价值挖掘活动；第二，金融信息服务则直接向金融活动参与者提供市场信息和数据服务，属于典型的数据驱动型服务。这种处理方法既反映了行业实际特征，也确保了测算结果的完整性。

数据科学固定资本形成总额的测算结果如表 14-3 所示。2019 年，数据科学固定资本形成额在 3 687.66 亿~4 284.36 亿元。2012~2019 年，数据科学固定资本形成年均增长率达到 26.09%~28.33%。由此可见，中国数据应用范围不断扩大。

综上，数据价值链的三个组成部分（数据、数据库、数据科学）的固定资本形成总额（简称数据资产的固定资本形成总额）如表 14-4 所示。按当前价格计算，2012~2019 年，数据资产的固定资本形成总额在 4 787 亿~6 027 亿元，年均增长率达到 22.52%~25.27%，其中，仅 2017~2019 年，年均增长率就达到了 31.97%~34.23%。由结果可知，中国与数据相关的投入正在不断增加。不过，这些数额不能直接加总到现有的国内生产总值中，因为这些数额与已公布的固定资产形成总额存在重叠，因此，需单独计算重叠部分以完善估计。

表14-3 数据科学的固定资本形成总额

固定资本形成总额（亿元）

行业	上下限	时间使用系数	2012年	2013年	2014年	2015年	2016年	2017年	2018年	2019年
641 互联网接入及相关服务	下限值	0.4	10.43	24.50	31.80	41.16	53.97	40.86	81.00	97.10
	上限值	0.5	13.03	30.63	39.75	51.45	67.46	51.08	101.25	121.38
642 互联网信息服务	下限值	1	136.74	321.30	416.97	539.77	707.72	554.66	1 099.50	1 318.05
	上限值	1	136.74	321.30	416.97	539.77	707.72	554.66	1 099.50	1 318.05
659 其他信息技术服务业	下限值	0.4	57.45	85.47	98.69	128.42	153.45	153.03	245.17	286.68
	上限值	0.5	71.81	106.83	123.36	160.53	191.82	191.28	306.46	358.36
694 金融信息服务	下限值	1	18.56	21.01	24.00	27.32	30.62	33.15	35.49	42.35
	上限值	1	18.56	21.01	24.00	27.32	30.62	33.15	35.49	42.35
729 其他商务服务业	下限值	0.1	67.16	101.42	117.24	136.78	157.31	106.56	151.37	164.06
	上限值	0.2	134.32	202.83	234.47	273.56	314.61	213.12	302.75	328.11
654 数据处理和存储服务	下限值	0.4	19.38	28.83	33.29	43.32	51.76	—	—	—
	上限值	0.5	24.22	36.04	41.61	54.15	64.70	—	—	—
721 企业管理服务	下限值	0.05	69.22	104.52	120.83	140.97	162.13	—	—	—
	上限值	0.1	138.44	209.05	241.66	281.94	324.25	—	—	—
724 广告业	下限值	0.6	264.48	399.38	461.67	538.63	619.47	—	—	—
	上限值	0.7	308.56	465.94	538.62	628.40	722.71	—	—	—
643 互联网平台	下限值	0.2	—	—	—	—	—	43.36	85.94	103.03
	上限值	0.3	—	—	—	—	—	65.03	128.91	154.54

续表

行业	上下限	时间使用系数	2012年	2013年	2014年	2015年	2016年	2017年	2018年	2019年
645 互联网数据服务	下限值	0.4	—	—	—	—	—	22.45	44.50	53.34
	上限值	0.5	—	—	—	—	—	28.06	55.62	66.68
655 信息处理和存储支持服务	下限值	0.4	—	—	—	—	—	35.87	57.47	67.21
	上限值	0.5	—	—	—	—	—	44.84	71.84	84.01
657 数字内容服务	下限值	1	—	—	—	—	—	127.90	204.91	239.61
	上限值	1	—	—	—	—	—	127.90	204.91	239.61
722 综合管理服务	下限值	0.3	—	—	—	—	—	139.06	197.54	214.09
	上限值	0.4	—	—	—	—	—	185.41	263.39	285.46
725 广告业	下限值	0.6	—	—	—	—	—	715.86	1 016.94	1 102.13
	上限值	0.7	—	—	—	—	—	835.18	1 186.43	1 285.82
行业合计	下限值	—	643.42	1 086.42	1 304.49	1 596.37	1 936.43	1 972.76	3 219.84	3 687.66
	上限值	—	845.70	1 393.63	1 660.44	2 017.16	2 423.90	2 329.72	3 756.56	4 284.36

资料来源：根据《中国统计年鉴》《中国工业统计年鉴》《中国高技术产业统计年鉴》《中国经济普查年鉴》《中国第三产业统计年鉴》等资料整理。

表 14-4 数据资产的固定资本形成总额 单位：亿元

数据资产类别	上下限	2012 年	2013 年	2014 年	2015 年	2016 年	2017 年	2018 年	2019 年
数据	下限值	258.21	304.54	351.00	371.07	390.41	432.26	548.48	595.43
	上限值	499.76	590.14	680.65	719.60	754.72	816.03	1 030.84	1 112.82
数据库	下限值	87.26	138.79	163.78	212.90	259.18	252.21	428.14	504.34
	上限值	109.07	173.49	204.72	266.13	323.98	315.26	535.18	630.42
数据科学	下限值	643.42	1 086.42	1 304.49	1 596.37	1 936.43	1 972.76	3 219.84	3 687.66
	上限值	845.70	1 393.63	1 660.44	2 017.00	2 423.90	2 329.72	3 756.56	4 284.36
合计	下限值	988.89	1 529.76	1 819.26	2 180.35	2 586.03	2 657.23	4 196.46	4 787.43
	上限值	1 454.53	2 157.26	2 545.82	3 002.85	3 502.61	3 461.01	5 322.58	6 027.60

四、数据资产的资本存量估计

本书主要关注企业、政府机构和非营利组织内部自产自用的数据、数据库及数据科学资产，这些资产的价值本质上应反映其生产过程中产生的各项成本，包括直接人力成本（如从业人员工资）、间接人力成本（如福利支出）以及非人力成本（如管理费用等运营支出）。但在实际测算过程中，基于方法可行性和数据可获取性的考量，只估算了直接人力成本。在构建价格指数时，假设价格与每个行业大类的劳动报酬率同比例变化，并随生产率的增长每年将价格指数下调1%。由于数据相关的从业人员主要来自"制造业"，数据库的相关从业人员主要来自"信息传输、软件和信息技术服务业"，数据科学的相关从业人员主要来自"信息传输、软件和信息技术服务业""金融业"和"租赁和商务服务业"，因此，若以2012年为基期，可将三类数据资产对应价格指数的计算公式表示为式（14-7）至式（14-9）。

$$I_{Data}^{Now} = \frac{Z_{Now}}{Z_{2012}} \qquad (14-7)$$

$$I_{Database}^{Now} = \frac{X_{Now}}{X_{2012}} \qquad (14-8)$$

$$I_{DataS}^{Now} = \frac{\left(\frac{X_{Now}}{X_{2012}} + \frac{R_{Now}}{R_{2012}} + \frac{W_{Now}}{W_{2012}}\right)}{3} \qquad (14-9)$$

其中，I_{Data}^{Now}、$I_{Database}^{Now}$、I_{DataS}^{Now}分别表示当年的数据价格指数、数据库价格指数、数据科学价格指数，Z_{Now}、X_{Now}、R_{Now}、W_{Now}分别表示当年"制造业""信息传输、软件和信息技术服务业""金融业"和"租赁和商务服务业"的平均工资，Z_{2012}、X_{2012}、R_{2012}、W_{2012}分别表示2012年"制造业""信息传输、软件和信息技术服务业""金融业"和"租赁和商务服务业"的平均工资。

计算得到的价格指数如表14-5所示。进一步，基于前文计算的数据、数据库和数据科学的固定资本形成总额，假设数据的使用寿命为25年，数据库的使用寿命为5年，数据科学的使用寿命为6年，采用永续盘存法，分别计算得到2012~2019年数据、数据库和数据科学的资本存量净额，通过加总即可得到三类数据资产的总资本存量净额（见表14-6）。

表14-5　　　　　　　　　　　数据资产价格指数

数据资产类别	2012年	2013年	2014年	2015年	2016年	2017年	2018年	2019年
数据	100.00	110.48	122.33	131.83	141.78	153.74	172.10	186.65
数据库	100.00	111.88	124.17	138.00	150.80	164.19	182.13	199.12
数据科学	100.00	112.95	123.07	133.50	141.42	150.76	161.63	169.67

注：以2012年为基准年。

表14-6　　　　　数据资产的资本存量净额估计结果　　　　　单位：亿元

数据资产类别	上下限	2012年	2013年	2014年	2015年	2016年	2017年	2018年	2019年
数据	下限值	336.78	598.95	861.92	1 108.92	1 339.93	1 567.48	1 823.48	2 069.55
	上限值	783.05	1 285.88	1 790.85	2 265.08	2 706.78	3 129.28	3 603.09	4 055.17
数据库	下限值	106.13	208.96	299.06	393.53	486.70	542.97	669.45	788.85
	上限值	132.66	261.20	373.83	491.91	608.37	678.71	836.81	986.06
数据科学	下限值	564.60	1 432.32	2 253.58	3 073.78	3 930.79	4 584.22	5 812.25	7 017.03
	上限值	833.31	1 928.22	2 956.06	3 974.36	5 025.97	5 733.65	7 102.16	8 443.65
合计	下限值	1 007.50	2 240.24	3 414.56	4 576.23	5 757.41	6 694.67	8 305.18	9 875.43
	上限值	1 749.02	3 475.30	5 120.75	6 731.34	8 341.12	9 541.64	11 542.07	13 484.88

第二节 数据产业与数据价值初判

本节以数据资产的初始形态——原始数据为研究对象，从两个视角展开研究：第一，从宏观产业视角切入，全面剖析数据产业现阶段的发展格局与市场状况，旨在把握数据产业整体的发展阶段与特征；第二，从微观企业主体出发，采用量化方法对数据要素的经济价值进行初步测算。这两个研究视角的有机结合，既能揭示数据作为基础生产要素的产业生态，又为数据资产价值评估提供了实证基础。

一、数据产业情况

随着大数据的发展，数据量呈爆炸式增长的态势，而大量数据的产生也带来了数据存储的需求。数据中心作为数据收集、处理和交互的中心，承担着数据存储的关键职能。为了满足数据存储需求，工业和信息化部于2021年7月印发《新型数据中心发展三年行动计划（2021～2023年）》，[1] 旨在推进中国数据中心建设。

大量数据中心的建设为大数据产业的快速发展奠定了基础。如图14-1所示，虽然从2015年开始，中国大数据产业规模同比增速呈逐年下降的趋势，但总体规模仍处于较高水平。例如，2023年，中国大数据产业规模已经达到10 099.3亿元。

基于2020年各行业的大数据应用情况（见图14-2）可知，大数据应用已实现全行业覆盖，但渗透深度存在明显行业差异。总体来看，互联网行业、政府部门、金融行业和电信行业的大数据应用规模合计占产业总规模的77.6%，构成大数据产业主体。其中，互联网行业在大数据应用上处于领先地位，其数据规模占整个大数据产业规模的45.2%，政府部门的大数据应用规模占产业总规模的14.5%，金融行业占产业总规模的9.4%，电信行业占总规模的5.7%。相比之下，工业制造和健康医疗等传统行业虽然已开展应用探索，但合计占比不足10%，发展潜力仍待释放。

---

[1] 工业和信息化部关于印发《新型数据中心发展三年行动计划（2021-2023年）》的通知[EB/OL]. 中华人民共和国工业和信息化部，https://www.gov.cn/zhengce/zhengceku/2021-07/14/content_5624964.htm.

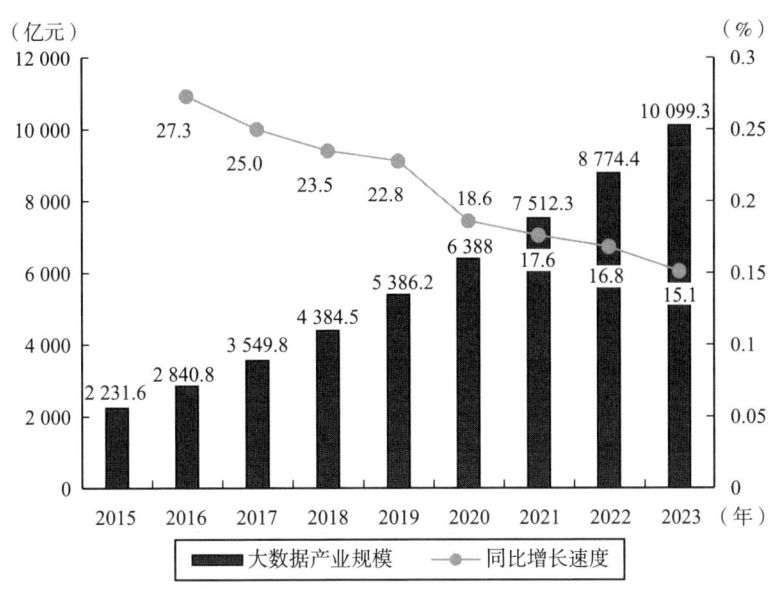

图 14-1 大数据产业规模

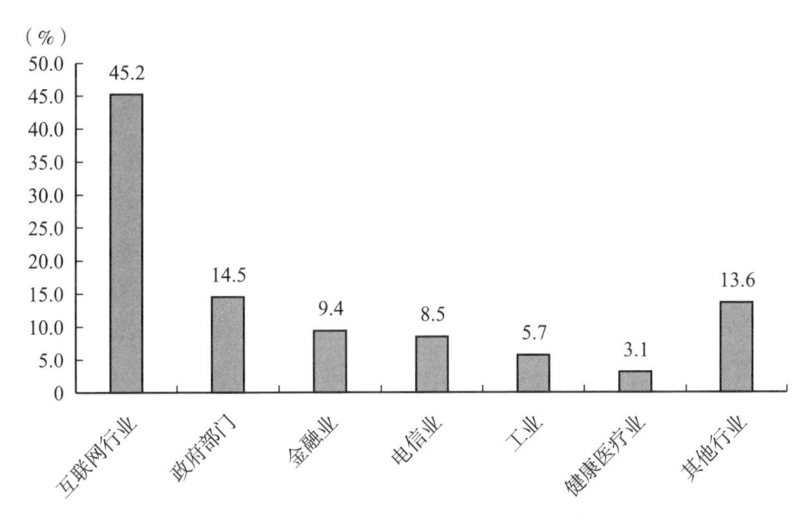

图 14-2 2020年中国各行业数据应用规模占全行业数据应用规模的比重

二、企业的数据价值估计

(一) 企业价值与数据价值

在数据产业快速发展的背景下,大数据技术持续渗透到多个行业和领域,推动跨行业的深度融合与应用。与此同时，专注于数据核心业务的企业数量不断增长。这类企业高度依赖数据资源，通过建立专业数据库整合各类数据，并基于数据提供定向服务实现盈利。以阿里巴巴为例，该电商平台建立了庞大的商品数据库和用户数据库，前者帮助消费者快速定位所需商品，后者则通过分析用户历史购买记录等数据，实现个性化推荐，从而提升购买转化率和企业收益。百度作为搜索引擎企业，其核心业务在于构建和维护海量在线内容数据库，在为用户提供检索服务的同时，收集用户兴趣特征等数据，形成用户画像，通过搜索竞价排名等模式实现商业变现。滴滴出行则通过采集乘客行程数据（包括起止点等信息）分析常用出行路线，进而在需求密集区域合理调配运力，提升车辆运营效率。

上述这些案例表明，大数据企业的核心价值主要由其拥有的数据库资源及数据分析处理能力构成，但这类企业的价值也并非完全由数据要素决定，还包含其他非数据相关的价值组成部分。一般来说，企业的价值可采用市值即发行的股票数量乘以股价来衡量，企业的账面价值则反映企业拥有的资产，包括实物资产（如建筑和机器）和无形资产（如专利、品牌）以及金融资产（如现金和在其他公司的股份）。在企业会计核算中，并没有将数据作为资产进行核算，数据库通常也不被记录为资产。结合 OECD（2020）的研究，企业的市场价值与账面价值之间的正差异主要归因于数据价值。因此，数据的价值可以粗略地用企业市场价值与账面价值之间的正差值来表示。

（二）大数据企业数据价值估计

虽然数据价值已在各行业得到体现，但相较传统企业，大数据企业在人才储备、技术应用等方面具有显著优势，因而能更充分地挖掘数据价值。因此，本书基于大数据产业生态联盟公布的《2020 中国大数据企业 50 强》[1] 和首席数据官联盟发布的《中国大数据企业排行榜 V7.0》，[2] 整理出 2020 年中国的大数据企业名单，然后识别出名单上属于上市公司的企业，并利用股票数据和上市公司财务报告分别获取其市值数据和账面价值数据。经统计，413 家大数据企业中共有 57 家公司在内地上市，40 家在深圳证券交易所上市，14 家在上海证券交易所上市，3 家在香港证券交易所上市。其中，阿里巴巴于 2014 年

---

[1] 大数据产业生态联盟等.《2020 中国大数据企业 50 强》[R]. 北京：大数据产业生态联盟、赛迪传媒，2020.

[2] 首席数据官联盟.《中国大数据企业排行榜 V7.0》[R]. 北京：北京大数据协会/首席数据官联盟融合成立大会暨大数据"产学研用"一体化融合平台发布会，2020.

在美国上市后，于 2019 年在中国香港二次上市，基于地域因素，本书选取阿里巴巴在中国香港上市的数据进行分析。此外，北京百度网讯科技有限公司、北京金山云网络技术有限公司和北京国双科技有限公司等在美国上市的企业也未被纳入分析范围。

由企业市值及账面价值可粗略计算企业中数据的价值。如表 14-7 所示，2020 年，57 家上市大数据公司的总市值高达 110 295.68 亿元，数据的价值合计达到 88 901.73 亿元，其中腾讯和阿里巴巴的数据价值为 69 536.72 亿元，占 57 家上市企业数据总价值的 78.22%。这可能是因为，腾讯通过微信、QQ 等社交产品，阿里巴巴通过淘宝、支付宝等平台，均积累了庞大的用户群体，用户日常产生的海量数据存储于企业数据库中，既形成了竞争优势，也为数据挖掘利用奠定了基础。

表 14-7　2020 年中国 57 家上市大数据企业的数据价值　　单位：亿元

序号	上市企业	市值	账面价值	数据价值
1	北京超图软件股份有限公司	83.43	21.49	61.94
2	北京大北农科技集团股份有限公司	405.27	110.15	295.12
3	北京东方国信科技股份有限公司	115.65	58	57.65
4	北京飞利信科技股份有限公司	60.14	23.95	36.19
5	北京慧辰资道资讯股份有限公司	29.13	12.31	16.82
6	豆神教育科技（北京）股份有限公司	84.75	7.62	77.13
7	绿盟科技集团股份有限公司	121.95	34.97	86.98
8	北京数字政通科技股份有限公司	56.26	31.03	25.23
9	北京四维图新科技股份有限公司	279.85	77.59	202.26
10	北京易华录信息技术股份有限公司	199.16	39.56	159.6
11	四川发展龙蟒股份有限公司	78.96	38.32	40.64
12	成都卫士通信息产业股份有限公司	140	47.07	92.93
13	东方网力科技股份有限公司	43.17	2.05	41.12
14	东华软件股份公司	258.59	99.15	159.44
15	东软集团股份有限公司	129.33	83.6	45.73
16	福建榕基软件股份有限公司	129.33	15.81	113.52

续表

序号	上市企业	市值	账面价值	数据价值
17	广东乐心医疗电子股份有限公司	41.68	6.54	35.14
18	杭州安恒信息技术股份有限公司	192.67	16.69	175.98
19	航天信息股份有限公司	233.46	125.84	107.62
20	科大讯飞股份有限公司	909.25	126.68	782.57
21	任子行网络技术股份有限公司	40.55	9.03	31.52
22	三六零安全科技股份有限公司	1 062.63	368.26	694.37
23	厦门市美亚柏科信息股份有限公司	173.75	33.01	140.74
24	山石网科通信技术股份有限公司	68.12	14.25	53.87
25	深信服科技股份有限公司	1 026.31	65.11	961.2
26	深圳市汇顶科技股份有限公司	711.99	80.37	631.62
27	深圳市捷顺科技实业股份有限公司	59.99	22.15	37.84
28	深圳市金证科技股份有限公司	139.48	22.87	116.61
29	深圳市赛为智能股份有限公司	50.82	16.58	34.24
30	神州数码集团股份有限公司	141.52	47	94.52
31	沈阳新松机器人自动化股份有限公司	191.91	47.72	144.19
32	曙光信息产业股份有限公司	496.58	116.29	380.29
33	天津九安医疗电子股份有限公司	39.95	18.85	21.1
34	天泽信息产业股份有限公司	42.01	31.14	10.87
35	同方股份有限公司	183.76	160.86	22.9
36	万达信息股份有限公司	257.59	14.64	242.95
37	银江股份有限公司	54.1	34.73	19.37
38	每日互动股份有限公司	65.98	16.78	49.2
39	宇通客车股份有限公司	374.6	153.34	221.26
40	中国软件与技术服务股份有限公司	389.52	23.11	366.41
41	中科寒武纪科技股份有限公司	587.27	64.32	522.95
42	中兴通讯股份有限公司	1 552.42	432.97	1 119.45
43	杭州海康威视数字技术股份有限公司	4 532.49	537.94	3 994.55

续表

序号	上市企业	市值	账面价值	数据价值
44	北京恒泰实达科技股份有限公司	37.39	25.46	11.93
45	腾讯控股有限公司	44 608.01	7 780.43	36 827.58
46	阿里巴巴集团控股有限公司	41 505.65	8 796.51	32 709.14
47	小米集团有限责任公司	6 893.79	1 240.14	5 653.65
48	神州数码信息服务股份有限公司	152.41	56.86	95.55
49	广联达科技股份有限公司	874.21	65.58	808.63
50	上海熙菱信息技术有限公司	16.01	2.81	13.2
51	太极计算机股份有限公司	151.34	35.16	116.18
52	北京久其软件股份有限公司	33	10.53	22.47
53	创意信息技术股份有限公司	51.87	16.8	35.07
54	拓尔思信息技术股份有限公司	59.94	21.68	38.26
55	荣联科技集团股份有限公司	29.89	13.98	15.91
56	北京思特奇信息技术股份有限公司	21.72	8.49	13.23
57	普元信息技术股份有限公司	25.08	9.78	15.3
	合计	110 295.68	21 393.95	88 901.73

资料来源：同花顺 iFinD 金融数据库，主要面向机构投资者、研究员和专业人士。

在这 57 家大数据企业中，许多企业上市时间较晚，其市值变化在短期内无法显现，因此本书以 2010 年已上市且持续经营至 2020 年的 28 家公司为样本，进行后续分析。2010 年，这 28 家企业的总市值为 6 148.59 亿元，到 2020 年增长至 56 315.77 亿元。以各企业 2010 年的观测值为基准（设为 1），将每个时期的观测值除以 2010 年的基准值，即可计算出企业的市值增长指数，结果见附录中的表 6。由结果可知，神州数码信息服务股份有限公司的市值在 2013 年呈爆发式增长，这主要是由于神州数码信息服务股份有限公司 2014～2016 年持续采取并购或收购的方式来扩大其市场，如此一来，这些被并购或收购的公司所拥有的数据也归神州数码信息服务股份有限公司所有。除此以外，深圳市金证科技股份有限公司的市值增长指数起伏程度也比较大，而腾讯控股有限公司的市值则一直处于增长趋势。

鉴于个别企业市值波动过大会显著影响整体结果，本书进一步对原始市值数据进行了对数转换处理以平缓波动幅度。以2010年为基期，分别计算了28家企业的整体市值增长指数，以及剔除市值波动较大的神州数码信息服务股份有限公司（简称神州信息）、深圳市金证科技股份有限公司（简称金证科技）和腾讯控股有限公司（简称腾讯）后的市值增长指数。为评估大数据企业的相对表现，同时采集了深圳证券交易所、上海证券交易所和香港证券交易所的市值数据，计算同期市值增长指数变化趋势，计算得到的市值增长指数见附录中的表7。通过绘制市值增长指数变化趋势图（见图14-3），可以清晰观察到，2010～2020年，无论是否包含神州信息、金证科技和腾讯三家市值波动较大的企业，大数据企业这个群体的市值增长指数变化速度明显超越了沪深港三大证券交易所上市企业的平均水平。这一实证结果表明，大数据行业整体展现出比资本市场更强的盈利潜力和成长性。

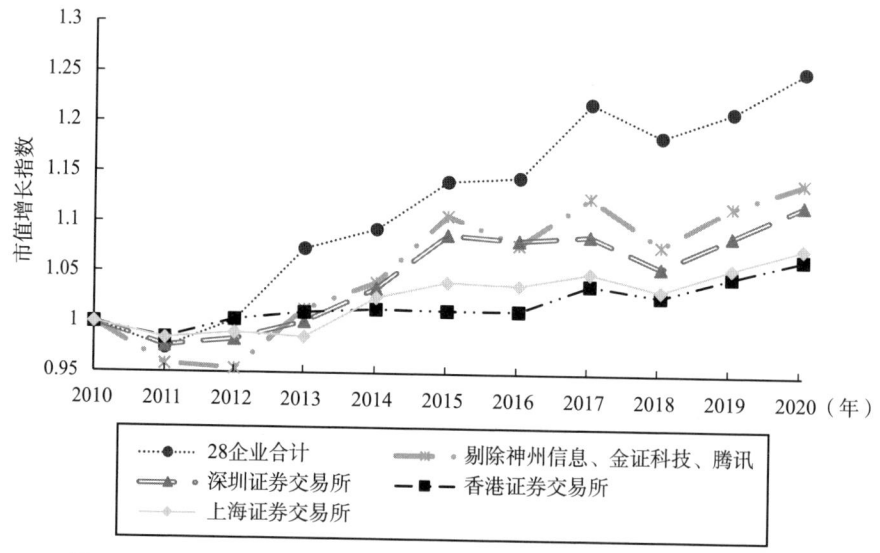

图14-3 2010～2020年中国大数据企业与证券交易所市值增长指数对比

资料来源：同花顺iFinD金融数据库。

第三节 行业视角下的数据产品总产出估算

数据资产包含数据库资产和其他类型数据资产。尽管我国尚未建立针对数据库的专项统计调查体系，但OECD（2020）已对数据库相关行业的编译和销售规模进行了测算。借鉴国际经验，本书从行业角度分析了数据库等数据产品的识别与产出估计方法。

一、数据产品相关行业的识别

《所有经济活动的国际标准行业分类（第 4 版）》[International Standard Industrial Classification of All Economic Activities (Revision 4)] 中有三个行业明确涉及数据库相关活动。具体包括："5812 名录和邮寄名单的出版"，其行业特征为发布"在形式上受到保护但内容上不受保护"的数据库；"6201 计算机程序设计活动"，为创建和使用数据库所需的计算机结构设计、内容设计及编码；"6312 门户网站"，其细分行业如搜索引擎、其他门户网站和媒体网站中提及了数据库。

此外，OECD（2020）指出还有几个行业也可能与数据库相关。具体包括："6311 数据处理、存储及相关活动"，主要提供基础设施和数据服务，其中的细类"提供数据输入服务"可能与数据库相关；"8291 收款公司和信用局的活动"，根据其行业描述可知，信用局实际上也参与了数据库的编辑和销售；"5819 其他发布活动"，虽然包含"数据或其他信息的在线出版"类别，但更侧重数据而非数据集，故予以排除。上述几个行业的具体描述见表 14-8。

表 14-8 《所有经济活动的国际标准行业分类（第 4 版）》中可能
与数据库汇编和销售相关的行业

代码	名称	描述
5812	名录和邮寄名单的出版	邮寄清单的出版 电话簿的出版 其他目录和专辑的出版
5819	其他出版活动	目录；照片、雕刻物和明信片；贺卡；表格；海报、工艺品的复制品；广告材料和其他印刷品的出版 数据或其他信息的在线出版 不包括软件零售、广告报的出版、在线软件的提供
6201	计算机程序设计活动	为创建和使用系统软件、软件应用程序、数据库、网页进行必要的计算机结构、内容设计及/或计算机编码 软件定制 不包括发行软件仓
6311	数据处理、存储及相关活动	提供存储数据、数据处理和相关活动的基础设施； 特殊存储活动； 提供应用服务 为客户分时提供主机设备； 数据处理服务 提供数据输入服务

续表

代码	名称	描述
6312	门户网站	以简单的搜索格式进行的网站操作，即利用搜索引擎搜索和保存各种数据库的网站和内容 对其他门户网站的操作，如提供定期更新内容的媒体网站
8291	收款公司和信贷局的活动	索赔款项的收取及客户付款转账，如收款活动 将个人信贷和就业过往情况及企业信贷等信息汇总，提供给金融机构、零售商和其他需要考察个人信用状况的个人和单位

资料来源：Ker D, Mazzini E. Perspectives on the value of data and data flows [C]. OECD Digital Economy Papers. Paris: OECD Publishing, 2020: 8 - 36.

从行业角度对我国数据资产进行分析，首先要确定中国《国民经济行业分类（2017）》中哪些行业与数据库相关。基于表14-8和中国《国民经济行业分类（2017）》中的附录C——《国民经济行业分类（2017）》与《所有经济活动的国际标准行业分类（第4版）》对照表，可整理出《所有经济活动的国际标准行业分类（第4版）》与中国《国民经济行业分类（2017）》中数据库相关行业的分类对照表，如表14-9所示。

表14-9 《所有经济活动的国际标准行业分类（第4版）》与《国民经济行业分类（2017）》的分类对应关系

《所有经济活动的国际标准行业分类（第4版）》代码	《所有经济活动的国际标准行业分类（第4版）》类别名称	《国民经济行业分类（2017）》代码	《国民经济行业分类（2017）》类别名称
5812	名录和邮寄名单的出版	无	无
5819	其他出版活动	8625	电子出版物出版（部分）
		8626	数字出版
		8629	其他出版业
6201	计算机程序设计活动	651	软件开发
6311	数据处理、存储及相关活动	6410	互联网接入及相关服务（部分）
		643	互联网平台
		6440	互联网安全服务
		6450	互联网数据服务
		6490	其他互联网服务（部分）
		6560	信息技术咨询服务

续表

《所有经济活动的国际标准行业分类（第4版）》代码	《所有经济活动的国际标准行业分类（第4版）》类别名称	《国民经济行业分类（2017）》代码	《国民经济行业分类（2017）》类别名称
6312	门户网站	642	互联网信息服务
8291	收款公司和信贷局的活动	7295	信用服务

资料来源：根据《所有经济活动的国际标准行业分类》与《国民经济行业分类（2017）》整理。

表14-9中的行业并非都与数据库等数据产品的生产相关，因此需要结合《国民经济行业分类（2017）》对各行业的定义，确定哪些行业应该被纳入核算范围。《国民经济行业分类（2017）》中，"电子出版物出版""数字出版"和"其他出版业"只涉及信息内容的数字化活动，与数据库生产和销售无关，因此应排除在核算范围之外。"7295信用服务"虽涉及数据库业务，但由于缺乏官方发布的细分行业数据，基于数据可得性原则也暂不纳入分析。需要纳入核算的行业主要包括以下三类："651软件开发"，该行业明确包含数据库开发相关活动；"6450互联网数据服务"，该行业涵盖云计算、大数据处理等业务，符合数据生产活动的定义；"6450互联网数据服务"这一细分行业。

此外，行业"6550信息处理和存储支持服务"包括供给方向需求方提供的信息和数据的整理、计算和分析等加工处理服务。因此，在分析数据产品的产出规模时也应将其纳入分析范围。

综上，可以确定与数据生产活动相关的行业如表14-10所示，这些行业进行数据生产活动的结果是形成数据库等数据产品，因此可以从这三个行业入手来估算数据产品的产出规模。

表14-10　　　　　　　　数据生产活动相关行业

《国民经济行业分类（2017）》代码	《国民经济行业分类（2017）》类别名称	备注
651	软件开发	包括数据库开发和设计
6450	互联网数据服务	以互联网技术为基础的大数据处理、云存储、云计算、云加工等服务
6550	信息处理和存储支持服务	供方向需方提供的信息和数据的分析、整理、计算、编辑、存储等加工处理服务

二、数据产品的总产出估算

（一）数据来源

信息传输、软件和信息技术服务业的总产出数据来源于 2012 年、2015 年、2017 年的《中国投入产出表》，①"信息传输、软件和信息技术服务业"的营业收入数据来源于 2012～2019 年的《中国第三产业统计年鉴》，"软件开发""互联网数据服务""信息处理和存储"三个行业的营业收入数据来源于 2013 年和 2018 年的《中国经济普查年鉴》。

（二）数据调整处理

由于《国民经济行业分类（2017）》发布时间不长，数据累积基础较薄弱，因此在基于时间序列估算数据产品产出时，往往需要借助其他版本对应的基础数据。

根据《国民经济行业分类（2017）》中的附录 B——国民经济行业分类新旧类目对照表可以发现，"数据处理与存储服务"行业被拆分为"互联网平台""互联网安全服务""互联网数据服务"和"信息处理和存储支持服务"四个小类，具体见表 14-11。

表 14-11　　　　　　　　　　行业调整对照表

《国民经济行业分类（2011）》	《国民经济行业分类（2017）》
数据处理和存储服务（6540）	互联网平台（643）
	互联网安全服务（6440）
	互联网数据服务（6450）
	信息处理和存储支持服务（6550）

资料来源：根据《国民经济行业分类（2017）》和《国民经济行业分类（2011）》整理。

中国官方统计部门定期发布的行业数据主要覆盖门类和大类层级，而行业中类和小类的系统性公开统计数据相对缺乏。《中国经济普查年鉴》是唯一较为全面的细分行业数据来源，提供了部分行业中类和小类的详细信息，但经济

---

① 资料来源：中国国家统计局官方网站。

普查每五年才开展一次，数据更新频率和时效性存在局限。因此，本书主要采用比例推算的方法对历年数据产品产出进行估算。

由《中国经济普查年鉴》可知，2013年，数据处理和存储服务行业的营业收入为225.9亿元；2018年，互联网平台、互联网安全服务、互联网数据服务、信息处理和存储支持服务四个行业的营业收入合计（即数据处理和存储服务行业的营业收入）为5 342.8亿元。为了得到2013年互联网数据服务以及信息处理和存储支持服务两个行业的营业收入数据，本书借鉴许宪春和张美慧（2020）在计算数字经济规模时对"广播、电视、电影和录音制作业"的处理方式，计算出2018年互联网数据服务、信息处理和存储支持服务两个行业的营业收入占数据处理和存储服务行业总营业收入的比例，并认为该比例在短期内不变，然后分别将该比例与2013年数据处理和存储服务行业的营业收入相乘，便可得到2013年互联网数据服务及信息处理和存储支持服务行业的营业收入数据。

（三）测算思路

由于我国缺乏统计数据，在对数据库资产进行估算时，只能基于非常有限的数据进行粗略估计。如蔡跃洲（2015）在估算信息技术产业的固定资本形成时，根据投入产出表中的软件业和制造业的固定资本形成数据及其总产值数据，首先计算软件业和制造业的固定资本形成占其总产值的比重，基于该比重使用内插法和外推法估算其他年份固定资产形成与其总产值的比重，然后再将估算出的各年份比重数据与《中国电子信息产业统计年鉴》中的制造业和软件总产值数据相乘，得到信息技术产业的资本形成。类似地，由于缺乏细分行业的统计数据，OECD（2020）在测算加拿大数据库相关行业规模时，考虑到加拿大和美国均使用NAICS产业体系，因此，基于美国2012年经济普查中"511140目录、数据库和邮件列表订阅"行业收入占"5111期刊、书籍和目录出版商"行业收入的比例，估算了加拿大"目录、数据库和邮件列表"行业的收入。同时，使用2012年和2017年美国经济普查中"561450信贷局"行业收入占"5614业务支持服务"行业收入的比例均值，分别与"5111期刊、书籍和目录出版商"行业收入和"5614业务支持服务"行业收入相乘，计算得到"目录、数据库和邮件列表订阅"和"信贷局"的收入。

借鉴蔡跃洲（2015）和OECD（2020）的核算经验，形成如下核算思路。

（1）根据《中国第三产业统计年鉴》和《中国经济普查年鉴》，分别计算2013年和2018年"软件开发""互联网数据服务"和"信息处理和存储支持服务"三个行业的营业收入占"信息传输、软件和信息技术服务"行业营业收入的比值。

（2）以经济普查年份的比值为基准，采取内插法和外推法对中间年份各行业所占份额进行填充。

（3）将估算所得的各行业各年的份额与相应年份信息传输、软件和信息技术服务业营业收入相乘，可得到各年份各行业的营业收入数据。

（4）由于缺乏行业总产出数据，借鉴杜艳（2013）等的研究经验，使用营业收入数据替代产出数据，这样便可得到各行业的总产出数据，将各行业总产出加总便可得到我国数据生产活动的总产出，即数据产品总产出的粗略估计结果。

（四）测算结果

根据信息传输、软件和信息技术服务业 2013~2019 年的营业收入数据，绘制折线图（见图 14-4）。由图可知，2013~2019 年，"信息传输、软件和信息技术服务"行业的营业收入规模呈增长态势。

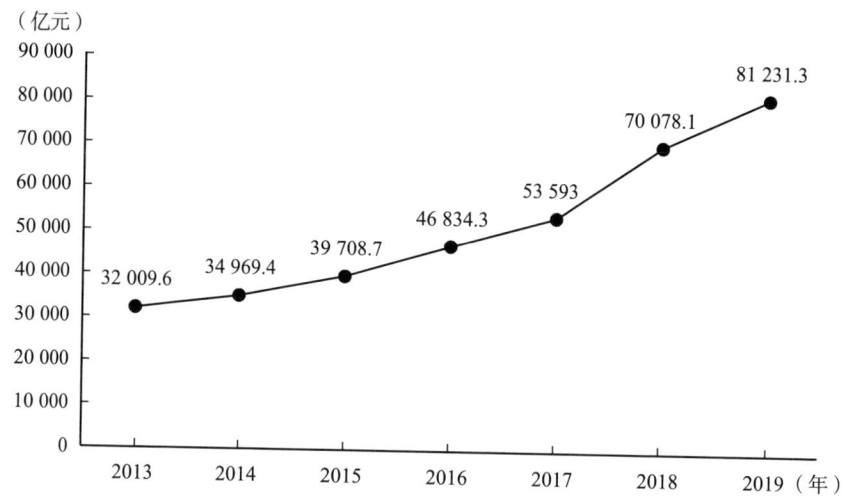

图 14-4 2013~2019 年中国"信息传输、软件和信息技术服务业"营业收入趋势

基于经济普查数据，本书计算出 2013 年和 2018 年各行业营业收入占"信息传输、软件和信息技术服务"行业营业收入的比重。基于该比重，采取内插法和外推法对非经济普查年份各行业的比重进行估算。根据测算结果可知，2013~2019 年，各行业营业收入占"信息传输、软件和信息技术服务"行业营业收入的比重在增加。其中，"软件开发"行业所占份额增长幅度较为平

稳,"互联网数据服务"行业所占份额从2013年的0.12%增长到2019年的1.56%,"信息处理和存储支持服务"行业所占份额从2013年的0.06%增长到2019年的0.84%。

将计算得到的各行业营业收入占比与"信息传输、软件和信息技术服务"行业营业收入相乘,便可得到各行业的营业收入,如表14-12所示。

表14-12　　　　2013~2019年中国各行业营业收入估算结果

行业营业收入及份额	2013年	2014年	2015年	2016年	2017年	2018年	2019年
I 信息传输、软件和信息技术服务业营业收入（亿元）	32 009.6	34 969.4	39 708.7	46 834.3	53 593.0	70 078.1	81 231.3
651软件开发占I类行业营业收入份额（%）	24.74	25.60	26.46	27.32	28.18	29.06	29.90
软件开发营业收入（亿元）	7 919.2	8 952.2	10 506.9	12 795.1	15 102.5	20 364.7	24 288.2
6450互联网数据服务占I类行业营业收入份额（%）	0.12	0.36	0.6	0.84	1.08	1.33	1.56
互联网数据服务营业收入（亿元）	38.4	125.9	238.3	393.4	578.8	932.0	1 267.2
6550信息处理和存储支持服务占I类行业营业收入份额（%）	0.06	0.19	0.32	0.45	0.58	0.7	0.84
信息处理和存储支持服务营业收入（亿元）	19.2	66.4	127.1	210.8	310.8	490.5	682.3

由于软件开发行业中包含大量与数据库无关的活动,若将软件开发的营业收入全部计入数据库必然会高估与数据库相关活动的收入。国际上,加拿大统计局官方网站公布了"计算机系统设计和相关服务"行业的销售收入份额明细,具体见附录中的表8。其中,2013~2019年"数据库设计和开发"销售收入占"计算机系统设计和相关服务"的份额在1.0%~2.2%。因中国尚未对数据库进行核算,没有数据库的相关数据可以使用,但考虑到北美行业分类系统的"5415计算机系统设计和相关服务"行业与中国国民行业分类中的"651软件开发"行业相对应,本书假定各国数据库在软件开发中的比例差别不大,使用加拿大统计局公布的"数据库设计和开发"行业的销售收入份额来估计中国"软件开发"

中"数据库设计和开发"的收入规模，计算结果如表 14-13 所示。

表 14-13 2013~2019 年中国"软件开发"中"数据库设计和开发"的收入规模

行业营业收入及份额	2013 年	2014 年	2015 年	2016 年	2017 年	2018 年	2019 年
软件开发营业收入（亿元）	7 919.2	8 952.2	10 506.9	12 795.1	15 102.5	20 364.7	24 288.2
数据库设计和开发份额（%）	2.20	1.20	1.50	1.70	1.50	1.20	1
数据库设计和开发营收（亿元）	174.2	107.4	157.6	217.5	226.5	244.4	242.9

根据 2012 年、2015 年和 2017 年"信息传输、软件和信息技术服务"行业的总产出及营业收入数据，可绘制相应对比图（见图 14-5）。根据图 14-5，可以看出"信息传输、软件和信息技术服务"行业的总产出和营业收入相差较小。因此，在该行业总产出数据较为缺乏的情况下，可以使用该行业的营业收入数据代替其总产出。

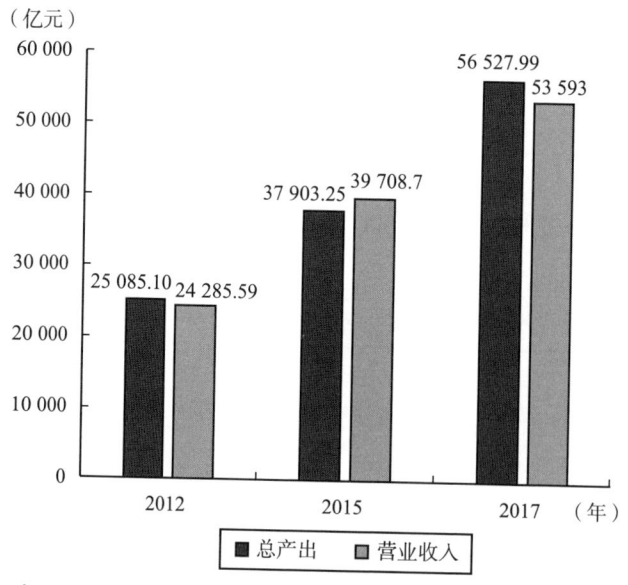

图 14-5 中国"信息传输、软件和信息技术服务"行业总产出和营业收入对比

基于此，2013~2019 年数据资产的总产出近似等于数据资产的营业收入，即表 14-14 中合计部分所对应的数值。

表 14-14　　　　　　2013~2019 年数据产品总产出估算结果　　　　单位：亿元

行业类别	2013 年	2014 年	2015 年	2016 年	2017 年	2018 年	2019 年
数据库设计和开发	174.2	107.4	157.6	217.5	226.5	244.4	242.9
互联网数据服务	38.4	125.9	238.3	393.4	578.8	932.0	1 267.2
信息处理和存储支持服务	19.2	66.4	127.1	210.8	310.8	490.5	682.3
合计	231.8	299.8	522.9	821.7	1 116.2	1 667	2 192.4

第四节　基于行业视角的数据资本存量测算

与侯睿婕（2020）、王亚菲和王春云（2018a）等对 R&D 资本化核算的处理方法相似，本书采用完全资本化的模式对数据资产进行核算，将所有数据资产的产出均列入资本化范围，此时数据资产投资就等于数据资产产出。得到数据资产产出后便可使用永续盘存法对数据资产进行核算。

在使用永续盘存法对数据资产进行核算时，需要确定两个关键参数，即数据资产的投资价格指数和数据资产的折旧率。然而，作为新兴资产类别，数据资产尚未被纳入官方统计体系，国家统计局等官方机构也并没有发布相应的价格指数和折旧率供人们直接使用。鉴于数据资产在物理形态上依托于计算机硬件和数据库存储系统，并在实际应用中与软件系统紧密结合，本书提出采用计算机软件和数据库等相关活动的价格指数与折旧率作为数据资产的替代参数，从而解决核算过程中基础参数缺失的问题。这一处理方式既考虑了数据资产的技术依附特性，又保持了核算方法的可行性。

《知识产权产品资本测度手册》（OECD，2010）指出，编制真实的数据库价格指数非常困难，因此建议通过以下三种方法编制其他相关指数来替代：一是通过指数加权等方式编制投入价格指数；二是假定数据库与其他产业的多因素生产率增长相似，进而调整投入价格指数；三是使用与之相关的活动所用的价格指数。关于数据库的价格指数，学者们并未对其进行深入研究，但在软件的价格指数选取上，D. M. 伯恩和 C. A. 科拉多（Byrne D M and Corrado C A，2017）认为 BEA 发布的软件价格指数没有包含企业系统软件的价格变化，因此将系统软件价格纳入软件产品价格中，对 BEA 软件价格指数进行偏差调整并改进定制和自有账户软件的投入成本计量方法，最终得到改进后的软件价格指数。姬卿伟（2017）认为各单位购买计算机软件大多是用于办公自动化，因此使用商品零售价格指数中的文化办公用品价格指数来替代计算机软件投资价格指数。王春云（2020）则指出国家统计局选取居民消费价格指数中的服务项目价格指数来计算计算机软件的不变价固定资本形成总额，但国家统计局并未公布服务项目价格指数。蔡跃洲和张钧南（2015）使用"按工业行业分工业品出厂价格指数"中的"通信设备、计算机及其他电子设备制造业价格指数"来替代软件业的价格指数，本书主要借鉴该方法。

关于软件和数据库的折旧率，OECD（2010）的调查显示，大多数国家自用的和定制的软件使用寿命在 5 年左右，购置类软件的使用寿命则在 3 年左右。加拿大统计局（2019b）在测算数据的价值时，假设数据库和软件的使用寿命为 5 年。而许宪春和常子豪（2020）将数据库的折旧周期设定为 5 年。综合国内外相关文献，本书假定数据资产的使用寿命为 5 年。鉴于实证分析涵盖的年份有限，同时为了简化核算流程，本书假设数据资产在其 5 年使用寿命期内价值均匀递减，直至使用期满后完全退出生产活动，这时数据资产的折旧系数 δ 是固定的，$\delta = \frac{1}{5} = 20\%$。

以 2013 年为基期，经换算可以得到 2013~2019 年数据资产价格指数，结合现价数据资产投资额可得不变价数据资产投资额。由表 14-15 可知，数据资产不变价投资额的增长率为 $g = \sqrt[6]{\frac{2362.5}{231.8}} - 1 \approx 47.25\%$，2013 年不变价数据资产投资额为 $I_0 = 231.8$ 亿元，那么基期数据资本存量为 $K_0 = \frac{I_0}{g + \delta} = 346.0$ 亿元。根据这些数据便可计算中国 2013~2019 年的数据资本存量，结果如表 14-15 所示，由结果可知，数据资本存量呈逐年递增的趋势。

表 14-15　　　　　2013~2019 年中国数据资本存量

年份	数据资产现价投资额（亿元）	数据资产价格指数	数据资产不变价投资额（亿元）	数据资本存量（亿元）
2013	231.8	100	231.8	346.0
2014	299.8	98.3	305.0	581.8
2015	522.9	96.7	540.7	1 006.2
2016	821.7	95.4	861.3	1 666.2
2017	1 116.2	95.1	1 173.7	2 506.7
2018	1 667	93.7	1 779.1	3 784.4
2019	2 192.4	92.8	2 362.5	5 390.1

第五篇 研究结论与展望

第十五章　中国知识产权产品资本测算的研究发现与展望

第一节　基本结论

随着社会经济的持续发展,知识产权产品资本对经济增长的推动作用已得到社会各界的广泛认可。虽然在借鉴SNA2008和国际经验的基础上,国家统计局已经发布了《中国国民经济核算体系2016》,修订了资本账户,提出了新的核算方法,但是与数字经济的快速发展相比,知识产权产品资本,特别是软件和数据资产的统计核算研究与统计实务进展严重滞后于社会经济发展水平。本书分析了知识产权产品资本的两种功能,构建了涵盖"投入—产出—资本积累—服务生产"的资本测度逻辑和指标体系,实证测算了各类知识产权产品资本,得到基本结论如下。

一、R&D已经成为促进经济发展的引擎

本书基于有效发明专利死亡数据估计了R&D资本的平均服务寿命和退役函数,发现整体上退役函数呈右偏形态,偏度系数和峰度系数分别为0.87和2.13,但右侧属于"薄尾",故可用正态分布拟合R&D资本退役函数。通过模拟R&D资产组的平均役龄－效率函数,导出平均役龄－价格函数与平均役龄－折旧率函数,并据此估计R&D财富资本存量、R&D固定资本消耗、R&D固定资本存量总额、R&D生产性资本存量和R&D资本服务量,保证了R&D资本测度内在逻辑统一,兼顾总量与平衡,且可同时满足生产率实证研究和编制国家资产负债表的需求。本书提出的R&D财富资本存量表(或资产负债表)能较好地刻画R&D财富资本存量的动态变化过程和静态结构特征。

研究发现,2001~2020年我国以当年价格计算的R&D固定资本形成总额大幅上涨,2020年我国R&D固定资本形成总额为25 680.29亿元,年均增长

17.36%。从各执行部门的角度来看,企业部门占绝对比例,约80%以上,研究机构占比10%左右,高等院校占比5%~6%。对于各工业行业而言,2020年规上工业的R&D固定资本形成总额总计15 257.59亿元,从各行业占比来看,前3位分别是:计算机、通信和其他电子设备制造业(19.09%)、电气机械和器材制造业(10.26%)、汽车制造业(8.93%)。研究发现,当采用相同的资产退役模式和平均使用年限时,R&D资本存量净值的规模排序呈以下规律:双曲衰减模式下的存量最大,几何衰减模式次之,线性衰减模式最小。进一步分析表明,在退役模式和效率衰减模式保持一致的条件下,研发资本的平均使用年限越长,其平均存量净值越大。基于研发资本服务量指数,本书测算了2001~2020年逐年相邻的拉氏指数、派氏指数和费希尔指数及其链式指数。测算结果显示,2008~2010年的费希尔指数与GDP环比指数高度吻合,这一现象形成了一个明显的分界点,2010年之前,研发资本服务指数的费希尔指数普遍低于GDP指数,2010年之后,费希尔指数则持续超越GDP指数。这说明社会各界越来越认同R&D的重要性,R&D资本服务投入速度提高,成为促进经济高质量发展的重要力量。

二、软件资本积累较快,促进全要素生产率提升

本书将软件分为购置类和自产自用类,分析了软件资本的财富储备功能和服务供给功能,构建了涵盖资本运动全过程的软件资本测度体系,模拟了软件资产组的平均役龄-价格函数和平均役龄-效率函数,分别测算了中国1996~2018年两类软件的资本存量。主要得到以下结论。

自1996年以来,中国软件业持续稳步发展。1996~2018年,中国软件资本存量总额年均余额快速增长,以不变价计算的软件资本存量净额年均增长率达27.64%,以现价计算的软件资本存量净额年均增长率为24.47%。通过对1996年以来的软件资本存量进行五年周期增长率测算,发现2001~2006年和2006~2011年两个时期的增长率显著高于其他阶段,分别达到33.34%和33.09%,这一现象充分印证了进入21世纪后,中国政府持续加大对软件产业的扶持力度,通过积极引进软件资本和鼓励企业自主创新推动行业快速发展。而2011~2018年的平均增长率回落至21.39%,表明随着产业成熟度的提升,中国软件业的资本积累已逐步进入平稳增长阶段,行业发展模式从高速扩张转向高质量发展。

中国软件业发展呈集聚模式,存在区域差异。北京市、重庆市、浙江省、

江苏省等地不论在规模还是环比增长率方面均处于中国前列,宁夏回族自治区、新疆维吾尔自治区等地区尽管软件存量规模较小,但近年来却维持稳定增长趋势。可见,西部地区软件业在特色产业推动下有较大发展潜力。

中国持续重视软件业的发展。1997～2018 年,中国软件资本服务量从147.16 亿元增长到 33 072.77 亿元,平均增长率为 29.42%。软件资本服务指数的增长速度高于 GDP 指数,且自 2009 年起该趋势尤为明显。2009～2018 年,中国软件资本服务指数的平均增长率上升至 13.84%,而 GDP 指数的平均增长率下降至 7.85%,二者差距拉大,软件业在国民经济中的占比逐渐上升。

三、数据资本总量不断攀升

在数据价值链的形成过程中,数据、数据库和数据科学这三个核心概念分别对应着数据生产活动的不同阶段。通过系统化的数据生产流程,原始数据被加工转化为具备应用价值的数据产品,当这些数据产品符合资产确认标准时,经过持续积累便形成可量化的数据资产。基于这一价值转化逻辑,本书构建了完整的数据资产测算理论框架,该框架涵盖了从数据生产到产品形成再到资产积累的全过程。

测算结果显示,2012～2019 年数据资产的固定资本形成总额下限值从 988.89 亿元增长到 4 787.43 亿元,上限值从 1 454.53 亿元增长到 6 027.60 亿元,年平均增长率为 22.52%～25.27%。其中,数据固定资本形成总额的年平均增长率为 12.21%～12.68%,数据库固定资本形成总额的年平均增长率约为 28.48%,数据科学的固定资本形成总额年平均增长率为 26.09%～28.33%。研究结果表明,数据要素已深度融入国民经济运行体系,其资本投入规模持续扩大,连带推动相关数据库建设的投资增长。然而,要实现数据资源的经济价值最大化,必须同步加大对数据科学领域的投入,且鉴于数据科学研发的技术复杂性和应用难度,其所需投入强度理应更高。需要说明的是,本书采用成本法进行核算,该方法仅考量数据生产过程中的实际投入成本,既未纳入数据资产可能产生的未来收益流,也未计入数据库产品的重复销售价值,因此最终测算得出的产出规模实际上低于数据要素在国民经济中创造的真实总价值。这一核算特性意味着研究结果可被视为数据经济贡献的下限估值。

本书采用永续盘存法计算数据资本存量,以 2012 年为基期,2012～2019 年数据资本存量的下限值从 1 007.50 亿元增加到 9 875.43 亿元,上限值从

1 749.02 亿元增加到 13 484.88 亿元，年均增长率为 33.88%~38.55%。其中，数据的资本存量年均增长率为 26.48%~29.61%，数据库的资本存量年均增长率约为 33.18%，数据科学的资本存量年均增长率为 39.21%~43.33%。与投入的成本一样，数据、数据库、数据科学的资本存量也呈逐年增长的趋势，且数据科学的资本存量增长最快，说明基于数据探索其背后所隐藏的知识，是数据科学的研究目的。

本书从行业角度出发，确定了中国国民行业分类中与数据生产活动相关的行业，在此基础上对数据产品的产出规模进行了核算。首先，根据国外有关数据库的核算经验，确定了我国国民经济活动行业分类中与数据产品（即数据库和其他数据产品）生产相关的行业，即软件开发业、互联网数据服务业、信息处理和存储支持服务行业。其次，利用比例数据对数据生产活动的规模进行估算，其中软件开发业中包含大量与数据库无关的活动，利用加拿大"数据库设计和开发"行业销售收入占"计算机系统设计和相关服务"行业销售收入的比例，将软件开发业中与数据库无关的活动剔除，进而估算 2013~2019 年数据产品的总产出。估算结果显示，2013~2019 年，数据产品的产出规模呈逐年增加的趋势。假定数据资产的服务寿命为 5 年，在线性折旧情况下，2013~2019 年数据资产的固定资本存量呈逐年增长的趋势。数据资产总量的大幅提升符合我国数字经济发展的总体态势，也为数字经济发展奠定了基础。

第二节 研究展望

作为国民经济核算体系的关键组成部分，资本核算的理论完善与实践推进具有重要意义。尽管本书在知识产权产品资本测度方法上进行了开创性探索，但仍存在若干有待深化之处，这些局限需要通过后续研究的持续努力来加以完善和突破。

（一）知识产权产品资本服务寿命的估计问题

服务寿命是资本核算的重要内容之一。在国家创新驱动发展战略指引下，各创新主体积极加大创新投入，创新成果以及成果转化速度均快速增长，知识更新速度快于以往，知识产生的收益也超过以往。这对在国民账户中核算知识产权产品资本提出了更高的要求。本书使用专利数据代表 R&D 项目，基于有效发明专利的持续年限分别估计了政府部门、企业部门和工业各行业的 R&D

资本平均服务寿命,并在此基础上测算了中国 R&D 资本存量净额和资本消耗。结果表明,不同平均服务寿命之间的 R&D 资本存量净额差异较大,8 年平均服务寿命的 R&D 资本存量净额是 5 年的 1.5 倍左右,且绝对差额呈扩大趋势,同时不同平均服务寿命的 R&D 资本消耗差异较大,5 年平均服务寿命的资本消耗为 8 年的 1.1~1.4 倍。研究发现,平均服务寿命是影响资本存量净额和资本消耗,乃至 GDP 总量的重要参数,因此在资本核算时必须考虑不同部门的平均服务寿命差异。如何在现行的统计制度中增加有关资本服务寿命的调查内容,是下一步要深入研究的方向。

(二) 软件固定资本形成总额的测算问题

理论上,软件固定资本形成总额的测算应包含套装软件、定制软件和自给性软件三部分,但由于数据获取受限,本书将定制软件纳入自给性软件范畴进行合并估算。针对基期数据及部分缺失数据,研究采用时间序列前推法进行补充,但该方法的敏感性影响仍有待验证。在资本测度函数的参数设定方面,虽然参考了西方国家的经验参数,但仍需结合中国软件产业的特征进行本土化调整。价格指数的构建直接采用美国软件价格指数作为基准,其对中国市场的适用性也有待深入探讨。为提升软件资本核算质量,建议从微观和宏观两个层面着手改进,企业层面需要建立独立的软件核算体系,政府层面则需要国家统计局、科学技术部、国家税务总局和财政部等多部门协同出台配套政策,通过制度规范、部门协作和专业培训,引导企业完善软件资产统计,为提升软件资本数据质量奠定制度基础。

(三) 数据资产核算的资料来源局限与估算方法改进问题

因学术界与实务界对数据资产的概念界定、范畴划分及统计口径尚未统一,导致企业微观会计和国家宏观统计均缺乏系统的数据资产核算体系。本书采用成本法测算数据相关总产出时,仅纳入直接人工成本中的工资收入部分,既未包含数据资产的潜在未来收益,也未考虑间接成本(如人力资源管理、财务支持、能源消耗等)和非货币性员工福利,因此测算结果应被视为数据资产价值的下限估值。为推进数据资产核算的完善,未来研究可着重从三个维度展开:一是构建数据资产卫星账户体系,深入研究其概念框架、分类标准和权属确认等理论基础;二是探索适用于企业和政府会计的数据资产科目设置与计量方法;三是通过会计制度创新强化数据资产核算的微观基础,为宏观统计提供可靠依据。

第三节 政策建议

为完善知识产权产品资本核算，本书提出以下政策建议。

在 R&D 资本测算领域，基于中国研发统计工作的实际情况，建议重点从两方面着手推进改革。一方面，应该推进 R&D 项目独立核算。企业对 R&D 项目独立核算是准确资本化 R&D 的基础，也是实现 R&D 统计制度真正由"项目归集法"转变为"财务支出法"的前提条件。可鼓励企业设立研发中心或技术中心，以研发中心的部门核算带动整个企业 R&D 的独立核算。另一方面，加强部门协调、宣传与培训。国家统计局、科学技术部、国家税务总局和财政部都有政策和文件鼓励和规范企业的 R&D 活动。其中，国家统计局负责牵头统计 R&D 数据，科技部和税务总局主要通过高新技术企业和研发费用加计扣除刺激企业加大研发投入，财政部通过会计准则规范企业研发会计核算。尽管各部门对 R&D 概念和范围的界定无本质差异，但是判断标准和执行情况相差巨大，企业经常对此无所适从。如实用新型专利是认定高新技术企业的条件之一，但却是统计上否定 R&D 的判断标准。这些政策基于不同的政策目标和设计理念制定，短期内难以实现完全协调统一。针对这一现状，亟待强化部门协同机制，开展联合培训和政策宣贯，将科技激励政策、企业会计准则与研发（R&D）统计规范整合为有机统一的培训体系。这种系统化的培训能够帮助企业全面把握政策要点，在提升企业研发管理效能和财务核算水平的同时，从根本上保障研发资本数据的质量和可靠性。

在软件与数据资产的测算实践中，虽然理论上可以对软件、数据库和数据资产进行分类核算，但因知识产权产品固有的无形性特征，以及 R&D、软件、数据库和数据资产之间复杂的交叉依存关系，使各类资产边界模糊、相互渗透，给会计核算和统计实务带来了困难。以软件开发为例，其中的创新性环节（如中间件研发、基础算法设计）可归类为 R&D 活动，而 R&D 成果又往往以软件或数据库的形式呈现，这种交织关系使得准确区分各类资产变得极具挑战性。针对这一现状，亟待从制度层面建立统一的知识产权产品核算标准，重点修订完善企业会计准则和政府事业单位会计制度。建议由财政部牵头，联合中国国家税务总局、工业和信息化部、国家统计局和科学技术部等部门，协同厘清各类资产的概念边界与统计口径，消除核算标准与统计规范之间的差异。

附　　录

表1　2001~2010年正态退役模式下R&D资本服务量指数

指数类型	效率衰减模式	平均服务寿命	2001年	2002年	2003年	2004年	2005年	2006年	2007年	2008年	2009年	2010年
拉氏指数	双曲 b=0.9	5年	1.038	1.028	1.054	1.034	1.071	1.108	1.121	1.111	1.096	1.097
		8年	1.122	1.091	1.088	1.056	1.067	1.084	1.096	1.095	1.091	1.098
	几何 0.15	5年	1.039	1.039	1.060	1.036	1.071	1.105	1.118	1.105	1.093	1.100
		8年	1.086	1.080	1.086	1.055	1.075	1.096	1.104	1.095	1.088	1.097
	线性	5年	1.000	1.026	1.063	1.038	1.088	1.125	1.130	1.104	1.085	1.096
		8年	1.063	1.058	1.072	1.045	1.073	1.100	1.111	1.101	1.090	1.098
派氏指数	双曲 b=0.9	5年	1.037	1.027	1.053	1.033	1.070	1.108	1.121	1.111	1.095	1.096
		8年	1.122	1.091	1.087	1.056	1.066	1.084	1.096	1.095	1.091	1.098
	几何 0.15	5年	1.039	1.038	1.059	1.035	1.070	1.105	1.118	1.105	1.092	1.099
		8年	1.085	1.079	1.086	1.054	1.074	1.096	1.104	1.095	1.087	1.097
	线性	5年	0.999	1.025	1.062	1.036	1.087	1.124	1.130	1.104	1.084	1.094
		8年	1.062	1.057	1.072	1.044	1.072	1.100	1.111	1.100	1.089	1.097
费希尔指数	双曲 b=0.9	5年	1.037	1.028	1.054	1.033	1.071	1.108	1.121	1.111	1.095	1.096
		8年	1.122	1.091	1.087	1.056	1.066	1.084	1.096	1.095	1.091	1.098
	几何 0.15	5年	1.039	1.039	1.060	1.036	1.070	1.105	1.118	1.105	1.093	1.100
		8年	1.085	1.079	1.086	1.054	1.075	1.096	1.104	1.095	1.087	1.097
	线性	5年	1.000	1.025	1.063	1.037	1.088	1.125	1.130	1.104	1.084	1.095
		8年	1.063	1.057	1.072	1.045	1.073	1.100	1.111	1.100	1.089	1.098

附　录

表 2　2011~2020 年正态退役模式下 R&D 资本服务量指数

指数类型	效率衰减模式	平均服务寿命	2011 年	2012 年	2013 年	2014 年	2015 年	2016 年	2017 年	2018 年	2019 年	2020 年
拉氏指数	双曲 b=0.9	5 年	1.104	1.132	1.148	1.120	1.098	1.100	1.101	1.104	1.108	1.110
		8 年	1.106	1.124	1.134	1.115	1.103	1.104	1.105	1.107	1.108	1.109
	几何 0.15	5 年	1.108	1.135	1.144	1.113	1.096	1.098	1.100	1.104	1.109	1.112
		8 年	1.108	1.132	1.139	1.111	1.097	1.100	1.104	1.108	1.111	1.110
	线性	5 年	1.111	1.149	1.156	1.106	1.083	1.090	1.099	1.109	1.116	1.115
		8 年	1.109	1.134	1.143	1.112	1.095	1.098	1.102	1.107	1.110	1.111
派氏指数	双曲 b=0.9	5 年	1.104	1.132	1.148	1.120	1.098	1.099	1.101	1.104	1.107	1.109
		8 年	1.106	1.124	1.134	1.115	1.103	1.104	1.105	1.107	1.108	1.108
	几何 0.15	5 年	1.108	1.135	1.144	1.113	1.096	1.098	1.100	1.104	1.109	1.112
		8 年	1.110	1.132	1.139	1.111	1.097	1.100	1.104	1.108	1.110	1.110
	线性	5 年	1.108	1.149	1.156	1.106	1.083	1.089	1.099	1.109	1.115	1.115
		8 年	1.108	1.134	1.143	1.112	1.095	1.098	1.102	1.107	1.110	1.111
费希尔指数	双曲 b=0.9	5 年	1.104	1.132	1.148	1.120	1.098	1.100	1.101	1.104	1.107	1.110
		8 年	1.106	1.124	1.134	1.115	1.103	1.104	1.105	1.107	1.108	1.108
	几何 0.15	5 年	1.108	1.135	1.144	1.113	1.096	1.098	1.100	1.104	1.109	1.112
		8 年	1.108	1.132	1.139	1.111	1.097	1.100	1.104	1.108	1.110	1.110
	线性	5 年	1.111	1.149	1.156	1.106	1.083	1.089	1.099	1.109	1.116	1.115
		8 年	1.108	1.134	1.143	1.112	1.095	1.098	1.102	1.107	1.110	1.111

表3　中国软件价格指数的换算表

单位：%

年份	$D_{package}$	D_{stream}	$PPI_{American}$	PPI_{China}	$D_{Purchase}$	D_{Self}
1996	1.0000	1.0000	1.0000	1.0000	1.0000	1.0000
1997	1.0073	0.9890	0.9752	0.9970	1.0299	1.0158
1998	1.0010	1.0089	0.9833	0.9561	0.9733	0.979
1999	1.0082	1.0361	1.0403	0.9360	0.9071	0.9259
2000	1.0139	1.0418	1.0517	1.0033	0.9673	0.9872
2001	0.9801	1.0223	1.0276	1.0146	0.9678	0.9990
2002	0.9693	1.0013	1.0825	0.9653	0.8643	0.8857
2003	0.9434	0.9842	1.1495	1.0005	0.8211	0.8477
2004	0.9434	0.9829	1.2335	1.0854	0.8301	0.8562
2005	0.9463	0.9887	1.2911	1.1130	0.8157	0.8431
2006	0.9413	0.9910	1.3531	1.0805	0.7517	0.7814
2007	0.9518	1.0058	1.4858	1.0619	0.6802	0.7092
2008	0.9344	1.0012	1.3551	1.1021	0.7600	0.8007
2009	0.8893	0.9875	1.4478	1.0113	0.6212	0.6726
2010	0.8888	0.9947	1.5756	0.9980	0.5630	0.6133
2011	0.8753	0.9946	1.5843	1.1183	0.6178	0.6810
2012	0.8739	0.9959	1.5941	1.0420	0.5712	0.6310
2013	0.8703	0.9946	1.6091	0.9643	0.5216	0.5775
2014	0.8609	0.9916	1.4925	0.9624	0.5551	0.6183
2015	0.8677	0.9849	1.4528	0.9300	0.5554	0.6117
2016	0.8742	0.9779	1.5167	0.9347	0.5387	0.5867
2017	0.8682	0.9750	1.5827	1.0481	0.5749	0.6280
2018	0.8652	0.9768	1.5662	1.1002	0.6078	0.6666
2019	0.8699	0.9677	1.5233	1.0319	0.5893	0.6390

注：指数以1996年为基期计算得到。

表4　2006～2018年分省份软件资本存量净额

单位：亿元

省份	2006年	2007年	2008年	2009年	2010年	2011年	2012年	2013年	2014年	2015年	2016年	2017年	2018年
北京市	401.41	759.49	993.21	1 215.65	1 578.79	2 244.04	2 774.26	3 549.92	5 157.84	5 605.82	7 719.61	9 049.13	10 873.59
天津市	107.53	103.55	131.5	124.69	174.87	244.7	373.37	530.64	664.37	781.6	852.33	992.92	987.22
河北省	25.45	30.09	38.44	46.97	50.15	68.29	77.37	90.36	100.29	100.61	128.19	151.49	187.54
山西省	7.47	9.01	13	13.75	19.49	28.65	37.7	38.79	41.72	37.36	49.89	59.16	84.14
内蒙古自治区	8.19	11.34	13.56	10.37	11.07	17.82	19.8	28.58	31.98	33.85	23.43	27.86	8.83
辽宁省	230.61	243.22	300.02	401.86	743.94	1 144.5	2 107.11	2 760.02	3 126.24	3 318.89	3 173.84	3 757.82	2 738.37
吉林省	61.33	58.52	61.18	84.96	114.31	145.06	165.43	230.65	301.13	388.86	588.73	687.96	282.69
黑龙江省	57.36	53.98	55.11	69.86	82.56	94.48	111.04	142.65	180.29	214.42	276.6	327.97	86.38
上海市	455.08	460.61	465.16	532.21	661.17	958.7	1 489.73	2 072.66	2 477.21	3 228.91	3 606.16	4 213.55	5 278.81
江苏省	645.44	651.97	885.98	1 058.98	1 582.46	2 566.91	3 460.38	4 677.56	5 886.24	9 204.87	8 954.06	10 455.44	10 207.91
浙江省	296.3	275.53	305.72	401.09	512.62	704.49	1 012.61	1 383.76	1 950.34	2 597.44	3 418.05	3 997.51	5 803.34
安徽省	31.87	32.67	41.4	45.6	53.38	67.92	82.94	132.31	213.79	251.37	421.27	494.68	955.93
福建省	118.1	168.67	166.52	252.37	328.39	609.64	740.84	799.68	1 424.5	1 755.94	2 777.74	3 262.6	3 492.75
江西省	16.18	20.75	20.66	18.46	22.65	30.19	35.33	49.7	60.59	83.25	105.71	124.23	302.86
山东省	240.17	273.41	317.35	408.28	581.51	954.49	1 354.74	2 050.14	3 349.63	4 056.68	4 798.18	5 600.49	7 396.91
河南省	35	53.97	69.28	67.25	78.66	104.66	131.62	171.22	195.51	235.56	249.27	292.32	341.52
湖北省	63.44	95.41	135.07	140.68	162.15	229.52	411.78	841.97	1 429.08	1 758.35	2 252.28	2 648.42	3 477.92
湖南省	83.54	80.55	125.59	186.55	231.39	241	261.43	316.13	437.91	547.22	441.18	518.05	799.86

续表

省份	2006年	2007年	2008年	2009年	2010年	2011年	2012年	2013年	2014年	2015年	2016年	2017年	2018年
广东省	916.65	957.83	1 363.09	1 603.62	2 150.35	3 169.73	3 774.83	4 811.32	6 297.48	7 930.69	10 015.08	11 777.86	11 186.07
海南省	1.3	1.81	2.76	1.33	4.13	5.33	11.53	12.97	24.19	33.88	76.66	90.26	140.72
重庆市	78.4	222.42	396.26	403.42	541.33	161.59	216.4	228.45	404.65	675.71	991.02	1 163.4	1 857.85
四川省	4.42	8.61	9.86	12.23	45.51	664.12	778.3	1 025.99	1 546.96	2 017.79	2 577.76	3 006	3 601.55
贵州省	9.76	9.63	14.89	15.13	20.31	44.42	51.2	57.2	96.08	121.25	78.46	92.81	100.75
云南省	50.33	47.08	72.7	59.46	86.22	21.15	24.85	33.92	38.13	42.92	77.91	92.81	91.76
陕西省	110.82	122.7	186.65	133.3	190.48	266.86	369.53	611.69	915.99	1 157.07	1 959.67	2 321.22	2 824.73
甘肃省	8.42	7.87	9.96	10.81	11.92	16.37	16.46	21.36	23.06	33.17	41.84	49.42	62.42
青海省	0	0	0	0	0	0	0.35	0.67	1.46	1.53	1.64	1.95	0.52
宁夏回族自治区	0.89	1.13	1.43	2.06	4.25	5.58	6.53	9.78	12.27	15.57	20	23.81	20.24
新疆维吾尔自治区	4.22	3.49	5.38	5.34	7.55	8.7	12.95	14.06	22.62	18.37	38.32	45.08	55.81

注：以1996年不变价计算得到。

表 5　软件资本存量动态变化和静态结构分析数据表

单位：亿元

年份	固定资本形成总额 不变价	固定资本形成总额 现价	期初软件资本 存量净额 不变价	期初软件资本 存量净额 现价	软件固定资本消耗 不变价	软件固定资本消耗 现价	期末软件资本 存量净额 不变价	期末软件资本 存量净额 现价	软件生产性资本存量 不变价	软件生产性资本存量 现价	软件资本服务量 不变价	软件资本服务量 现价
1997	301.55	309.31	361.55	370.39	216.37	222.04	446.72	457.65	670.80	687.47	147.16	150.81
1998	394.24	384.36	446.72	435.78	273.95	267.04	567.01	553.10	842.22	821.44	184.41	179.86
1999	523.68	477.78	567.01	518.36	353.26	322.12	737.43	674.03	1 078.30	985.12	231.54	211.56
2000	617.31	600.51	737.43	718.75	443.51	431.20	911.23	888.06	1 365.71	1 330.31	296.43	288.79
2001	780.82	762.05	911.23	892.21	557.70	543.92	1 134.35	1 110.34	1 706.30	1 668.98	375.45	367.32
2002	1 151.06	1 000.95	1 134.35	989.04	742.17	645.10	1 543.25	1 344.89	2 216.74	1 931.08	469.08	408.76
2003	1 669.90	1 380.86	1 543.25	1 280.92	1 032.81	853.81	2 180.34	1 807.97	3 039.18	2 519.49	609.40	505.57
2004	1 959.38	1 638.00	2 180.34	1 827.21	1 358.72	1 134.97	2 781.01	2 330.25	4 071.53	3 409.53	835.50	700.01
2005	3 275.33	2 686.68	2 781.01	2 291.24	1 967.98	1 614.59	4 088.36	3 363.32	5 638.46	4 638.40	1 119.30	921.58
2006	3 131.04	2 375.30	4 088.36	3 103.97	2 437.20	1 844.89	4 782.19	3 634.37	7 363.57	5 588.86	1 550.07	1 176.81
2007	4 593.98	3 153.52	4 782.19	3 291.67	3 152.70	2 160.91	6 223.47	4 284.28	9 271.66	6 374.79	2 024.32	1 391.42
2008	4 939.19	3 797.35	6 223.47	4 801.46	3 808.35	2 922.82	7 354.31	5 675.99	11 462.51	8 832.05	2 548.87	1 963.43
2009	7 780.93	4 892.66	7 354.31	4 677.87	5 063.10	3 187.89	10 072.14	6 382.64	14 614.19	9 260.46	3 151.16	1 999.28
2010	12 016.22	6 863.08	10 072.14	5 793.98	7 227.24	4 123.48	14 861.12	8 533.58	20 466.03	11 746.33	4 017.58	2 310.99
2011	15 002.69	9 432.70	14 861.12	9 390.77	9 896.09	6 204.02	19 967.72	12 619.45	28 560.44	18 017.42	5 626.31	3 553.30
2012	20 226.45	11 770.46	19 967.72	11 674.24	13 429.98	7 786.70	26 764.19	15 658.00	38 708.93	22 587.25	7 851.55	4 581.98
2013	27 958.23	14 847.62	26 764.19	14 305.37	18 256.92	9 667.39	36 465.51	19 485.60	52 389.26	27 927.83	10 641.47	5 672.71
2014	33 511.55	18 939.48	36 465.51	20 769.29	23 691.77	13 361.19	46 285.28	26 347.57	68 917.46	39 143.03	14 402.32	8 182.22
2015	38 904.09	21 984.48	46 285.28	26 290.34	29 401.86	16 566.84	55 787.52	31 707.98	86 360.65	48 960.93	18 946.09	10 740.01
2016	44 826.52	24 535.89	55 787.52	30 669.24	35 202.26	19 214.39	65 411.77	35 990.73	103 984.90	57 071.14	23 741.39	13 022.85
2017	48 205.62	28 210.14	65 411.77	38 439.48	40 251.36	23 477.06	73 366.03	43 172.56	120 304.08	70 581.74	28 586.47	16 755.35
2018	47 883.80	29 679.75	73 366.03	45 688.01	43 699.42	26 991.22	77 550.41	48 376.55	132 607.17	82 433.14	33 072.77	20 531.29

注：以1996年不变价计算得到。

表6 2010～2020年大数据企业市值增长指数计算结果

企业名称	2010年	2011年	2012年	2013年	2014年	2015年	2016年	2017年	2018年	2019年	2020年
北京超图软件股份有限公司	1	0.98	0.54	0.75	1.13	3.16	3.24	2.87	3.41	3.71	3.45
北京大北农科技集团股份有限公司	1	0.80	1.07	1.65	1.38	2.06	1.80	1.59	0.84	1.29	2.50
豆神教育科技（北京）股份有限公司	1	0.55	0.38	0.75	1.49	5.26	3.49	2.35	1.52	2.70	2.04
北京数字政通科技股份有限公司	1	0.63	0.84	1.58	1.61	4.01	2.46	2.30	1.55	1.64	1.88
北京四维图新科技股份有限公司	1	0.44	0.31	0.39	0.62	1.27	0.95	1.55	0.85	1.45	1.28
四川发展龙蟒股份有限公司	1	0.53	0.59	2.20	3.39	8.19	3.87	3.06	1.38	1.86	2.53
成都卫士通信息产业股份有限公司	1	0.79	0.47	1.37	3.76	6.86	3.84	5.45	4.23	6.10	3.95
东华软件股份有限公司	1	0.89	0.74	1.79	2.07	3.00	2.79	1.96	1.65	2.45	1.97
东软集团股份有限公司	1	0.51	0.48	0.76	0.99	1.96	1.24	0.93	0.73	0.72	0.66
福建榕基软件股份有限公司	1	0.51	0.48	0.76	0.99	1.96	1.24	0.93	0.73	0.72	0.66
航天信息股份有限公司	1	0.72	0.54	0.73	1.11	2.03	1.45	1.58	1.68	1.70	0.92
科大讯飞股份有限公司	1	0.69	0.90	1.77	1.69	3.75	2.80	6.47	4.06	5.97	7.16
深圳市金证科技股份有限公司	1	0.83	0.90	2.10	6.42	21.17	10.87	6.55	4.20	9.18	7.23
深圳市赛为智能股份有限公司	1	0.40	0.47	0.66	0.96	1.99	1.62	2.12	1.54	1.68	1.66
神州数码集团股份有限公司	1	0.47	0.49	0.51	0.83	3.38	4.93	4.77	2.97	4.38	4.77
沈阳新松机器人自动化股份有限公司	1	0.68	1.03	1.85	3.30	6.22	4.27	3.76	2.64	2.79	2.46
天津九安医疗电子股份有限公司	1	0.56	0.44	1.01	2.09	2.25	1.65	0.99	0.55	0.54	0.98

续表

企业名称	2010年	2011年	2012年	2013年	2014年	2015年	2016年	2017年	2018年	2019年	2020年
同方股份有限公司	1	0.66	0.56	0.85	0.97	2.03	1.56	1.10	1.09	0.99	0.70
银汇股份有限公司	1	0.64	0.70	1.38	1.73	3.64	2.35	1.74	0.96	1.25	1.23
宇通客车股份有限公司	1	1.13	1.63	2.05	3.02	4.55	3.97	4.87	2.40	2.89	3.43
中国软件与技术服务股份有限公司	1	0.67	0.47	1.82	3.18	3.48	2.32	1.60	2.02	6.92	7.60
中兴通讯股份有限公司	1	0.74	0.43	0.57	0.79	0.99	0.85	1.95	1.05	1.91	1.98
杭州海康威视数字技术股份有限公司	1	0.91	1.33	1.96	1.91	2.97	3.08	7.63	5.04	6.49	9.61
广联达	1	0.70	0.54	1.32	1.32	1.61	1.28	1.72	1.83	3.00	7.30
太极计算机股份有限公司	1	0.66	0.67	1.67	2.25	5.21	2.38	1.97	1.80	3.00	2.83
北京久其软件股份有限公司	1	0.61	0.42	0.65	1.44	4.44	2.82	2.22	1.53	1.31	1.00
腾讯	1	0.93	1.49	2.97	3.40	4.63	5.80	12.44	9.64	11.57	17.45
神州信息	1	0.55	0.64	11.63	18.44	40.98	21.69	12.00	9.54	15.24	16.04

表7 2010~2020年大数据企业与证券交易所市值增长指数对比

企业或交易所	2010年	2011年	2012年	2013年	2014年	2015年	2016年	2017年	2018年	2019年	2020年
28企业合计	1	0.97	1.00	1.07	1.09	1.14	1.15	1.22	1.19	1.21	1.25
剔除神州、金证、腾讯	1	0.96	0.95	1.01	1.04	1.11	1.08	1.13	1.08	1.12	1.14
深圳交易所	1	0.98	0.98	1.00	1.03	1.09	1.08	1.09	1.06	1.09	1.12
香港交易所	1	0.99	1.00	1.01	1.01	1.01	1.01	1.04	1.03	1.05	1.07
上海交易所	1	0.98	0.99	0.99	1.03	1.04	1.04	1.05	1.03	1.06	1.08

表8 2013～2019年加拿大计算机系统设计及相关服务的销售份额

单位：%

行业	2013年	2014年	2015年	2016年	2017年	2018年	2019年
计算机系统设计及相关服务	78.0	76.4	78.2	76.2	77.6	77.2	77.4
信息技术（IT）技术咨询服务	44.5	46.1	44.2	42.1	39.5	39.5	39.4
网站设计和开发服务	3.5	3.2	3.4	3.1	3.0	2.9	3.1
数据库设计和开发服务	2.2	1.2	1.5	1.7	1.5	1.2	1.0
打包软件的定制与集成	5.4	5.4	6.0	6.6	7.2	7.0	6.1
电子游戏设计与开发服务	0.4	1.3	2.2	2.3	2.6	3.2	3.2
其他定制软件开发服务	7.5	7.8	8.5	8.6	9.3	9.2	9.9
网络设计和开发服务	2.4	1.1	1.2	1.0	1.6	1.5	1.6
计算机系统设计、开发和集成服务	5	3.2	3.7	4.5	6.8	6.7	6.9
信息技术（IT）技术支持服务	7.1	7.0	7.5	6.4	6.2	6.0	6.0
软件出版商	5.4	5.2	4.9	5.1	5.2	5.1	5.3
系统软件	—	—	—	—	—	—	—
应用软件	—	—	—	—	—	—	—
视频游戏软件	—	—	—	—	—	—	—
数据处理、托管和相关服务	6.3	6.4	6.6	6.5	6.2	5.8	5.6
托管和信息技术基础架构资源调配服务	—	—	—	—	—	—	—
网络管理服务	—	—	—	—	—	—	—
计算机系统管理服务	—	—	—	—	—	—	—
信息和文件转换服务	—	—	—	—	—	—	—
商品和服务的其他销售	10.4	12.0	10.2	12.2	11.0	11.8	11.8

资料来源：加拿大统计局官方网站，https：//www150.statcan.gc.ca/t1/tbl1/en/tv.action?pid=2110021001。

表9 数据、数据库、数据科学相关行业汇总

《国民经济行业分类》(2017) 大类名称	《国民经济行业分类》(2017) 中类名称	《国民经济行业分类》(2017) 小类名称	《国民经济行业分类》(2011) 中类名称	《国民经济行业分类》(2011) 大类名称
C38 电气机械和器材制造业	383 电线、电缆、光缆及电工器材制造	3832 光纤制造 3833 光缆制造	383 电线、电缆、光缆及电工器材制造	38 电气机械和器材制造业
C39 计算机、通信和其他电子设备制造业	391 计算机制造	全部小类	391 计算机制造	39 计算机、通信和其他电子设备制造业
	392 通信设备制造	全部小类	392 通信设备制造	
I63 电信、广播电视和卫星传输服务	631 电信		631 电信	63 电信、广播电视和卫星传输服务
I64 互联网及相关服务	641 互联网接入及相关服务	6410 互联网接入及相关服务	641 互联网接入及相关服务	64 互联网和相关服务
	642 互联网信息服务	6421 互联网搜索服务 6429 互联网其他信息服务	642 互联网信息服务	
	643 互联网平台	6431 互联网生产服务平台 6432 互联网生活服务平台 6433 互联网科技创新服务平台 6434 互联网公共服务平台 6439 其他互联网平台		
	645 互联网数据服务	6450 互联网数据服务		
I65 软件和信息技术服务业	655 信息处理和存储支持服务	6550 信息处理和存储支持服务	654 数据处理和存储服务	65 软件和信息技术服务业
	657 数字内容服务	全部小类		
	659 其他信息技术服务业	全部小类	659 其他信息技术服务业	

续表

《国民经济行业分类（2017)》大类名称	《国民经济行业分类（2017)》中类名称	《国民经济行业分类（2017)》小类名称	《国民经济行业分类（2011)》中类名称	《国民经济行业分类（2011)》大类名称
J69 其他金融业	694 金融信息服务	6940 金融信息服务	694 金融信息服务	69 其他金融业
L72 商务服务业	722 综合管理服务	7224 供应链管理服务	721 企业管理服务	72 商务服务业
	725 广告业	7251 互联网广告服务	724 广告业	
	729 其他商务服务业	7295 信用服务	729 其他商务服务业	

资料来源：国家统计局官方网站。

参 考 文 献

[1] 艾达. 数据产品设计 [M]. 北京：电子工业出版社，2017.

[2] 车品觉. 决战大数据 [M]. 浙江：浙江人民出版社，2014.

[3] 陈亮，王积田. 数据资产管理体系设计研究 [J]. 现代商业，2019 (17).

[4] 陈勇. 大数据的发展趋势 [J]. 西部皮革，2016 (24).

[5] 蔡晓陈. 中国资本投入：1978－2007——基于年龄—效率剖面的测量 [J]. 管理世界，2009 (11).

[6] 蔡跃洲，牛新星. 中国数字经济增加值规模测算及结构分析 [J]. 中国社会科学，2021 (11).

[7] 蔡跃洲，张钧南. 信息通信技术对中国经济增长的替代效应与渗透效应 [J]. 经济研究，2015 (12).

[8] 曹跃群，秦增强，齐倩. 中国资本服务估算 [J]. 统计研究，2012 (12).

[9] 程名望，张家平. ICT 服务业资本存量及其产出弹性估算研究 [J]. 中国管理科学，2019 (11).

[10] 陈宇峰，朱荣军. 中国区域 R&D 资本存量的再估算：1998－2012 [J]. 科学学研究，2016 (1).

[11] 陈钰芬，侯睿婕. 中国制造业分行业研发资本存量的估算 [J]. 科学学研究，2019 (9).

[12] 蔡昌，赵艳艳，李梦娟. 区块链赋能数据资产确权与税收治理 [J]. 税务研究，2021 (7).

[13] 陈乐诗. 个人数据所有权制度概念及基本设立框架研究 [J]. 中国商论，2020 (20).

[14] 董景荣，苏美文. ICT 投资、装备制造业全要素生产率：基于技术吸收能力异质性的量化研究 [J]. 重庆师范大学学报（社会科学版），2022 (2).

[15] 杜卓隆. Fintech 时代对数据资产化的若干思考 [J]. 中国战略新兴产业, 2017 (32).

[16] 丁光勋. 电子政务环境下政府信息资源再利用的尴尬及其对策 [J]. 图书情报知识, 2007 (4).

[17] 杜艳. 我国快递业对国民经济增长作用机制研究 [D]. 北京: 北京邮电大学, 2013.

[18] 德勤和阿里研究院. 数据资产化之路: 数据资产的估值与行业实践 [R]. https://www2.deloitte.com/cn/zh/pages/finance/articles/data-asset-report.html, 2019.

[19] 郭美晨, 杜传忠. ICT 提升中国经济增长质量的机理与效应分析 [J]. 统计研究, 2019 (3).

[20] 国家统计局. 中国国民经济核算体系——2016 [M]. 北京: 中国统计出版社, 2017.

[21] 葛守中. 论我国新核算体系的三大缺陷及宏观核算的下一个目标 [J]. 山东经济, 1998 (6).

[22] 黄欣荣. 大数据的语义、特征与本质 [J]. 长沙理工大学学报 (社会科学版), 2015 (6).

[23] 黄海. 会计信息化下的数据资产化现状及完善路径 [J]. 企业经济, 2021 (7).

[24] 黄乐, 刘佳进, 黄志刚. 大数据时代下平台数据资产价值研究 [J]. 福州大学学报 (哲学社会科学版), 2018 (4).

[25] 侯睿婕. 中国研发资本存量估算及其经济效应研究 [D]. 杭州: 浙江工商大学, 2020.

[26] 侯睿婕, 陈钰芬. SNA 框架下中国省际 R&D 资本存量的估算 [J]. 统计研究, 2018 (5).

[27] 蒋卓昊. 大数据时代数据分析理念辨析 [J]. 计算机产品与流通, 2020 (9).

[28] 焦宏想, 葛世伦, 孙清. 基于本体的企业行为数据模型研究 [J]. 中国制造业信息化, 2006 (23).

[29] 江永宏, 孙凤娥. 中国R&D资本存量测算: 1952–2014 年 [J]. 数量经济技术经济研究, 2016 (7).

[30] 姬卿伟. 中国资本服务测算及其稳健性研究 [J]. 统计研究, 2017 (10).

[31] 康旗, 韩勇, 陈文静. 大数据资产化 [J]. 信息与通信技术, 2015 (6).

[32] 李必文. 电商大数据: 用数据驱动电商和商业案例解析 [M]. 北京: 电子工业出版社, 2014.

[33] 李成熙, 文庭孝. 我国大数据交易盈利模式研究 [J]. 情报杂志, 2020 (3).

[34] 李从东, 徐志英. 基于数据挖掘的企业关系管理系统构建 [J]. 现代管理科学, 2009 (8).

[35] 李静萍. 数据资产核算研究 [J]. 统计研究, 2020 (11).

[36] 李晶. 知识产权产品核算问题研究 [D]. 南昌: 江西财经大学, 2015.

[37] 李俊清, 宋长青, 周虎. 农业大数据资产管理面临的挑战与思考 [J]. 大数据, 2016 (11).

[38] 李立睿, 邓仲华. "互联网 +" 视角下的科学数据生态系统研究 [J]. 图书与情报, 2016 (2).

[39] 李璞. 大数据背景下政府统计工作问题与对策研究 [D]. 沈阳: 沈阳师范大学, 2016.

[40] 李香梅, 张志红. 控制权私有收益、投入与负债融资治理效应: 基于不同产权安排的实证研究 [J]. 中国资产评估, 2016 (11).

[41] 李新华. 浅谈大数据时代的机遇与挑战 [J]. 通讯世界, 2013 (11).

[42] 李雅雄, 倪杉. 数据资产的会计确认与计量研究 [J]. 湖南财政经济学院学报, 2017 (4).

[43] 李永红, 李金鹜. 互联网企业数据资产价值评估方法研究 [J]. 经济研究导刊, 2017 (14).

[44] 李永红, 张淑雯. 数据资产价值评估模型构建 [J]. 财会月刊, 2018 (9).

[45] 梁艳. 互联网企业数据资产价值评估 [D]. 石家庄: 河北经贸大学, 2020.

[46] 刘朝阳. 大数据定价问题分析 [J]. 图书情报知识, 2016 (1).

[47] 刘琦, 童洋, 魏永长, 陈方宇. 市场法评估大数据资产的应用 [J]. 中国资产评估, 2016 (11).

[48] 刘玉. 浅论大数据资产的确认与计量 [J]. 商业会计, 2014 (18).

[49] 刘志迎, 王正巧, 李静. ICT 资本对各地高技术产业产出影响及边

际产出 [J]. 上海经济研究, 2008 (3).

[50] 刘建翠, 郑世林. 中国省际 R&D 资本存量的估计: 1990 – 2014 [J]. 财经问题研究, 2016 (12).

[51] 李颖. 中国省域 R&D 资本存量的测算及空间特征研究 [J]. 软科学, 2019 (7).

[52] 陆旭冉. 大数据资产计量问题探讨 [J]. 财会通讯, 2019 (10).

[53] 林飞腾. 基于成本法的大数据资产价值评估研究 [J]. 商场现代化, 2020 (10).

[54] 李春秋, 李然辉. 基于业务计划和收益的数据资产价值评估研究: 以某独角兽公司数据资产价值评估为例 [J]. 中国资产评估, 2020 (10).

[55] 李锦华. 个人数据所有权归属问题的法经济学分析 [J]. 重庆文理学院学报 (社会科学版), 2019 (6).

[56] 吕凡. 数据所有权问题研究 [D]. 武汉: 华中师范大学, 2018.

[57] 李静萍. 数据资产核算研究 [J]. 统计研究, 2020 (12).

[58] 马丹, 郁霞. 数据资产: 概念演化与测度方法 [J]. 统计学报, 2020 (2).

[59] 孟小峰. 慈祥大数据管理: 概念、技术与挑战 [J]. 计算机研究与发展, 2013 (1).

[60] 莫斐, 张睿, 芮晟. 从知识发现角度试论面向数据产品的数据生产 [J]. 信息系统工程, 2020 (1).

[61] 毛立琦. 数据产品保护路径探究: 基于数据产品利益格局分析 [J]. 财经法学, 2020 (2).

[62] 潘宝玉. 减少信息孤岛实现资源共享 [J]. 上海信息化, 2005 (12).

[63] 戚伟业. 大数据在统计中的应用研究 [J]. 科技经济导刊, 2019 (8).

[64] 秦荣生. 企业数据资产的确认、计量与报告研究 [J]. 会计与经济研究, 2020, 34 (6).

[65] 任若恩, 刘晓生. 关于中国资本存量估计的一些问题 [J]. 数量经济技术经济研究, 1997 (1).

[66] 孙雨生, 朱金宏, 李亚奇. 国内基于大数据的信息推荐研究进展: 核心内容 [J]. 现代情报, 2020 (8).

[67] 孙川. 中国省际信息通信技术资本存量估算 [J]. 统计研究, 2013 (3).

[68] 孙家广. 高端工业软件打破国外垄断抢占竞争制高点 [J]. 科学中国人, 2019 (7).

[69] 孙琳琳, 郑海涛, 任若恩. 信息化对中国经济增长的贡献: 行业面板数据的经验证据 [J]. 世界经济, 2012 (2).

[70] 孙凤娥, 江永宏. 我国地区 R&D 资本存量测算: 1978 - 2015 年 [J]. 统计研究, 2018 (2).

[71] 宋杰鲲, 张业蒙, 赵志浩. 企业数据资产价值评估研究 [J]. 会计之友, 2021 (13).

[72] 上官鸣, 白莎. 大数据资产会计处理探析 [J]. 财务与会计, 2018 (22).

[73] 孙宝强. 浅论数据资产纳入固定资产投资统计核算 [J]. 上海企业, 2020 (10).

[74] 申卫星. 论数据用益权 [J]. 中国社会科学, 2020 (11).

[75] 盛斌, 张子萌. 全球数据价值链: 新分工、新创造与新风险 [J]. 国际商务研究, 2020 (6).

[76] 田杰棠, 刘露瑶. 交易模式、权利界定与数据要素市场培育 [J]. 改革, 2020 (7).

[77] 谭明军. 论数据资产的概念发展与理论框架 [J]. 财会月刊, 2021 (10).

[78] 唐莉, 李省思. 关于数据资产会计核算的研究 [J]. 中国注册会计师, 2017 (2).

[79] 唐璐. 数据资产会计处理相关问题研究 [J]. 中国总会计师, 2021 (3).

[80] 田侃, 倪红福, 李罗伟. 中国无形资产测算及其作用分析 [J]. 中国工业经济, 2016 (3).

[81] 王登红, 刘新星, 刘丽君. 地质大数据的特点及其在成矿规律、成矿系列研究中的应用 [J]. 矿床地质, 2015 (6).

[82] 王汉生. 数据资产论 [M]. 北京: 中国人民大学出版社, 2019.

[83] 王捷. 基于大数据时代下试制数据资产的管理与应用 [J]. 时代汽车, 2020 (13).

[84] 王瑾. 遥感大数据特点及其相关技术分析 [J]. 四川水泥, 2018 (12).

[85] 魏鲁彬. 数据资源的产权分析 [D]. 济南: 山东大学, 2018.

[86] 王俊. 我国制造业 R&D 资本存量的测算（1998－2005）[J]. 统计研究, 2009（4）.

[87] 王华. 中国 GDP 数据修订与资本存量估算：1952－2015 [J]. 经济科学, 2017（6）.

[88] 王亚菲, 王春云. 中国行业层面研究与试验发展资本存量核算 [J]. 数量经济技术经济研究, 2018（1）.

[89] 王亚菲, 王春云. 中国制造业研究与开发资本存量测算 [J]. 统计研究, 2018b,（7）.

[90] 王孟欣. 我国区域 R&D 资本存量的测算 [J]. 江苏大学学报（社会科学版）, 2011（1）.

[91] 文豪, 李洪月. 中国的无形资产投资及其国际比较 [J]. 宏观经济研究, 2013（12）.

[92] 王春云. 资本服务核算的国际研究新进展及启示 [J]. 统计学报, 2020（1）.

[93] 谢文理, 张宇, 施昕澜, 蒋少杰, 田颖, 薛银刚. 新时期生态环境监测数据产品内涵和发展建议 [J]. 环境监控与预警, 2018（6）.

[94] 徐漪. 大数据的资产属性与价值评估 [J]. 产业与科技论坛, 2017（2）.

[95] 席玮, 徐军. 省际研发资本服务估算：1998－2012 [J]. 当代财经, 2014（12）.

[96] 肖红叶, 郝枫. 资本永续盘存法及其国内应用 [J]. 财贸经济, 2005（3）.

[97] 徐伟呈, 周田, 郑雪梅. 数字经济如何赋能产业结构优化升级：基于 ICT 对三大产业全要素生产率贡献的视角 [J]. 中国软科学, 2022（9）.

[98] 徐翔, 赵墨非. 数据资本与经济增长路径 [J]. 经济研究, 2020（10）.

[99] 许宪春, 常子豪. 关于中国数据库调查方法与资本化核算方法研究 [J]. 统计研究, 2020（5）.

[100] 许宪春, 张美慧, 张钟文. 数字化转型与经济社会统计的挑战和创新 [J]. 统计研究, 2021（1）.

[101] 许宪春, 郑学工. 改革研发支出核算方法更好地反映创新驱动作用 [J]. 国家行政学院学报, 2016（5）.

[102] 徐丽笑. 知识产权产品核算及其对中国 GDP 增长的贡献 [J]. 经

济统计学（季刊），2016（1）．

[103] 徐蔼婷，靳俊娇，祝瑜晗．一种 R&D 资本存量的综合测算方法及应用研究 [J]．数量经济技术经济研究，2019（12）．

[104] 徐燕雯．数字经济背景下数据资产的核算 [J]．商业会计，2021（7）．

[105] 叶雅珍，刘国华，朱扬勇．数据资产化框架初探 [J]．大数据，2020（3）．

[106] 杨晓维，何昉．信息通信技术对中国经济增长的贡献：基于生产性资本存量的测算 [J]．经济与管理研究，2015（11）．

[107] 杨林涛，韩兆洲，王科欣．SNA2008 下 R&D 支出纳入 GDP 的估计与影响度研究 [J]．统计研究，2015a（11）．

[108] 杨林涛，韩兆洲，王昭颖．多视角下 R&D 资本化测算方法比较与应用 [J]．数量经济技术经济研究，2015b（12）．

[109] 余应敏．确认大数据资产助推新经济发展 [J]．财会月刊，2020（23）．

[110] 詹宇波，王梦韬，王晓萍．中国信息通信技术制造业资本存量度量：1995 - 2010 [J]．世界经济文汇，2014（4）．

[111] 翟丽丽，王佳妮．移动云计算联盟数据资产评估方法研究 [J]．情报杂志，2016（6）．

[112] 张驰．数据资产价值分析模型与交易体系研究 [D]．北京：北京交通大学，2018．

[113] 张鹏，蒋余浩．政务数据资产化管理的基础理论研究：资产属性、数据权属及定价方法 [J]．电子政务，2020（9）．

[114] 张树臣，陈伟，高长元．创新联盟大数据服务交易模式及动态定价模型研究 [J]．情报杂志，2020（3）．

[115] 张咏梅，穆文娟．大数据时代下金融数据资产的特征及价值分析 [J]．财会研究，2015（8）．

[116] 赵子瑞．浅析国内大数据交易定价 [J]．信息安全与通信保密，2017（5）．

[117] 周芹，魏永长，宋刚，等．数据资产对电商企业价值贡献案例研究 [J]．中国资产评估，2016（1）．

[118] 朱发仓，苏为华．R&D 资本化记入 GDP 及其影响研究 [J]．科学学研究，2016（10）．

[119] 朱发仓, 郝敏, 高慧洁. 一种 R&D 资本平均服务寿命的估计方法及应用研究 [J]. 数量经济技术经济研究, 2019 (2).

[120] 朱发仓, 杨诗淳. 基于两种功能的中国 R&D 资本测度体系研究 [J]. 统计研究, 2020 (12).

[121] 朱发仓. 中国 R&D 固定资本形成核算研究: 基于部门、行业和区域的视角 [M]. 北京: 经济科学出版社, 2019.

[122] 朱建平, 章贵军, 刘晓葳. 大数据时代下数据分析理念的辨析 [J]. 统计研究, 2014 (2).

[123] 朱扬勇, 叶雅珍. 从数据的属性看数据资产 [J]. 大数据, 2018 (6).

[124] 邹照菊. 关于大数据资产计价的若干思考 [J]. 财会通讯, 2018 (28).

[125] 左文进, 刘丽君. 大数据资产估价方法研究: 基于资产评估方法比较选择的分析 [J]. 价格理论与实践, 2019 (8).

[126] 曾五一, 赵昱焜. 关于中国总固定资本存量数据的重新估算 [J]. 厦门大学学报 (哲学社会科学版), 2019 (2).

[127] 左晖, 艾丹祥. ICT 投资、偏向性技术变化与全要素生产率 [J]. 统计研究, 2021 (9).

[128] 张俊瑞, 危雁麟, 宋晓悦. 企业数据资产的会计处理及信息列报研究 [J]. 会计与经济研究, 2020 (3).

[129] 张志刚, 杨栋枢, 吴红侠. 数据资产价值评估模型研究与应用 [J]. 现代电子技术, 2015 (20).

[130] Ackoff R L. From data to wisdom [J]. Journal of Applied Systems Analysis, 1989 (16).

[131] Ahmad N, Ven P. Recording and measuring data in the system of national accounts [DB/OL]. https://unstats.un.org/unsd/nationalaccount/aeg/2018/M12_3c1_Data_SNA_asset_boundary.pdf, 2018.

[132] Bloor R. If data is the new oil, then you are the oil [EB/OL]. Algebraix Data, https://medium.com/algebraix-data/if-data-is-the-new-oil-then-youre-the-oil-2c90fb42135b, 2018.

[133] BEA. Concepts and methods of the U.S. national income and product accounts [M]. U.S.: BEA Publishing, 2017.

[134] Birch K, Cochrane D T, Ward C. Data as asset? The measurement,

governance, and valuation of digital personal data by big tech [J]. Big Data & Society, 2021 (1).

[135] Byrne D M, Corrado C A. ICT asset prices: Marshaling evidence into new measures [R]. Washington: Divisions of Research & Statistics and Monetary Affairs, 2017.

[136] Dandekar P, Fawaz N, Ioannidis S. Privacy auctions for inner product disclosures [J]. CoRR, 2011 (9).

[137] Danmarks Statistik. Danish GDP and GNI sources and methods 2012 [R]. Denmark: Danmarks Statistik Publishing, 2016.

[138] Department of the Army. Army information technology implementation instructions [M]. Charleston: Create Space Independent Publishing Platform, 2015.

[139] Elliott T. Data is the new oil? Yes: Toxic if mishandled [EB/OL]. Digital Business and Business Analytics: Timo Elliott's blog, https://timoelliott. com/blog/2018/03/data-is-the-newoil-yes-toxic-if-mishandled.html, 2018.

[140] Fisher T. The data asset: How smart companies govern their data for business success [J]. Information World Review, 2009 (259).

[141] Firica D O, Manaicu A. How to appraise the data assets of a company? [J]. Quality-Access to Success, 2018 (166).

[142] Frischmann B M. Infrastructure: The social value of shared resources [M]. Oxford: Oxford Academic, 2012.

[143] Hirsch DD. The glasshouse effect: Big data, the new oil and power of analogy [J]. Main Law Review, 2014, 66 (2).

[144] Huang Q L, Ma Z F, Yang Y X, Fu J Y, Niu X X. EABDS: Attribute-based secure data sharing with efficient revocation in cloud computing [J]. Chinese Journal of Electronics, 2015 (4).

[145] Harper M J. The measurement of productive capital stock, capital wealth, and capital services [M]. Washington DC: Bureau of Labor Statistics, 1982.

[146] Hopkins B, Evelson B et al. Expand your digital horizon with big data [DB/OL]. https://www.forrester.com/report/expand-your-digital-horizon-with-big-data/RES607 51, 2011.

[147] ISWGNA. System of national accounts 2008 [M]. New York: United

Nations Publishing, 2008.

［148］ISWGNA. System of national accounts 1993 [M]. New York: United Nations Publishing, 1993.

［149］Jang K A and Kim W J. A method of activity-based software maintenance cost estimation for package software [J]. The Journal of Supercomputing, 2021, 77 (8).

［150］Jentzsch N. Auctioning privacy-sensitive goods [C]. Ikonomou D. Lecture Notes in Computer Science. Cham: Springer, 2014.

［151］Javornik M, Nadoh N, Lange D. Data is the new oil [C]. Müller B, Meyer G. Towards User-Centric Transport in Europe. Cham: Springer, 2019.

［152］Koutris P, Upadhyaya P et al. Toward practical query pricing with query market [C]. Proceedings of the 2013 ACM SIGMOD International Conference on Management of Data. New York: ACM, 2013.

［153］Ker D. Service lives of R&D assets: Background and comparison of approaches [DB/OL]. http://www.ons.gov.uk/ons/dcp171766_304368.pdf, 2013a.

［154］Ker D. Service lives of R&D assets: Patent approach [DB/OL]. http://www.ons.gov.uk/ons/dcp171766_304652.pdf, 2013b.

［155］Ker D. Service lives of R&D assets: Questionnaire approach [DB/OL]. http://www.ons.gov.uk/ons/dcp171766_304418.pdf, 2013c.

［156］Khatri V, Brown C V. Designing data governance [J]. Communications of the ACM, 2010, 53 (1).

［157］Lakoff G and Johnson M. Metaphors we live by [M]. Chicago: University of Chicago Press, 2008.

［158］Laney D B. Infonomics: How to monetize, manage, and measure information as an asset for competitive advantage [M]. New York: Routledge, 2017.

［159］Li C, Li D Y et al. A theory of pricing private data [J]. Acm Transactions on Database Systems, 2012 (4).

［160］Lin B R, Kifer D. On arbitrage-free pricing for general data queries [J]. Proceedings of the VLDB Endowment, 2014 (9).

［161］Lillo R. Data and analytics framework. How public sector can profit from its immense asset, data [C]. Italian Conference for the Traffic Police. Cham:

Springer, 2017.

[162] Mas M, Pérez F, and Uriel E. Estimation of the stock of capital in Spain [J]. Review of Income and Wealth, 2000, 46 (1).

[163] Nolin J M. Data as oil, infrastructure or asset? Three metaphors of data as economic value [J]. Journal of Information, Communication and Ethics in Society, 2019 (1).

[164] Niyato D, Alsheikh M A et al. Market model and optimal pricing scheme of big data and internet of things (IoT) [C]. Proceedings of 2016 IEEE International Conference on Communications (ICC). Piscataway: IEEE, 2016.

[165] OECD. Data-driven innovation: Big data for growth and well-being [M]. Paris: OECD Publishing, 2015.

[166] OECD. Report of the OECD task force on software measurement in the national accounts [M]. Paris: OECD Publishing, 2002.

[167] OECD. Handbook on deriving capital measures of intellectual property products [M]. Paris: OECD Publishing, 2010.

[168] OECD. Measuring capital OECD manual: Second edition [M]. Paris: OECD Publishing, 2009.

[169] OECD. Exploring the economics of personal data: A survey of methodologies for measuring monetary value [M]. Paris: OECD Publishing, 2013.

[170] OECD. Perspectives on the value of data and data flows [M]. Paris: OECD Publishing, 2020.

[171] OECD. Frascati Manual 2015: Guidelines for collecting and reporting data on research and experimental development, the measurement of scientific, technological and innovation activities [M]. Paris: OECD Publishing, 2015.

[172] OECD. Frascati Manual 1963: Proposed standard practice for surveys of research and development, the measurement of scientific and technological activities [M]. New York: United Nations Publishing, 1963.

[173] Peterson R E. Across section study of the demand for money: The united states [J]. The Journal of Finance, 1974, 29 (1).

[174] Pigni F, Piccoli G, Watson R. Digital data streams [J]. California Management Review, 2016 (3).

[175] Rajan A. Data is not the new oil [N]. BBC, 2017.

[176] Riederer C, Erramilli V et al. For sale: Your data: By: You [C].

Proceedings of the 10th ACM Workshop on Hot Topics in Networks. New York: ACM, 2011.

[177] Rassier D G, Kornfeld R J, Strassner E H. Treatment of data in national accounts [DB/OL]. https://www.bea.gov/system/files/2019-05/Paper-on-Treatment-of-Data-BEA-ACM.pdf, 2019.

[178] Schmarzo B. Establishing the economic value of data [R]. Hopkinton: Dell EMC, 2016.

[179] Statistics Canada. Measuring investment in data, databases and data science: Conceptual framework [DB/OL]. https://www150.statcan.gc.ca/n1/pub/13-605-x/2019001/article/00008-eng.htm. 2019a.

[180] Statistics Canada. The value of data in Canada: Experimental estimates [DB/OL]. https://www150.statcan.gc.ca/n1/pub/13-605-x/2019001/article/00009-eng.htm. 2019b.

[181] Schreyer P, Bignon P E, Dupont J. OECD capital services estimates: Methodology and a first set of results [M]. Paris: OECD Publishing, 2003.

[182] Solow R M. We'd better watch out [R]. New York: New York Times Book Review, 1987.

[183] Trewin D. Australian system of national accounts: Concepts, sources and methods [Z]. Australian Bureau of Statistics, 2015.

[184] United Nations. System of national accounts 2008 [M]. New York: Department of Economic and Social Affairs, 2009.

[185] Varian H. Artificial intelligence, economics, and industrial organization [M]. Chicago: University of Chicago Press, 2019.

[186] Zax D. Is personal data the new currency? [N]. MIT Technology Review, 2011.

[187] Zeleny M. Management support systems: Towards integrated knowledge management [J]. Human Systems Management, 1987 (1).